# Ciencia de datos con Python

# Ciencia de datos con Python

*Leonardo Emiro Contreras Bravo*
*José Eduardo Padilla Beltrán*

La ley prohíbe
fotocopiar este libro

Ciencia de datos con Python
Thema: GPH Ciencia y analisis de datos
Bisac: COM018000
© Leonardo Emiro Contreras Bravo, José Eduardo Padilla Beltrán
© De la edición: Ra-Ma 2025

Editado por:
RA-MA Editorial
Calle Jarama, 3A, Polígono Industrial Igarsa
28860 PARACUELLOS DE JARAMA, Madrid
Teléfono: 91 658 42 80
Fax: 91 662 81 39
Correo electrónico: info@grupoeditorialrama.com
Internet: www.ra-ma.es y www.ra-ma.com
ISBN impreso: 979-13-8776-471-5
Depósito legal: M-15702-2025
Maquetación: Antonio García Tomé
Diseño de portada: Antonio García Tomé
Filmación e impresión: Safekat
Impreso en España en octubre de 2025

*Abordar los pasos esenciales para adquirir y preparar un conjunto de datos permite al analista realizar una selección más efectiva de las variables influyentes en un fenómeno. Esto facilita la aplicación de algoritmos para predecir o pronosticar una variable de salida específica.*

# ÍNDICE

# INTRODUCCIÓN

En la actualidad, estamos presenciando una serie de transformaciones significativas en múltiples áreas como la medicina, la economía, la defensa y el comercio, entre otras, como resultado de la incorporación de la analítica de datos. Estas transformaciones han estado en crecimiento debido al desarrollo tecnológico y a la aparición de diversos algoritmos agrupados bajo el concepto de *Machine Learning* o aprendizaje automático, que se puede definir como una subdisciplina de la inteligencia artificial que se basa en abordar y solucionar problemas a partir de disciplinas numéricas como el razonamiento probabilístico, la investigación basada en la estadística, la recuperación de información y el reconocimiento de patrones; de esta forma, las máquinas o computadoras mediante la ejecución de los algoritmos, hacen tareas que comúnmente realizan los humanos [1].

El *Machine Learning* es considerado una de las ramas importantes de la inteligencia artificial en constante evolución debido al desarrollo de algoritmos computacionales diseñados para emular la inteligencia humana al aprender del entorno que los rodea [2]. Por otra parte, la inteligencia artificial como un campo más amplio dentro de la informática, se enfoca en el desarrollo de programas con la capacidad de realizar acciones inteligentes o demostrar inteligencia en diversas tareas. En este contexto, el *Machine Learning* o aprendizaje automático, representa un subcampo esencial de la inteligencia artificial [3].

Otro concepto fundamental, relacionado con los mencionados anteriormente, es el conocido como *Big Data,* que se refiere a la gestión y análisis de conjuntos de datos extremadamente grandes. El auge de esta disciplina se debe en parte a la evolución de los métodos utilizados para analizar estos datos. Inicialmente, se empleaban enfoques estadísticos, posteriormente se incorporaron los algoritmos de Minería de Datos (*Data Mining*), y con el avance continuo de la ciencia, las ciencias de la computación y la creciente presencia de la inteligencia artificial se han aplicado cada vez más algoritmos de *Machine Learning*.

Este libro se estructura en capítulos que abordan los pasos esenciales para adquirir y preparar un conjunto de datos, lo que posteriormente permite al analista realizar una selección más efectiva de las características influyentes y aplicar algoritmos supervisados y/o de ensamble para predecir o pronosticar una variable de salida específica.

El Capítulo 2 proporciona una visión general del *Machine Learning*, abarcando su clasificación, algoritmos y herramientas relacionadas. El Capítulo 3 proporciona un panorama de los datos educativos y cómo han sido estudiados por diversas herramientas tecnológicas.

El Capítulo 4 se centra en el proceso inicial de instalación del entorno Jupyter (Python), junto con sus instrucciones y código básico, permitiendo al lector adentrarse en el mundo del Aprendizaje Automático. En el Capítulo 5, abarca la fuente de datos (variables y factores) así como la etapa de preparación de datos, que comprende la limpieza y el análisis de la base de datos deseada, utilizando herramientas estadísticas, tablas y gráficos.

El Capítulo 6 aborda las transformaciones de datos, cuyo objetivo es llevar la distribución de los datos hacia una forma cuasi gaussiana mediante técnicas como el reescalado, la estandarización y la normalización. El Capítulo 7 presenta diferentes métodos utilizados para obtener los mejores resultados posibles de un modelo predictivo, enfatizando la necesidad de realizar una cuidadosa selección de características que puedan influir de manera óptima en la variable de respuesta.

Es relevante mencionar que parte del contenido, como código y definiciones, puede ser similar a lo que se encuentra en blogs e internet, ya que este libro ha tenido en cuenta alguna información divulgada en estos medios. Algunos enlaces de consulta se encuentran en la bibliografía.

COMPLEMENTO
EN CÓDIGO QR

**En el interior del libro el lector encontrará diversos QR con material complementario.**

# 1

## EXPLORANDO EL APRENDIZAJE AUTOMÁTICO

El *Machine Learning* (ML) o aprendizaje automático se define como una subdisciplina de la inteligencia artificial que se apoya en enfoques numéricos como el razonamiento probabilístico, la estadística, la recuperación de información y el reconocimiento de patrones para abordar y resolver problemas. En esencia, mediante la ejecución de algoritmos, las máquinas realizan tareas que suelen ser llevadas a cabo por seres humanos [4]. Otra definición ampliamente aceptada por la comunidad científica describe el ML como el diseño y estudio de programas computacionales que utilizan experiencias pasadas para tomar decisiones futuras [5].

Por otro lado, el término *Big Data* se refiere a la gestión de conjuntos de datos voluminosos que son difíciles de procesar con métodos tradicionales [1]. Su creciente relevancia se atribuye, en parte, a la evolución de los métodos utilizados para analizar estos datos. Inicialmente, se empleaban enfoques estadísticos, y posteriormente se adoptaron los algoritmos de minería de datos. Sin embargo, con el avance de la ciencia, las ciencias de la computación y la aparición de la inteligencia artificial (como se ilustra en la Figura 1), que busca emular las capacidades humanas para realizar tareas complejas, se han desarrollado tres campos principales: la robótica (que se enfoca en replicar movimientos humanos), el procesamiento de lenguaje natural (que se centra en texto y voz) y el *Machine Learning* (que se especializa en datos). Este último hace uso de algoritmos que pueden predecir, prevenir o mejorar procesos, incluso en el ámbito académico de los estudiantes [5], y se aplica en diversos sectores, incluyendo la educación [6].

La inteligencia artificial también es considerada un área de la informática, pero tiene que ver con el desarrollo de programas que sean inteligentes o puedan hacer cosas inteligentes, por tanto, el *Machine Learning* o aprendizaje automático es un subcampo de esta que consiste básicamente en buscar un modelo o procedimiento que haga el mejor uso de los datos históricos compuestos por entradas y salidas para predecir hábilmente salidas nuevas a partir de entradas nuevas que no eran conocidas [6].

Los campos de la minería de datos y el aprendizaje automático están entrelazados. La minería de datos utiliza algoritmos de aprendizaje automático para interrogar grandes bases de datos y descubrir conocimientos ocultos en los datos, mientras que muchos algoritmos de aprendizaje automático emplean métodos de minería de datos para reprocesar los datos antes de aprender las tareas deseadas. Sin embargo, debe tenerse en cuenta que el aprendizaje automático no se limita a resolver problemas similares a las de las bases de datos, sino que también se extiende a la resolución de desafíos complejos de inteligencia artificial aprendiendo y adaptándose a una situación que cambia dinámicamente, como por ejemplo prácticas de oncología y radioterapia [7].

En conclusión, *Machine Learning* es una rama en evolución de los algoritmos computacionales que están diseñados para emular la inteligencia humana aprendiendo del entorno circundante y se les considera el caballo de batalla en la nueva era de los llamados *Big Data*. Las técnicas basadas en el aprendizaje automático se han aplicado con éxito en diversos campos que van desde el reconocimiento de patrones, la visión por computadora, la ingeniería de naves espaciales, las finanzas, el entretenimiento y la biología computacional hasta las aplicaciones médicas y biomédicas [7].

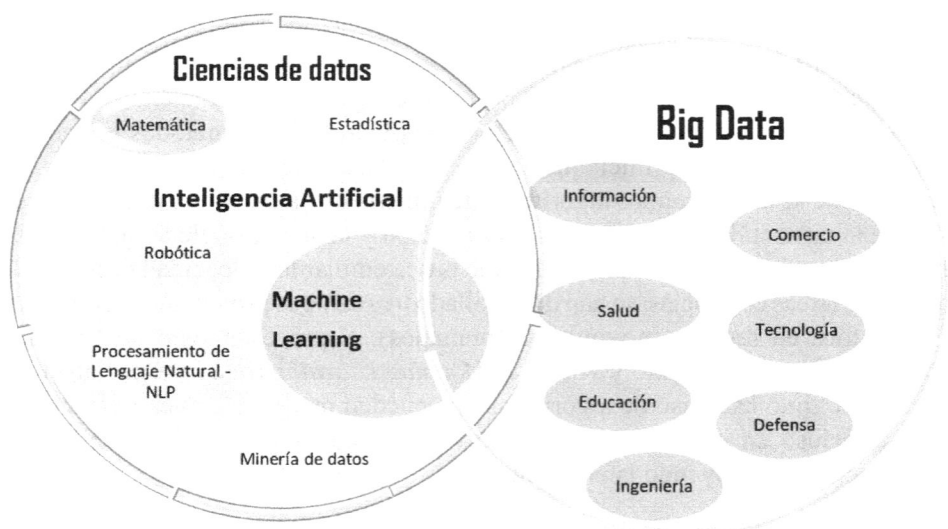

**Figura 1.** Tendencia en herramientas de análisis de datos

## 1.1 UNA INTRODUCCIÓN A LA CLASIFICACIÓN DE MACHINE LEARNING

El *Machine Learning* se convierte en una herramienta valiosa para comprender la clasificación y, posteriormente, poder seleccionar los algoritmos más adecuados en función del problema que se busca resolver. Comprender estos tipos de problemas en *Machine Learning* es esencial para seleccionar el enfoque adecuado y aplicar los algoritmos correspondientes según las necesidades específicas del problema que se esté abordando. En el ámbito del *Machine Learning*, se encuentran varios tipos de problemas clásicos:

⚑ Clasificación: este tipo de problemas involucra múltiples características que influyen en una variable dependiente. Los datos se encuentran etiquetados, lo que significa que se asigna una clase o categoría a la variable dependiente, por ejemplo, "vive" o "no vive", "aprueba" o "no aprueba". El objetivo en este tipo de tarea es que el modelo pueda asignar una etiqueta a un nuevo dato no visto previamente por el modelo, por ejemplo, determinar si "aprueba" o "no aprueba".

⚑ Regresión: en contraste con la clasificación, en los problemas de regresión se busca predecir un valor numérico en lugar de una etiqueta. Los datos se etiquetan con un valor real o flotante. Un ejemplo sería predecir el rendimiento académico de un estudiante, donde la respuesta es un número dentro de un rango, como entre 0 y 5.

⚑ Agrupación: en este tipo de problemas, los datos no están etiquetados, es decir, no hay una variable dependiente definida. En su lugar, el objetivo es dividir el conjunto de datos original en grupos basados en la similitud y otras medidas de estructura inherente en los datos.

⚑ Extracción de reglas: aquí, los datos se utilizan como base para extraer reglas proposicionales, a menudo conocidas como reglas if-then (si-entonces). Se aplican, por ejemplo, cuando se lanza un nuevo producto al mercado y se desea determinar si "si un cliente compra el producto X, entonces comprará el producto Y". Estas reglas pueden involucrar atributos de los datos que no necesariamente están relacionados con lo que se está prediciendo.

La forma más general para empezar a comprender el campo del *Machine Learning* es por medio de la Figura 2. A continuación, se procede a explicar de manera breve cuáles son cada uno de los campos o subáreas.

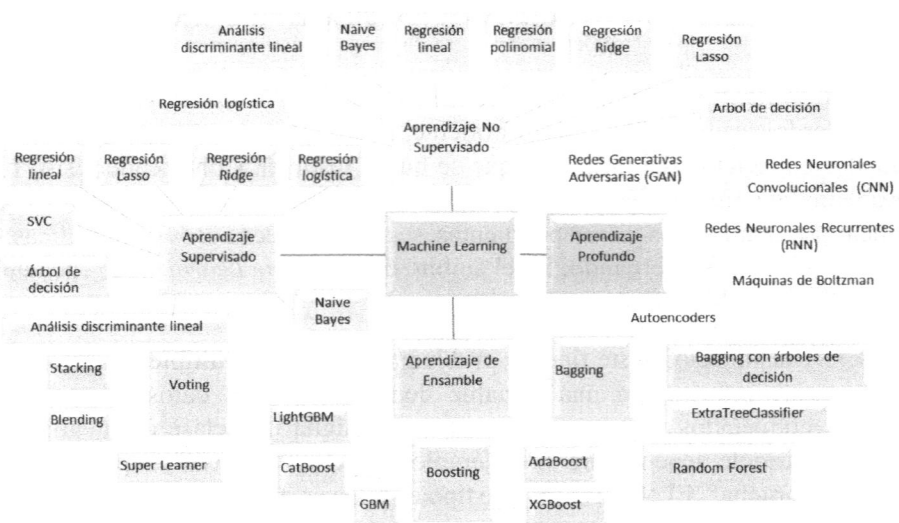

**Figura 2.** Líneas de Machine Learning

Dentro del campo de aprendizaje clásico, el *Machine Learning* se encuentra dividido en aprendizaje supervisado y no supervisado (Figura 3). El aprendizaje supervisado consiste en predecir los valores de un conjunto de datos de salida, a partir de un conjunto de datos de entrada. Se le llama supervisado porque conforme el modelo predice las salidas para datos de prueba, se calcula el error entre lo que predijo el algoritmo y el valor real. El objetivo es minimizar el error, ajustando la función de densidad de probabilidad que relaciona las entradas con las salidas. Es decir, son aquellos algoritmos donde el desarrollador actúa como un mediador para enseñar al algoritmo cuales son las respuestas a la que debe llegar, esto lo hace a través de unos datos de entrenamiento.

El segundo subtipo de la clasificación del aprendizaje automático o *Machine Learning* llamado aprendizaje no supervisado, ocurre cuando un algoritmo aprende de ejemplos simples sin ninguna respuesta asociada, dejando que el algoritmo determine los patrones de datos por sí mismo, sin un humano (no se le enseña cuales son las respuestas de salida) [9]. Es decir, organiza los datos según algunos grupos de características que puedan representar una clase. Cuando se tiene un dato nuevo, este tipo de algoritmo lo agrupará en un conjunto de datos que tenga las características más parecidas al dato inicial suministrado (no es una predicción). En esta categoría, los modelos de ML realizan principalmente agrupaciones o clasificaciones de los datos, según las variables de entrada y su diferenciación. Son modelos con métricas no muy precisas y que en ocasiones dependen de ciertas heurísticas para validar sus resultados [8].

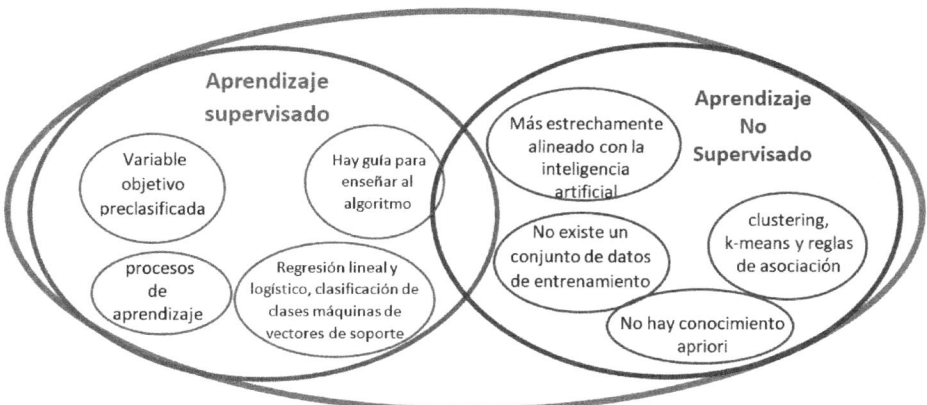

**Figura 3.** Clasificación del aprendizaje automático o Machine Learning

Existen dentro del campo diversos algoritmos utilizados para realizar predicciones sobre diversos valores de salida o clases, los cuales son clasificados según el tipo de variable de salida. Cuando la variable de salida es categórica se denominan algoritmos supervisados para tareas de clasificación. El otro grupo lo constituyen los algoritmos cuya variable de salida es numérica; se denominan algoritmos supervisados para tareas de regresión (Figura 4).

|  |  |  |
|---|---|---|
|  | Algoritmos de clasificación | Regresión logística |
|  |  | Análisis discriminante lineal |
|  |  | KNN |
|  |  | Naive Byes |
|  |  | Arbol de decisión |
|  |  | SVC |
| Aprendizaje supervisado |  | Perceptrón |
|  | Algoritmos de regresión | Regresión lineal |
|  |  | Regresión polinomial |
|  |  | Regresión Lasso |
|  |  | Regresión Ridge |
|  |  | KNN |
|  |  | SVR |
|  |  | Arbol de decisión |

**Figura 4.** Métodos de Machine Learning, aprendizaje supervisado

En la otra rama conocida como aprendizaje no supervisado, se han desarrollado investigaciones con un enfoque diferente. Aquí, el objetivo no es la predicción de datos, sino más bien la exploración de relaciones entre los datos. En la actualidad, existen una variedad de algoritmos diseñados para abordar este tipo de tareas, entre los que se incluyen K-means, K-medoids, Fuzzy C-means, C-means, Hierarchical Clustering, Latent Dirichlet Allocation, Principal Component Analysis, Gaussian Mixture, Hidden Markov Model, Apriori, etc.

Una de las ramas que son consideradas contemporáneas es la de los métodos o algoritmos de ensamble, también conocidos como métodos de conjunto, los cuales representan una vertiente crucial en el campo del *Machine Learning*. Estos métodos se fundamentan en la idea de combinar diversos algoritmos para trabajar en conjunto y así reducir los errores que cada uno de ellos podría cometer si operaran de manera individual. De esta manera, se logra elevar la calidad general del sistema por encima de lo que podría conseguir incluso el mejor de los algoritmos por sí solo. Dentro de esta categoría se incluyen técnicas como el Stacking, el Bagging y el Boosting, que desempeñan un papel esencial en la mejora del rendimiento y la precisión de los modelos de *Machine Learning* (Figura 5).

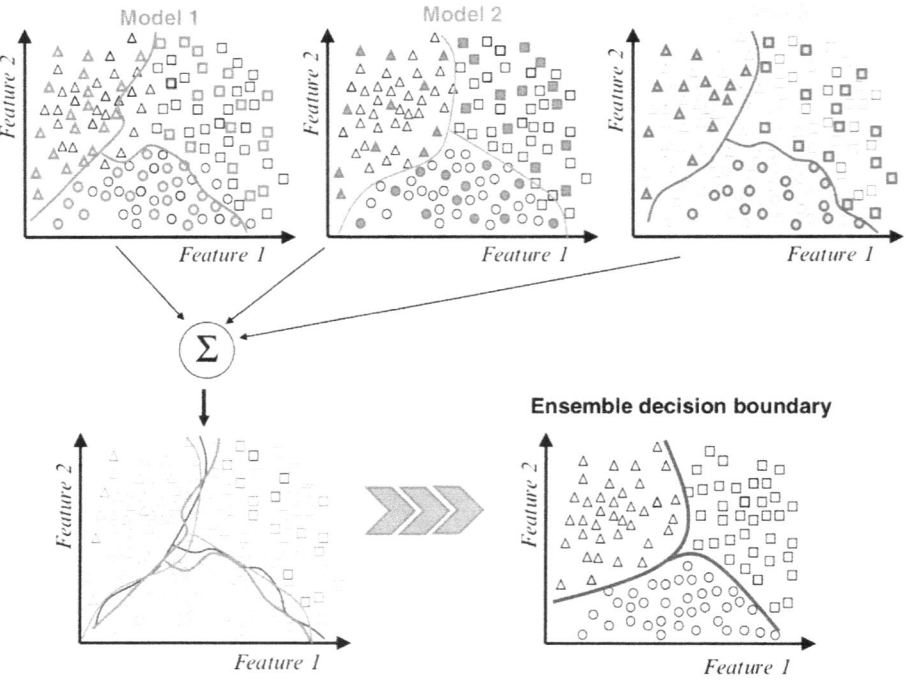

**Figura 5.** Forma de trabajo de los métodos de ensamble. Fuente: [41]

▼ *Bagging*: estos métodos, también conocido como *"Bootstrap Aggregating"*, tienen como característica usar un mismo algoritmo al que se le pasan diferentes subgrupos aleatorios de datos. Al final se promedian las respuestas [10].

▼ *Boosting*: estos métodos se caracterizan porque cada uno de los algoritmos elegidos se entrenan secuencialmente. La entrada al primer algoritmo es un subconjunto de datos. El segundo algoritmo a usar tomará los datos que el algoritmo anterior no pudo procesar sumado a otra parte de los datos. Por tanto, lo que se busca es que cada nuevo algoritmo aprenda a corregir los errores del algoritmo anterior [11].

▼ *Voting:* estos métodos consisten básicamente en tener diversos algoritmos (decididos por el analista datos) a los que se les pasa el mismo grupo de datos. Los resultados de cada uno de los algoritmos se promedian para dar un resultado final [12].

| Algoritmos de ensamble o de conjunto | | |
| --- | --- | --- |
| | Bagging | Bagging con árboles de decisión |
| | | Bosque aleatorio |
| | Boosting | Arboles extremadamente aleatorios |
| | | AdaBoost |
| | | GBM |
| | | CatBoost |
| | | Light GBM |
| | Voting | Blending |
| | | Stacking |

**Figura 6**. Clasificación de algoritmos de ensamble

Una rama contemporánea que surgió en la década de los años 90 es la de las redes neuronales profundas. Si bien las redes neuronales forman parte del *Machine Learning* clásico, en sus inicios eran modelos de una sola capa oculta en la red, conocidos como perceptrones monocapa. Con el tiempo, estos modelos evolucionaron significativamente, permitiendo que las redes neuronales actuales cuenten con múltiples capas ocultas, lo que se conoce como "perceptrón multicapa". Esta evolución ha brindado la capacidad de abordar problemas de gran complejidad.

El término *"Deep Learning"* se utiliza para describir esta corriente que engloba a las redes neuronales artificiales profundas. El adjetivo "profundo" se refiere a que los modelos de redes neuronales en esta vertiente no son simples, sino que poseen múltiples capas ocultas, ya sea en menor o mayor cantidad. El *Deep Learning* ha demostrado ser altamente aplicable e impactante, y se enfoca principalmente en resolver problemas de regresión y clasificación [13]. Algunos autores pueden no considerar esta corriente como una rama contemporánea separada, ya que evolucionó dentro del campo clásico del *Machine Learning*, como se muestra en la Figura 7.

Las Redes Neuronales Artificiales (RNA) son estructuras abstractas que se inspiran en los mecanismos y la estructura física del aprendizaje y conocimiento biológico. Su diseño se basa en el funcionamiento de las neuronas biológicas [19]. Estas redes están compuestas por una serie de neuronas organizadas en capas interconectadas que comparten información. Para entender su funcionamiento, es útil compararlo con el funcionamiento de una neurona biológica, que consta de dendritas como entradas de información, un núcleo para procesar esta información y axones para transmitir la información a otras neuronas a través de sinapsis [18].

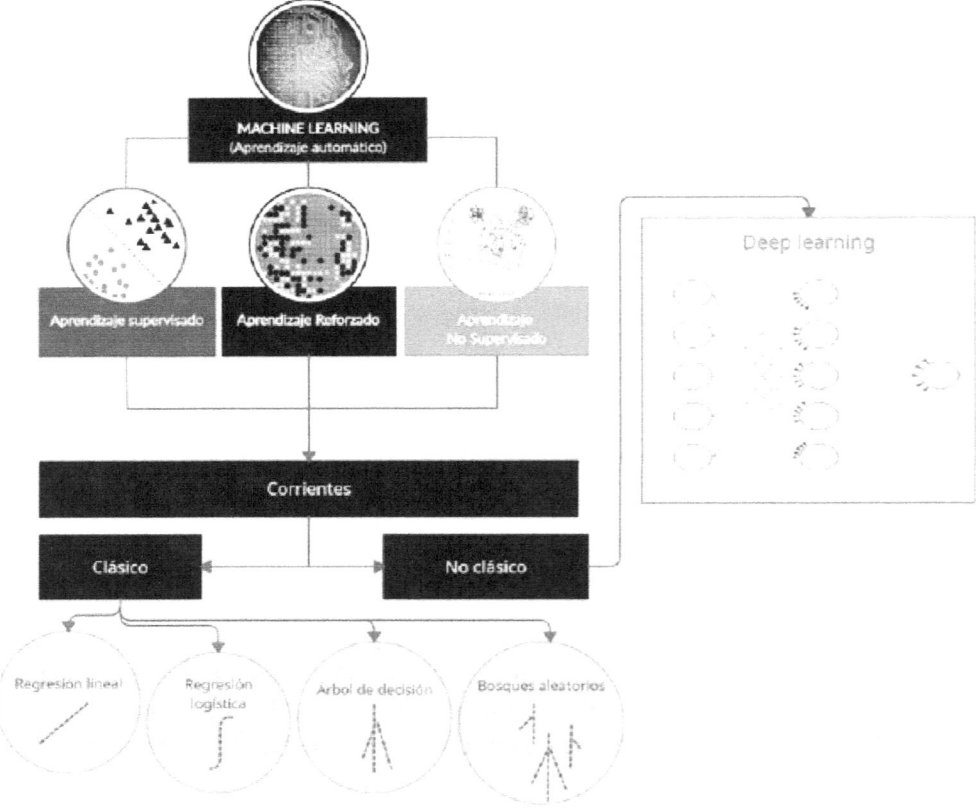

**Figura 7**. Clasificación de las redes como aprendizaje supervisado clásico. Fuente: [14]–[18]

En el contexto de las redes neuronales artificiales, cada nodo o neurona en la red es una entidad de procesamiento que ajusta los valores de los datos que fluyen a través de ella, funcionando como una función matemática. Estas redes se definen como un conjunto de entidades de procesamiento altamente interconectadas, tomando inspiración del sistema nervioso central biológico, en particular del cerebro. Cada neurona acepta entradas y produce salidas [20].

Es importante destacar que la capacidad de una red neuronal se relaciona con la cantidad de capas que posee. En general, cuanto mayor sea el número de capas, más información puede manejar y abordar funciones complejas [15].Estas redes neuronales artificiales se ubican dentro del campo del *Machine Learning* y se utilizan en una variedad de aplicaciones para el procesamiento de datos y la toma de decisiones.

Las redes neuronales artificiales o algoritmos de aprendizaje profundo o Deep Learning, son modelos inspirados en la estructura y / o función de las redes neuronales biológicas que buscan patrones (regresión y clasificación). Una neurona es una función con un montón de entradas y una salida. Su tarea es tomar todos los números de su entrada, realizar una función sobre ellos y enviar el resultado a la salida.

El aprendizaje profundo suele ser clasificado en dos ramas similar a como se clasifican los algoritmos clásicos de aprendizaje automático atendiendo si la red conoce o no la clase de la variable de salida: aprendizaje supervisado y aprendizaje no supervisado. La Figura 8 muestra un panorama de algunos de los algoritmos que son clasificados dentro del subcampo de aprendizaje profundo que tienen relaciones con las redes neuronales.

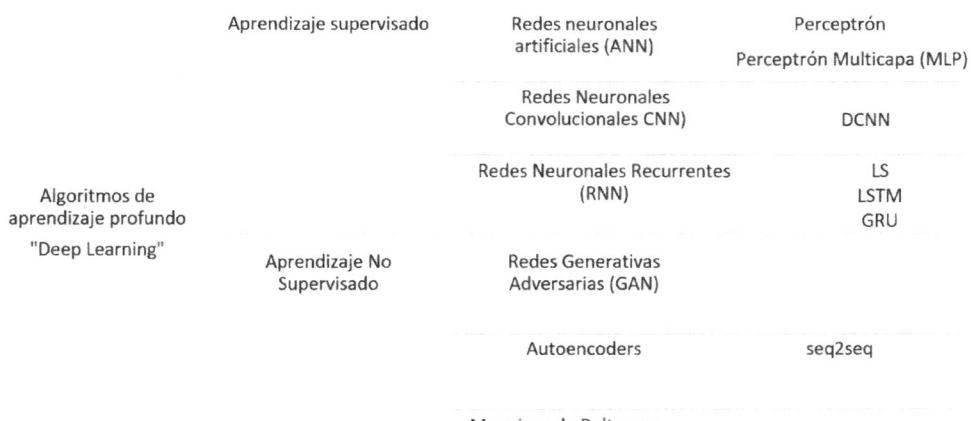

**Figura 8**. Clasificación de algoritmos de aprendizaje profundo

## 1.2 PROCESO DE MACHINE LEARNING

Según [21], este proceso guarda una notable similitud con el proceso de Data Mining o minería de datos. Es importante recordar que el *Machine Learning* se desarrolló en cierta medida a partir de esta área dentro de la ciencia de datos, que posteriormente se fortaleció al incorporar contribuciones de diversos campos, tales como la ingeniería, las matemáticas, la estadística, el aprendizaje computacional, la visualización y las bases de datos, entre otros. Estos pasos se resumen de la siguiente manera: comprensión del problema, establecimiento de un criterio de evaluación, evaluación de la solución actual, preparación de los datos, construcción del modelo, análisis de los errores y finalmente, integración del modelo en un sistema (Figura 9).

Las fases de un proceso de *Machine Learning* se pueden resumir de la siguiente manera:

- Fase I: comprender el problema: es esencial comenzar por comprender en profundidad el problema que se desea resolver, así como los datos.

- Este paso puede requerir un tiempo significativo, especialmente si se trata de un problema en un campo poco conocido.

- Fase II: definir un criterio de evaluación: esta etapa se centra en la medición del error. Normalmente, se utilizan métricas como la magnitud cruzada para problemas de clasificación y el error cuadrático medio para problemas de regresión. Sin embargo, también es recomendable considerar otras medidas, como la exhaustividad y la precisión.

- Fase III: evaluación de la solución vigente: en muchos casos, el problema que se aborda con *Machine Learning* ya se está resolviendo de otra manera. Por lo tanto, se evalúa el rendimiento de la solución actual utilizando el esquema de evaluación definido. Luego, se compara con el rendimiento del modelo de *Machine Learning* para determinar si vale la pena implementar el nuevo modelo o seguir con la solución existente.

- Fase IV: preparar los datos: la preparación de los datos es una fase que requiere un esfuerzo considerable. Algunos desafíos comunes en esta etapa incluyen el manejo de datos faltantes, la combinación de datos de diferentes fuentes y la adaptación de los datos a un formato adecuado para su procesamiento. También, es importante normalizar los datos de entrada para facilitar el aprendizaje de los algoritmos.

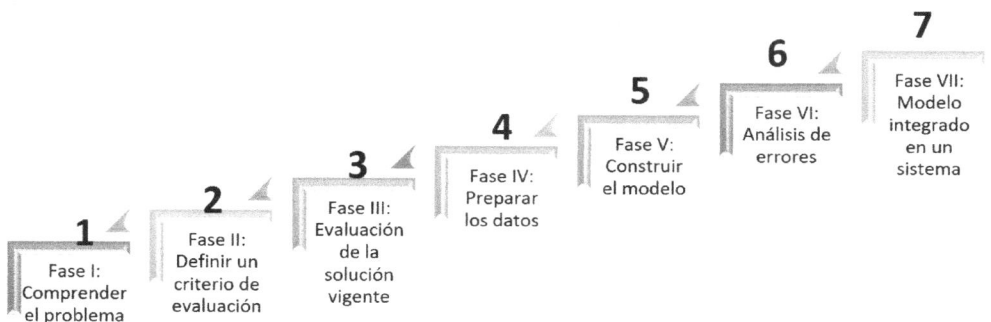

**Figura 9.** Proceso de Machine Learning

▶ Fase V: construir el modelo: una vez que los datos están preparados, el esfuerzo se reduce significativamente, ya que existen librerías de *Machine Learning* disponibles públicamente. Durante esta fase, se selecciona la técnica de *Machine Learning* adecuada para abordar el problema.

▶ Fase VI: análisis de errores: en esta etapa, se analizan los errores cometidos por el modelo. Esto permite identificar posibles mejoras, como el uso de un modelo más robusto, la aplicación de un modelo más sencillo, la necesidad de más datos o características, y una comprensión más profunda del problema.

▶ Fase VII: modelo integrado en un sistema: finalmente, una vez que se han abordado los errores y se ha comparado el rendimiento con la solución actual, se procede a implementar el modelo de *Machine Learning* en el sistema. Esta fase requiere un esfuerzo significativo, ya que implica la integración del modelo en el sistema existente, la automatización de los pasos de ajuste de datos y la comunicación de errores detectados en tiempo real.

Las fases mencionadas representan un enfoque para abordar problemas mediante el *Machine Learning* y son esenciales para lograr resultados efectivos en proyectos de este tipo.

# 2

# CIENCIA DE DATOS EN EDUCACIÓN

Los datos educativos desempeñan un papel de suma importancia en la optimización de los sistemas de educación de las instituciones y en la toma de decisiones fundamentadas en el análisis de la información. Este conjunto de datos abarca una amplia gama de información, que va desde el desempeño académico de los estudiantes y su asistencia, hasta la retroalimentación brindada por los docentes y los resultados obtenidos en evaluaciones estandarizadas. La recopilación y el análisis de estos datos resultan esenciales para obtener conocimientos valiosos que permiten identificar áreas de mejora, personalizar la enseñanza, evaluar la eficacia de los programas educativos y medir el progreso hacia metas educativas específicas. Además, en la era actual, marcada por la tecnología y el aprendizaje en línea, la utilización de datos educativos también se traduce en la capacidad de adaptar contenidos y metodologías de enseñanza para atender las necesidades individuales de los estudiantes, lo que fomenta un ambiente educativo más eficaz y eficiente.

Así pues, se ha observado un crecimiento significativo en la aplicación de técnicas relacionadas con el *Machine Learning*, que a su vez forman parte de la inteligencia artificial, en el ámbito educativo. Estas técnicas se han utilizado de manera destacada para predecir diversos indicadores relacionados con la calidad de la educación, como la tasa de deserción, el porcentaje de graduación y el rendimiento académico. Lo notable de estas aplicaciones es que se basan en una serie de algoritmos que, a partir de un conjunto de datos, permiten obtener información relevante sin necesidad de escribir un código específico. El éxito de la aplicación de estas técnicas está estrechamente ligado a la calidad y la cantidad de datos con los que se trabaje. Por lo tanto, un factor clave en este proceso es la identificación de las variables que poseen un alto poder de predicción con respecto a la variable académica en estudio. Este enfoque se presenta como una herramienta poderosa para mejorar la toma de decisiones en el ámbito educativo y promover la calidad de la enseñanza.

Lo anterior no quiere decir que las herramientas relacionadas con analítica de datos son la clave para analizar fenómenos educativos ni tampoco que la analítica de datos y en especial el *Machine Learning* es exclusivo o especial para el campo educativo. A lo que se hace referencia es que con el fin de explicar cómo usar las herramientas básicas de análisis de datos descriptivos, selección de variables influyentes en algún fenómeno (de cualquier área), y aplicación de algoritmos se hace necesario tomar una base datos para ejemplificar la aplicación. En este texto se toma como base de datos unos datos relacionados con educación.

## 2.1 ANALÍTICA DE DATOS EDUCATIVOS

En el contexto mundial y en el universitario actual, la adopción de tecnologías que optimicen las actividades académicas es una tendencia en constante crecimiento. Así por ejemplo, durante el proceso de enseñanza-aprendizaje, los estudiantes generan una gran cantidad de datos, los cuales, cuando son procesados con las herramientas adecuadas, tienen el potencial de predecir, prevenir y/o mejorar los indicadores relacionados con su desempeño [22]. Este enfoque, conocido como analítica educativa, se enfoca específicamente en la exploración de datos provenientes de contextos educativos, y se reconoce como una de las técnicas que están dando forma al futuro de la educación superior [23].

Este texto se estructura en capítulos que guían al lector a través de los pasos fundamentales para la adquisición y preparación de un conjunto de datos. Estos pasos son cruciales, ya que permiten al analista llevar a cabo una selección más efectiva de las características influyentes para que posteriormente, se explore la aplicación de algoritmos supervisados y/o de ensamble, lo que posibilita predecir o pronosticar una variable de salida específica.

La situación problémica abordada en este texto se centra en el rendimiento académico, un tema fundamental en el ámbito educativo. No obstante, las técnicas, métodos, funciones y algoritmos presentados pueden ser aplicados en cualquier contexto o campo de acción que cuente con un conjunto de datos a explorar. El objetivo es facilitar la toma de decisiones de manera objetiva, basada en datos concretos en lugar de opiniones subjetivas. Este enfoque brinda herramientas valiosas para cualquier persona que desee aprovechar la riqueza de información contenida en conjuntos de datos, contribuyendo así a una toma de decisiones más informada y precisa.

En la actualidad, en Colombia, la carencia de un sistema eficaz para analizar y monitorear el progreso en cuanto al rendimiento, deserción y graduación de los estudiantes no ha recibido la atención que merece. Esto se debe, en parte, a dos razones fundamentales: en primer lugar, la investigación en torno a los métodos de predicción existentes aún es insuficiente para determinar cuáles son los enfoques más apropiados para predecirlos. En segundo lugar, la escasez de investigaciones que aborden los factores que influyen en cada uno de los indicadores académicos mencionados. Por lo tanto, se plantea la necesidad de llevar a cabo una introducción a un conjunto de técnicas altamente efectivas en la identificación de variables influyentes en un fenómeno determinado, así como en la búsqueda de algoritmos capaces de predecir con mayor precisión la variable de salida que representa dicho fenómeno. Este enfoque busca abordar un vacío significativo en la investigación educativa y contribuir al desarrollo de estrategias más efectivas para respaldar el éxito estudiantil. La aplicación de estas técnicas puede proporcionar una comprensión más profunda de los factores que impactan el rendimiento académico y, en última instancia, mejorar la calidad de la educación en Colombia y otros contextos educativos.

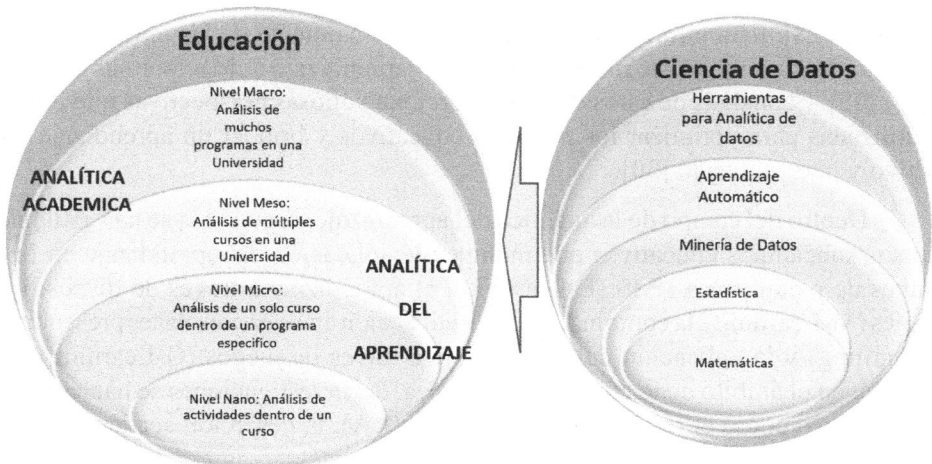

**Figura 10.** Niveles de analítica y ciencia de datos aplicadas a la educación

Debido al auge de las Tecnologías de la Información y la Comunicación (TIC) y la incursión de la ciencia de datos, los investigadores se han embarcado en la exploración del uso de la tecnología para enriquecer la experiencia de aprendizaje y otros procesos educativos [24]. Como resultado de esta incursión, surge el término TEL (*Technology Enhanced Learning),* que se refiere a la aplicación de la tecnología en la enseñanza y el aprendizaje mediante la generación de conocimiento a partir de bases de datos educativos. En este contexto, han surgido varios conceptos relacionados con la analítica en la educación, como lo son la denominada Analítica Académica y la Analítica del Aprendizaje [25] como se muestra en la Figura 10.

La analítica académica, según [26], implica la aplicación de herramientas y algoritmos diseñados para explorar datos provenientes del ámbito educativo. Su objetivo principal es la creación de estrategias innovadoras que posibiliten la predicción del progreso estudiantil, la mejora de los métodos de enseñanza y aprendizaje, así como el análisis de variables e indicadores relevantes para la toma de decisiones en instituciones educativas [27]. En este contexto, la exploración de datos abarca la supervisión del cumplimiento de los objetivos institucionales, la reducción de la deserción estudiantil, la identificación de grupos con bajo rendimiento académico y sus características, así como la detección de estudiantes que puedan requerir apoyo psicológico o vocacional, entre otros aspectos relacionados con la calidad educativa.

La analítica del aprendizaje es un campo de investigación en crecimiento que ha cobrado impulso debido a la disponibilidad de datos recopilados a partir de las interacciones entre docentes, estudiantes e instituciones. Su objetivo principal es mejorar la experiencia de aprendizaje, y se distingue por el uso de algoritmos avanzados en comparación con las metodologías tradicionales en el ámbito estadístico [28]. Esta información se obtiene principalmente de las interacciones de los estudiantes con los sistemas de gestión del aprendizaje (LMS, por sus siglas en inglés) [29]. El análisis de estos datos proporciona valiosas perspectivas que pueden ser utilizadas para optimizar los procesos educativos y brindar un aprendizaje más efectivo y personalizado [30].

Dentro del campo de la analítica del aprendizaje, según [31] se han estudiado diversos subcampos educativos que incluyen la aplicación del aprendizaje en línea a través de plataformas LMS (E-Learning), el aprendizaje a través de dispositivos móviles (M-Learning), la combinación de la educación en línea con clases presenciales (B-Learning) y la aplicación del aprendizaje a través de juegos (G-Learning). Por otro lado, en el ámbito de la analítica académica, las investigaciones se han centrado en subcampos como el rendimiento académico (RA), la deserción académica (DA) y la graduación (GR) y lo han hecho desde diferentes áreas como la psicología y la estadística principalmente, aunque se muestran indicios claros del uso de algoritmos supervisados y de ensamble que corresponde al *Machine Learning*. Estos subcampos representan áreas de interés clave en la analítica educativa y han dado lugar a diversas investigaciones y enfoques analíticos para comprender y mejorar la experiencia educativa. En la Figura 11 se muestran algunas de las potencialidades de estas técnicas de acuerdo con el actor a considerar en el ámbito educativo.

El uso de la analítica implica el conocimiento y la aplicación de una serie de herramientas matemáticas y estadísticas, que, junto con el avance de las ciencias de la computación y la inteligencia artificial, han permitido tomar decisiones basadas en datos en diversos niveles de la educación [34]. De acuerdo con [35], la analítica de datos ha atravesado diferentes etapas, cada una de las cuales ha planteado preguntas y desafíos específicos, ha utilizado diferentes herramientas y ha proporcionado diferentes tipos de información a través de los modelos implementados. Estas etapas sucesivas de análisis de datos pueden ofrecer información valiosa sobre los datos estudiados (Figura 12).

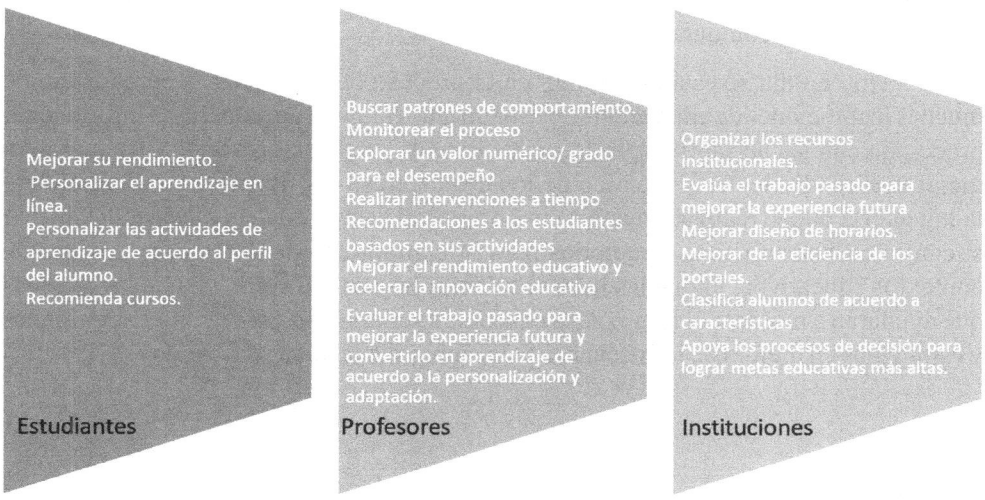

**Figura 11.** Potencialidades de analítica académica y del aprendizaje. Fuente: adaptado de: [32] y [33]

| Analítica | Descriptiva (Desempeño del total de actividades) | Informes, cuadros, tablas, gráficas, estadísticas |
| | | Pregunta clave : ¿Qué pasó? |
| | | Herramientas: software para análisis general, hojas de cálculo |
| | Diagnóstica (Desempeño pasado para analizar la información) | Tendencias o relaciones causales entre las variables y los resultados |
| | | Pregunta clave : ¿Por qué sucedió? |
| | | Herramientas: estadística, matemáticas, ciencias de la computación |
| | Predictiva (Anticiparse a los comportamientos basándose en relaciones históricas entre las variables) | Predicciones, segmentaciones, optimizaciones, simulaciones |
| | | Pregunta clave : ¿Qué podría pasar? |
| | | Herramientas: minería de datos, aprendizaje automático |

**Figura 12.** Clases de analítica. Fuente: adaptada de [36]

Las instituciones de educación superior han iniciado investigaciones en este campo, buscando identificar aspectos escondidos en los datos suministrados por las fuentes de información institucionales y gubernamentales [37]. Este tipo de investigaciones se han visto significativamente influenciadas gracias a una serie de herramientas tecnológicas y metodologías integradas en lo que se conoce como analítica de datos. Este enfoque abarca una variedad de disciplinas que contribuyen a su éxito, incluyendo el aprendizaje computacional, las técnicas de visualización, la ingeniería de características, y el software desarrollado por empresas especializadas en el campo de la computación [38] (Figura 13).

Hoy en día se está generando en el proceso de enseñanza – aprendizaje de muchas instituciones de educación superior un alto volumen de datos. Esta información procesada con las herramientas adecuadas permite predecir, prevenir y/o actuar para mejorar el rendimiento académico de los estudiantes [41]. Por tanto, es aquí donde la ingeniería puede realizar un aporte importante al campo educativo específicamente si centra en herramientas y métodos para la exploración de datos provenientes de contextos educativos, lo que las hace considerar hoy en día como una de las técnicas que ayudarán a moldear el futuro de la educación superior y a generar nuevos enfoques y estrategias en mejora de la enseñanza y del aprendizaje de los educandos [27].

**Figura 13.** Aportes de la analítica de datos a la educación. Fuente: adaptada de [38]

En la actualidad, en el país se observa una carencia en el desarrollo de un sistema integral que se encargue de analizar y supervisar de manera efectiva el progreso y rendimiento de los estudiantes. Esto puede atribuirse a dos aspectos fundamentales: en primer lugar, la investigación en torno a los métodos de predicción existentes aún se encuentra en una fase insuficiente para identificar con precisión las técnicas más adecuadas para anticipar y evaluar el rendimiento de los estudiantes. En segundo lugar, existe una notoria falta de estudios enfocados en los factores que inciden en el desempeño de los estudiantes en cursos específicos, dentro del contexto universitario.

Debido a estos dos aspectos mencionados se planteó la necesidad de elaborar libros que orientaran y ayudaran a los investigadores sobre el uso de herramientas y métodos relacionados con analística de datos y en especialmente con *Machine Learning* para determinar un modelo computacional que permita identificar la influencia de las variables claves sobre una variable en específico.

# 3

# FUNDAMENTOS DE ANÁLISIS DE DATOS PYTHON

Un aspecto interesante antes de abordar tareas de predicción (clasificación o regresión) con lenguaje Python, es el hecho de conocer cómo se debe procesar la información (datos). Así mismo, es importante conocer el entorno de programación y su sintaxis. Debido a esto, este libro ha pretendido realizar una breve introducción a aquellos conceptos, recursos, librerías y sintaxis que son necesarios para preparar el conjunto de datos y seleccionar las variables más influyentes sobre un fenómeno o aspecto que se desee estudiar desde el área de la analítica de datos. Cabe mencionar que con el hecho de explicar unos conceptos básicos, los autores no pretenden llevar al lector al campo de la programación y elaboración de software con lenguaje Python, más bien llevarlo a una etapa inicial de preparación de datos para una futura implementación de algoritmos estimadores.

## 3.1 CONFIGURANDO EL ENTORNO PYTHON

Python es uno de los lenguajes de alto nivel de programación interpretado, de más rápido crecimiento para la aplicación de aprendizaje automático [44]. Es un lenguaje de programación versátil que se puede utilizar para muchos diferentes proyectos de programación. Por lo tanto, el primer paso es aprender cómo instalarlo. Para ello, hay varias opciones. Una de ellas es hacerlo desde la página **https://www.python.org/**. Otra opción recomendada por los autores es hacerlo desde la página web de Anaconda **https://www.anaconda.com/** y hacer clic en el botón "Free Downloads" (Figura 14). Representa una distribución de código abierto que reúne los lenguajes Python y R, y se ha consolidado como una herramienta fundamental en el campo de la ciencia de datos y el aprendizaje automático (*Machine Learning*). Esta plataforma es esencial para una variedad de aplicaciones, que van desde el procesamiento de grandes conjuntos de datos hasta el análisis predictivo y los cálculos científicos. Su enfoque central radica en simplificar la instalación y gestión de paquetes de software, lo que resulta en una mayor eficiencia y facilidad de uso para profesionales y entusiastas de estos campos.

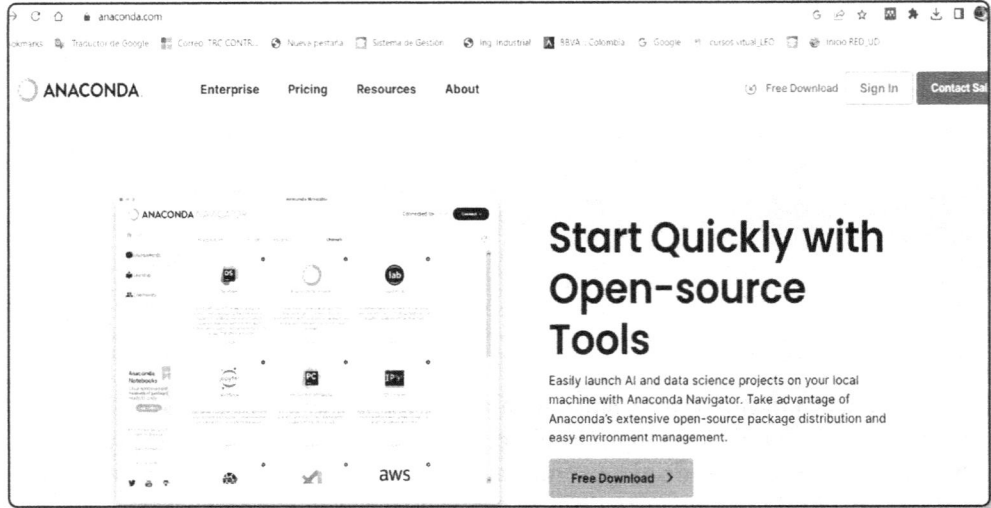

**Figura 14.** Web de Anaconda. Fuente: Anaconda

A continuación, hacer clic en el instalados descargado. El proceso de descarga comenzará automáticamente, y una vez que la descarga se haya completado, se procede a instalar Python en la computadora (Figura 15). Es importante tener en cuenta que este proceso puede llevar algo de tiempo, por lo que se debe tener paciencia durante la instalación.

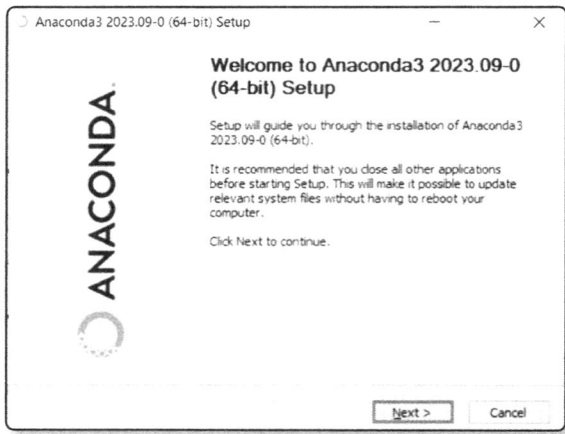

**Figura 15.** Anaconda para Windows. Fuente: Anaconda

Una vez completada la instalación en el equipo, se abrirá una ventana similar a la que se muestra, que incluye varios Entornos de Desarrollo Integrados (IDE, por sus siglas en inglés, Integrated Development Environment). Es importante recordar que Python es un lenguaje de programación y que para trabajar con él se utilizará el IDE Jupyter Notebook, reconocido por ser un entorno amigable que no solo permite escribir código [45]. Para comenzar a trabajar, simplemente se hace clic en "Launch", o alternativamente se puede activar buscando "Jupyter" desde el menú de inicio de Windows (Figura 16).

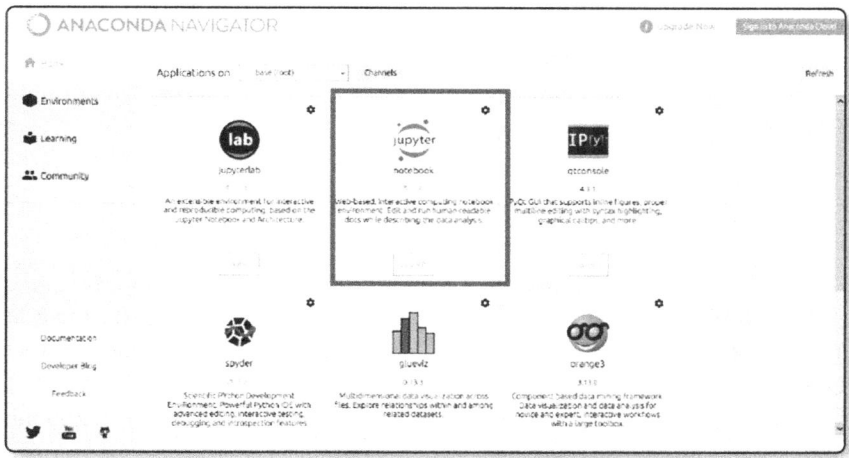

**Figura 16.** Apertura de entorno Jupyter

Al abrir el entorno Jupyter Notebook, se despliega una ventana similar a la que se muestra en la figura, que presenta las diversas carpetas y archivos almacenados en el PC, simulando un explorador de archivos de Windows. Por consiguiente, para iniciar un nuevo proyecto, se requiere seleccionar la ubicación donde se desea guardar este archivo. En este caso de ejemplo, el proyecto se guardará en la carpeta "*Machine Learning*"(Figura 17).

**Figura 17.** Lugar donde se guardará el primer archivo en Jupyter

Ahora que se ha decidido dónde guardar el archivo con el que se trabajará, el siguiente paso es crear el primer archivo de trabajo, el cual será el espacio donde se programará en Python. Para hacer esto, se debe seleccionar el botón "New" ubicado en la esquina superior derecha de la ventana mostrada. Al hacer clic en este botón, se desplegará una nueva ventana con la opción "Python 3", lo que indica que se ha creado el archivo de trabajo. Es importante tener en cuenta que este primer archivo creado no tiene un nombre definido por el usuario y aparecerá con el nombre por defecto "Untitled" (Figura 18).

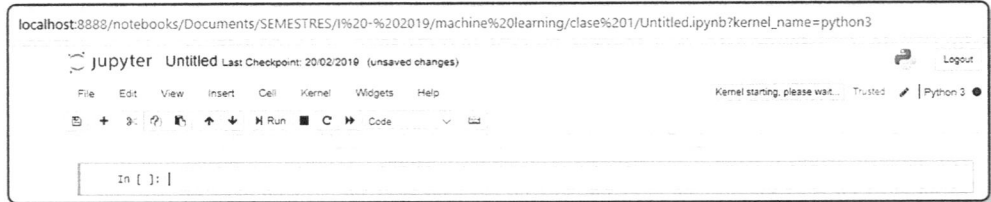

**Figura 18.** Primer archivo en Jupyter sin un nombre definido

Para cambiar el nombre del archivo recién creado, debe dirigirse a la barra de menús y seleccionar la opción "File". Al hacerlo, se desplegará una ventana emergente donde es posible seleccionar la función "Rename" (Figura 19). Esta acción simplifica la tarea de personalizar el nombre del archivo según nuestras necesidades y preferencias.

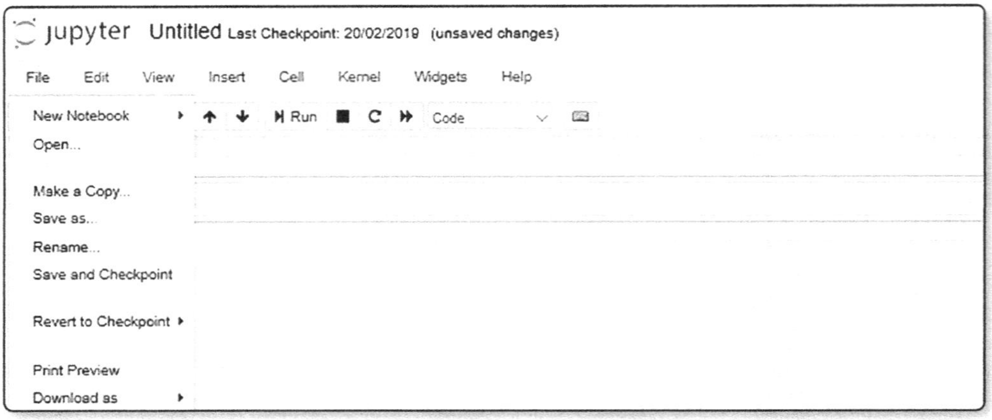

**Figura 19.** Cambio de nombre al archivo en Jupyter

De tal manera que se muestra una ventana para escribir el nombre del archivo. Para este ejemplo, se ha llamado "mi primer proyecto". De esta manera ya está listo el entorno para empezar a trabajar en lenguaje Python dentro de un entorno de trabajo Jupyter (Figura 20).

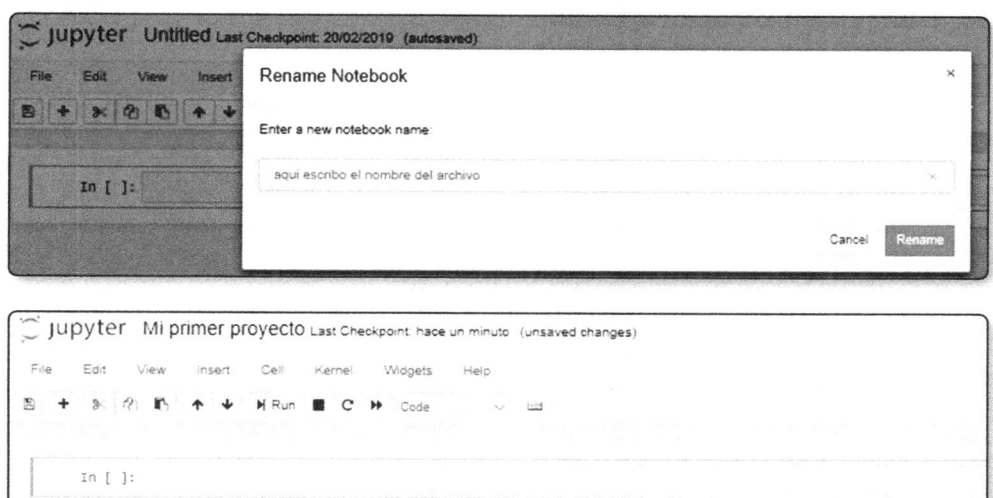

**Figura 20.** Cambio y visualización del nuevo nombre del primer archivo en Jupyter - Python

Si se desea saber si efectivamente el archivo de trabajo *"Mi primer proyecto"* quedó bien creado, se puede abrir el explorador de archivos de Windows, buscar la carpeta donde se guardó el proyecto o análisis de datos, que en este caso fue la carpeta *"Machine Learning"* y dentro de esta debe estar creado el archivo *" Mi primer proyecto"* como se muestra (Figura 21).

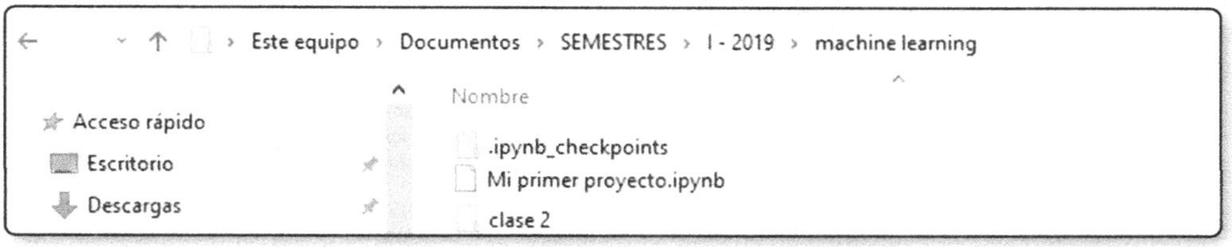

**Figura 21.** Verificación de la carpeta y archivo creado en Jupyter - Python

## 3.2 LIBRERÍAS BÁSICAS DE PYTHON

Antes de proceder con las librerías básicas, hay que mencionar ciertas características del lenguaje de programación Python [46]:

- ▶ Distingue entre mayúsculas y minúsculas.
- ▶ Se puede usar hash (#) al inicio de cada línea de código para hacer comentarios.
- ▶ Se usan espacios en blanco para indicar bloques de código (los espacios en blanco son importantes).

Python posee diversas librerías para diferentes usos, desde análisis de datos estadísticos hasta predicciones por medio de herramientas de análisis de datos. Las más usuales se describen en la Figura 22.

- Es una librería de Python diseñado para una manipulación, agregación y visualización de datos rápida y fácil. Funciona bien con datos incompletos, desordenados y no etiquetados. Posee diversas herramientas que permitirán conocer un poco más de los datos suministrados como por ejemplo cual es el mayor o menor de una columna del dataframe (datos originales a trabajar). Así mismo es posible haciendo uso de esta agregar o eliminar columnas fácilmente desde el Dataframe, identificar datos faltantes, entre otras tareas.

- Esta es la librería que permite analizar y realizar operaciones con matrices de datos, así como permitir la vectorización, mejora el rendimiento (medidas de rendimiento) de los algoritmos implementados. De igual manera pueden realizar tareas complejas que tal vez no son tan fáciles utilizando pandas utilizando el menor número de líneas de código posible.

- Es una librería básica de Python para diversos tipos de diagramas y gráficos en 2D los cuales serán usados para mostrar estadísticas, relaciones entre variables de una forma sencilla sin demasiado código ya que posible modificar colores, apariencia de los gráficos, así como su tamaño y etiquetas.

- Es la librería clave para el desarrollo de modelo mediante algoritmos de machine Learning ya que posee características para la estadística, minería de datos y el análisis de datos. Está construida sobre las librerías Numpy, SciPy y Matplotlib. Las herramientas están bien documentadas en: https://scikit-learn.org/

- Es una librería de visualización con la que es posible realizar gráficos similares a Matplotlib. Una diferencia es que puede realizar gráficos un poco más complejos Esta es una librería de nivel superior, por lo que se centra en la visualización de modelos estadísticos, haciendo más fácil generar ciertos tipos de tramas, incluidos mapas de calor y series de tiempo

**Figura 22.** Descripción de algunas librerías de Python

En el presente libro se hace uso de las mencionadas librerías, aunque cabe mencionar que existen otras que pueden realizar acciones similares a las implementadas con código Python con estas librerías.

## 3.3 BÁSICO DE SINTAXIS DEL LENGUAJE PYTHON

Antes de trabajar tareas de clasificación (predicción), regresión o agrupamiento por ejemplo con algoritmos de *Machine Learning* en lenguaje Python, es conveniente saber un poco sobre la sintaxis usada por este lenguaje. A continuación, se muestra algo básico al respecto. Son ejemplos sencillos con los que se pretende que el lector conozca algunas instrucciones o secuencia de pasos acerca de la programación con Python que más adelante le puede ser útil para comprender como el código que se mostrará ejecuta diversas acciones para obtener un resultado. Se muestran ejemplos de sintaxis y de las tres librerías más usadas para la preparación y selección de características con Python (pandas, Numpy y Matplotlib). Estas mismas suelen usarse en algunos algoritmos de *Machine Learning* y pueden ser integradas con otras librerías más especializadas como scikitlearn, tensor Flow, keras, Seaborn, entre otras [47].

Para iniciar se escribirá una línea de código en Python la cual se mostrará cómo debe ejecutarse para visualizar. Existen dos formas. La primera es haciendo clic en el botón *"Run"* mostrado.

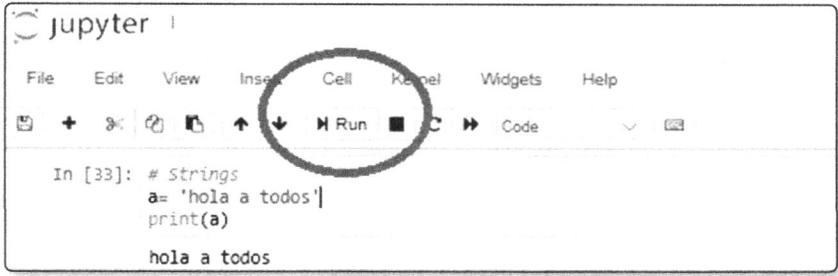

Otra opción es dirigirse a la celda que contiene el código que se desea ejecutar y presionar simultáneamente las teclas "Shift" + "Enter".

## 3.3.1 Strings y numéricos

Las cadenas en Python o strings son un tipo inmutable que permite almacenar secuencias de caracteres. Para esto se asigna un texto a la variable, por ejemplo en este caso la llamada variable "a". Se usa *"print"* para mostrar el resultado. Obsérvese que la cadena debe usarse con comillas sencillas (') o con comillas dobles (") una al inicio y otra la final de la cadena. También es posible asignar un valor numérico a una variable como por ejemplo la variable "X" en cuyo caso el valor numérico no debe estar en comillas.

```
# Asignación de string
a= 'Esto es una cadena o string'
print(a)

print('-------------')

# Asignación Numérica
X= 1000
print(X)
```

```
'Esto es una cadena o string'
-------------
1000
```

Una situación que muchas veces se puede dar, es cuando se quieren asignar múltiples valores numéricos o string a varias variables usando una sola línea de código. En este caso se procede como se muestra a continuación donde se les asigna a las variables x, y, z sus valores.

```
# Asignación múltiple de string variables
(x, y, z) = 10, 20, 30
print('Los valores asignados a las variables x, y, z son:' , x, y, z )
print('-------------')

# Asignación múltiple numérica
x, y, z = "YO ", "soy", "colombiano"
print('Las variables asignadas x, y, z tomaron valores:' , x, y, z )
```

```
Los valores asignados a las variables x, y, z son: 10 20 30
---------------------------------------------------
Las variables asignadas x, y, z tomaron valores: YO soy colombiano
```

A menudo, nos encontramos con situaciones en las que la cadena que queremos imprimir es muy extensa, lo que puede hacer más legible dividirla en dos líneas. Esto se puede lograr asignando la cadena a una variable y utilizando otros elementos adicionales. Asimismo, podemos incluir un salto de línea dentro de la cadena misma, lo que indica que el texto posterior al salto será impreso en una nueva línea.

```
s = "Primer línea y Segunda linea juntos"
print (s)

print ("------")
p = "Primer línea \n Segunda Línea"
print (p)
```

```
Primer línea y Segunda línea juntos
------
Primer línea
```

Segunda línea En numerosas ocasiones al desarrollar un programa, es necesario imprimir una cadena que incluya valores numéricos como resultado de algún proceso ejecutado. En este contexto, es crucial considerar la sintaxis adecuada para lograrlo. Tal situación puede presentarse cuando, por ejemplo, se desea que el resultado imprima una cadena con datos numéricos provenientes de una variable en su interior. A continuación, se muestra un ejemplo de cómo concatenar una cadena y un valor numérico a la variable "X":

```
# Asignación Numérica
X= 1000
print(X)
print (str(X) + 'pesos colombianos')
```

```
1000 pesos colombianos
```

Pero también existen otras maneras de trabajar uniendo string y números conocidos con el termino de "formatear una cadena" la cual se realiza mediante el símbolo %. En la parte anterior (izquierda) de este símbolo se coloca un símbolo cómo %s (imprimir cadena), %d (imprimir número decimal entero), %d (imprimir número decimal de coma flotante), que indica el tipo variable que se quiere imprimir, y por otro a la derecha del % tenemos la variable a imprimir.

```
# Formateo de cadenas con una variable numérica con %
X = 8
p = "El resultado es el número: %d" % X
print (p)
print ('---------')

# Formateo de cadenas con dos variables numéricas con %
p = "El resultado es la suma de estos dos números %d y %d." % (8, 18)
print (p)
print ('---------')

# Formateo de cadenas con variables numéricas y una variable string con %
nombre = 'Leonardo'
numero = 42
p= '%s %d' % (nombre, numero)
print (p)
```

```
1000
1000 pesos colombianos
---------
El resultado es el número: 8
---------
El resultado es la suma de estos dos números 8 y 18.
---------
Leonardo 42
```

Una alternativa para formatear cadenas en Python es emplear el método format(), el cual inserta los valores dentro del string o marcador de posición de la cadena definido mediante llaves: {} como se ilustra en los siguientes ejemplos.

```
# Formateo de cadenas con dos variables numéricas con format().
k = "Los números son {} y {}".format(5, 10)
print (k)
print ('---------')

ejemplo1 = "Mi nombre es {nombre} y tengo {año} años".format (nombre =
"John", año = 36)
ejemplo2 = "Mi nombre es {0}    y tengo {1}  años".format("John",36)
ejemplo3 = "Mi nombre es {}    y tengo {}  años".format("John",36)
print (ejemplo1)
print (ejemplo2)
print (ejemplo3)
```

Los números son 5 y 10
---------
Mi nombre es John y tengo 36 años
Mi nombre es  John   y tengo 36  años
Mi nombre es  John   y tengo  36  años

## 3.3.2 Booleanos

Tal como ocurre en diversos lenguajes de programación, en Python también se encuentra el tipo de dato bool o booleano, que posibilita el almacenamiento de dos valores fundamentales: True o False. Estos valores booleanos son esenciales en la programación ya que permiten la evaluación de condiciones y la toma de decisiones en base a la veracidad o falsedad de una afirmación [48]. Por lo general son usados con los condicionales if, else que se mencionaran más adelante. Por ahora es importante mencionar que Python posee una instrucción que permite identificar el tipo dato asignado a una variable. Esto se realiza mediante type () como se muestra en el siguiente fragmento de código para varias variables.

```python
#Asignación de booleanos a las variables a y b
a = True
b = False
print(a, b)
print('------------')
#Tipo de variable
a = 13
type(a)
print('------------')

#Tipo de variable
b = 13.5
type(b)
print('------------')

#Tipo de variable
c = "hola"
type(c)
print('------------')

#Tipo de variable
c = "hola"
type(c)
print('------------')
```

```
#Tipo de variable
d = False
type(d)
print('-------------')
```

```
True False
-----------------------
Int
-----------------------
Float
-----------------------
Str
-----------------------
Bool
```

Un valor booleano puede, además, ser el producto de la evaluación de una
expresión. Algunos operadores, como el de mayor que, menor que o igual que,
generan un valor bool al comparar dos elementos. Esta característica es esencial en la
programación, ya que permite realizar comparaciones y tomar decisiones basadas en
la relación entre valores numéricos u otros tipos de datos. Por ejemplo, al comparar
dos números, si el primer número es mayor que el segundo, la expresión generará el
valor True; de lo contrario, devolverá False.

```
# Evaluar expresiones mediante un booleano
print (1 > 0)  #True
print (1 <= 0) #False
print (9 == 9) #True
```

```
True
False
True
```

### 3.3.3 Aritmética

A continuación, se muestra cómo se realizan diferentes operaciones
aritméticas con lenguaje Python. El paso para el lector consiste en ejecutar el código
para visualizar los resultados.

```
#- Operaciones aritméticas

z = 5 + 2    #Suma
print(z)
```

```
z = 5 - 2   #Resta
print(z)


z = 5 * 2   #Multiplicación
print(z)


z = 5 / 2   #División
print(z)

z = 5 ** 2 #Potenciación
print(z)


z = 5 % 2   #Residuo de una división
print(z)


z = 5 // 2  #Parte entera de una división
print(z)
```

## 3.3.4 Listas

La lista es un tipo de secuencia de datos (flotantes, enteros o string) que usan la notación de corchetes. Suele usarse para implementar el código Python de los algoritmos de *Machine Learning*. Las listas en Python son uno de los tipos o estructuras de datos más versátiles del lenguaje, ya que permiten almacenar un conjunto arbitrario de datos [47]. En los siguientes fragmentos de código se pueden apreciar algunos de sus diversos usos.

```
#Lista formada por diversos tipos de datos
Lista =[1, 2, 3, "perro", "gato"]
print(Lista)
print('-------------')


# Indexación y cantidad de elementos de la lista
Lista =[1, 2, 3, "perro","gato","ratón"]
print(Lista [0])
print(Lista [4])


# Cantidad de elementos de la lista
len(Lista)
print ("La cantidad de elementos de la lista son:", len (Lista))
print('-------------')
```

```
[1, 2, 3, 'perro', 'gato']
-----------------------
1
gato
```

La cantidad de elementos de la lista son: 6

En una lista así como es posible agregarle elementos, también Python permite su eliminación. Si tenemos una lista a con 6 elementos almacenados en ella, podemos acceder a los mismos usando corchetes y un índice, que va desde 0 a n-1 siendo n el tamaño de la lista. En el siguiente ejemplo se muestra cómo podría realizarse. Se continúa con la lista creada anteriormente.

```
Lista =[1, 2, 3, "perro","gato","ratón"]
del(Lista [0])                    # eliminar el elemento "o" la lista
del(Lista [-1])                   # eliminar el último elemento de la lista
Lista.remove('gato')       # elimina el elemento llamado "gato" de la
lista

print(Lista)
print ("La cantidad de elementos de la lista son:", len (Lista))
```

```
[2, 3, 'perro']
La cantidad de elementos de la lista son: 3
```

De igual manera que otros elementos claves de la programación con Python, sobre las listas se pueden ejecutar diversas acciones, como crear sublistas más pequeñas de una más grande. Para ello debemos de usar: entre corchetes, indicando a la izquierda el valor de inicio, y a la izquierda el valor final que no está incluido. Algunas de las más populares se muestran en los siguientes fragmentos de código.

```
# Obtener una lista a partir de otra lista
Lista =[1, 2, 3, "perro","gato","raton"]
fraccion_lista = Lista [0:3]
print(fraccion_lista)
print ("La cantidad de elementos de la lista son:", len (Lista))
print ("La cantidad de fracción de lista son:", len (fraccion_lista))
print('-------------')
```

```
[1, 2, 3]
La cantidad de elementos de la lista son: 6
La cantidad de fracción de lista son: 3
```

Algunos de los métodos usuales para trabajar con listas son los que se muestran en los siguientes fragmentos de código.

```python
# Método append() añade un elemento al final de la lista.
Lista =[1, 2, 3, "perro","gato","ratón"]
Lista.append(40)
print ("Método append()")
print (Lista)
print()

#Método extend() permite añadir una lista a la lista inicial.
Lista =[1, 2, 3, "perro","gato","ratón"]
Lista1 = ["a","b","c"]
Lista.extend(Lista1)
print ("Método extend() ")
print(Lista)
print()

#Método insert() añade un elemento en una posición o índice determinado.
Lista =[1, 2, 3, "perro","gato","ratón"]
Lista.insert(1, "X") # En la posición 1 de la Lista se meterá el valor X
print ("Método insert()")
print(Lista)
print()

#Método remove() recibe como argumento un objeto y lo borra de la lista.
Lista =[1, 2, 3, "perro","gato","ratón"]
Lista.remove(3)
print ("Método remove()")
print(Lista)
print()

#Método sort() ordena de forma ascendente la lista numerica o de string.
ListaS =["perro","gato","ratón"]
ListaN =[2, 1, 3]
print ("Método sort()")
ListaN.sort() #ordenar ascendente numérica
ListaS.sort()
print (ListaN)
print (ListaS)
print()

#Método reverse() invierteel orden de la lista numerica o de string.
ListaS =["perro","gato","ratón"]
ListaN =[2, 1, 3]
```

```
print ("Método reverse()")
ListaN.reverse() #ordenar ascendente numérica
ListaS.reverse() #ordenar ascendente string
print (ListaN)
print (ListaS)
print()

#Método index() recibe como parámetro un objeto y devuelve el índice de su
primera aparición.
Lista =["perro","gato","ratón"]
print ("Método index()")
print(Lista.index("ratón")) #ordenar ascendente numérica
```

Método append()
[1, 2, 3, 'perro', 'gato', 'ratón', 40]

Método extend()
[1, 2, 3, 'perro', 'gato', 'ratón', 'a', 'b', 'c']
Método append()
[1, 2, 3, 'perro', 'gato', 'ratón', 40]

Método extend()
[1, 2, 3, 'perro', 'gato', 'ratón', 'a', 'b', 'c']

Método insert()
[1, 'X', 2, 3, 'perro', 'gato', 'ratón']

Método remove()
[1, 2, 'perro', 'gato', 'ratón']

Método sort()
[1, 2, 3]
['gato', 'perro', 'ratón']

Método reverse()
[3, 1, 2]
['ratón', 'gato', 'perro']

Método index()
2

### 3.3.5 Tuplas

En Python, las tuplas son una forma de estructura de datos que posibilita el almacenamiento de elementos de manera similar a las listas, pero con dos diferencias cruciales [49]. En primer lugar, las tuplas son inmutables, lo que implica que una vez que se declaran, no pueden ser modificadas. Segundo, a diferencia de las listas, las tuplas se inicializan utilizando paréntesis (). Estas particularidades hacen que las tuplas sean una elección apropiada en situaciones donde se necesita una estructura de datos que no cambie y que, en algunos casos, pueden ser más eficientes en términos de rendimiento en comparación con las listas. Por lo tanto, la elección entre usar listas o tuplas dependerá de las necesidades específicas de cada situación en programación.

```python
# Crear una tupla
tupla = (1, 2, 3)
print(tupla)
print(tupla[0])
print( )

# Intentar modificar un  valor de una tupla. Se intenta modificar el valor
ubicado en la posición 0 por el valor de 8
tupla[0] = 8
print(tupla)

#Convertir una lista en tupla
Lista =[1, 2, 3, "perro", "gato", "ratón"]
tupla = tuple(Lista)
print (tupla)
```

```
(1, 2, 3)
1

# Error! TypeError

(1, 2, 3, "perro", "gato", "ratón)
```

### 3.3.6 Diccionarios

Los diccionarios en Python son una estructura de datos que permite el almacenamiento de información a través de pares llave-valor. En otras palabras, cada variable está vinculada a un valor y todas las llaves conforman un conjunto de datos. La creación de diccionarios se lleva a cabo mediante el uso de llaves {} y separando cada par key: valor con comas. Los diccionarios en Python poseen varias propiedades distintivas como ser dinámicos, lo que significa que pueden crecer o reducir su tamaño, permitiendo la adición o eliminación de elementos según sea necesario; son indexados, lo que facilita el acceso a los elementos del diccionario utilizando su clave correspondiente, y son anidados, lo que implica que un diccionario puede incluir a otro diccionario en su campo de valor, lo que proporciona flexibilidad para estructurar datos de manera jerárquica y compleja.

```python
#Conocer cuáles son las llaves y valores del diccionario
diccionario = {   'X1': 1,          'X2': 2,        'X3': 3   }
print("Las llaves del diccionario son: %s" % diccionario.keys())
print("Los valores del diccionario son: %s" % diccionario.values())
```

```
Las llaves del diccionario son:  dict_keys (['X1', 'X2', 'X3'])
Los valores del diccionario son: dict_values ([1, 2, 3])
```

Un aspecto interesante con los diccionarios es que en ellos es posible modificar las claves y los valores como se muestra en los siguientes fragmentos de código Pyhton. Para modificar un valor se deben usar [ ] con el nombre del key y asignar a esta llave el valor que se desea modificar.

```python
#Conocer el diccionario base con llaves y valores
diccionario = { 'X1': 1, 'X2': 2, 'X3': 3 }
print(diccionario)

# Como acceder a un "valor" del diccionario
print("Estoy accediendo al valor de la llave X1:", diccionario['X1'])

# Agregar un valor nuevo a un diccionario. Por ejemplo agregar valor a la
llave X4
diccionario['X4'] = "perro"
print("El nuevo diccionario será", diccionario)

# Modificar un valor del diccionario. Por ejemplo modificar valor a la llave
X4
diccionario['X4'] = "sofia"
print("El nuevo diccionario será", diccionario)
```

```
{'X1': 1, 'X2': 2, 'X3': 3}
Estoy accediendo al valor de la llave X1: 1
El nuevo diccionario será {'X1': 1, 'X2': 2, 'X3': 3, 'X4': 'perro'}
El nuevo diccionario será {'X1': 1, 'X2': 2, 'X3': 3, 'X4': 'sofia'}
```

Algunos de los métodos usuales para trabajar con listas son los que se muestran en los siguientes fragmentos de código.

```
#Conocer el  diccionario base con llaves y valores
diccionario = { 'X1': 1, 'X2': 2, 'X3': 3 }
print(diccionario)

#Método get() consulta el valor para una llave (key) determinada
print(diccionario.get('X2'))
print()

#Método items() devuelve una lista con las llaves y valores del
diccionario.
items = diccionario.items()
print (items)
print()
#Método keys() devuelve una lista con todas las llaves (keys) del
diccionario
llaves = diccionario.keys()
print("Las llaves o keys del diccionario son:", llaves)
print()

#Método values () devuelve una lista con todos los valores (value) del
diccionario
valores= diccionario.values()
print("Las llaves o keys del diccionario son:", valores)
print()

#Método clear() elimina llaves y valores del diccionario
diccionario.clear()
print("Los datos que contiene el diccionario son:", diccionario)
print()
```

```
{'X1': 1, 'X2': 2, 'X3': 3}
2

dict_items([('X1', 1), ('X2', 2), ('X3', 3)])

Las llaves o keys del diccionario son: dict_keys(['X1', 'X2', 'X3'])

Las llaves o keys del diccionario son: dict_values([1, 2, 3])

Los datos que contiene el diccionario son: {}
```

### 3.3.7 Variables

El lenguaje Python es altamente sensible al uso de variables en minúsculas o mayúsculas. Esta sensibilidad se manifiesta claramente en los resultados obtenidos al ejecutar fragmentos de código de manera separada. En Python, las variables pueden crearse asignando un valor a un nombre sin necesidad de declararlas previamente. Es importante evitar el uso de palabras reservadas de Python (como True, list, etc.) y abstenerse de comenzar el nombre de la variable con espacios, guiones o números.

```python
#Cuando las variables no están ambas en mayúsculas o en minúsculas
K= 1000
print(K)
print('------------')

#Cuando ambas variables están en mayúsculas o ambas en minúsculas
K= 1000
print('K vale…:', K)
print('-------------')

#Asignación múltiple de variables
x, y, z = 10, 20, 30
print (x)
print (y)
print (z)
```

```
NameError                Traceback (most recent call last)
<ipython-input-40-9218024b9e4d> in <module>
      1 k= 1000
----> 2 print(K)
NameError: name 'K' is not defined
------------------------------------
K vale…: 1000
------------------------------------
10
20
30
```

### 3.3.8 Conversión de tipos de datos

En programación, realizar una operación de casting implica convertir un tipo de dato a otro. Por ejemplo, es factible tomar un valor que sea inicialmente una cadena de texto y transformarlo en un número entero o decimal. De manera análoga, se puede convertir un número entero en una cadena de texto para presentar información de forma legible para el usuario. Este proceso de conversión es fundamental en programación, ya que posibilita adaptar los datos a las necesidades específicas de una aplicación. A continuación, se exploran algunas funciones que ofrece Python para llevar a cabo estas conversiones.

```python
#Función float() convierte decimal a entero
k = 3.5
k = int(k)
print(k)
print ()

#Función string() convierte decimal a string
k = 3.5
print(type(k)) # la clase inicial es <class 'float'>
k = str(k)
print(type(k)) # la clase final es <class 'str'>
print(k)
print ()

#Función float() convierte string a decimal
k = "48.36"
print(float(k))
print ()

#Función string() convierte entero a string
k = 35
print(type(k)) # la clase inicial es <class 'float'>
k = str(k)

print(type(k)) # la clase final es <class 'str'>
print(k)
print ()
a = {1, 2, 3}
b = list(a)
print(type(a)) # <class 'set'>
print(type(b)) # <class 'list'>
```

```
3

<class 'float'>
<class 'str'>
3.5

48.36
```

```
<class 'int'>
<class 'str'>
35

<class 'set'>
<class 'list'>
```

## 3.3.9 Condicional IF

Cuando se ejecuta un código en cualquier lenguaje de programación, generalmente sigue un flujo secuencial, es decir, línea por línea en el orden establecido. Sin embargo, para proporcionar mayor flexibilidad y control, se emplean estructuras de control, como los condicionales (por ejemplo, if), bucles (for, while, etc.), entre otras [50].

Estas estructuras de control permiten modificar la ejecución del código, alterando su flujo secuencial, cambiando la dirección de ejecución del programa en función de condiciones específicas. Por ejemplo, ciertos bloques de código se ejecutan solo si se cumplen determinadas condiciones, lo que brinda la capacidad de adaptar el comportamiento del programa según las circunstancias.

If, es uno de los condicionales más sencillos utilizados en Python. Se escribe "if" y expresa "si". Hay que tener presente que se debe colocar " : " al final de la instrucción. Estos dos puntos quieren decir " entonces".

```
# La condición que se tiene que cumplir para que el bloque de código se
ejecute
# En este ejemplo, "if" comprueba si 20 es "igual" al resultado de 100/5

if  20 == 100/5:
    print('Respuesta correcta')
    print('------------')
```

```
Respuesta correcta
------------
```

Además del operador utilizado en la declaración condicional "if", existen otros operadores que posibilitan la comparación de dos números. El empleo de estos operadores sigue la misma lógica mencionada anteriormente, permitiendo evaluar diversas condiciones. En lugar de limitarse a comparar un número con una única condición, estos operadores posibilitan la comparación entre una o varias condiciones simultáneamente. A continuación, se presenta un ejemplo que ilustra cómo estos operadores pueden utilizarse para realizar comparaciones más complejas.

```python
# Ejemplo de uso de una instrucción condicional con división
a = 10
b = 2

# Verificación de la condición: si b es mayor que 0
if b > 0:
    resultado_division = a / b
    print("El resultado de la división es:", resultado_division)


# Ejemplo de uso de operadores en una declaración condicional
numero_1 = 10
numero_2 = 5
# Condición: si numero_1 es mayor que numero_2 y al mismo tiempo numero_2
es positivo
if numero_1 > numero_2 and numero_2 > 0:
    print("El primer número es mayor que el segundo y el segundo es
positivo.")
```

```
El resultado de la división es: 5.0
El primer número es mayor que el segundo y el segundo es positivo.
```

La instrucción "if" es comúnmente utilizada de manera concatenada en líneas de código para gestionar diversas condiciones de manera eficiente. En el siguiente ejemplo, se ilustra su aplicación en una combinación de condiciones, lo cual permite realizar acciones específicas.

```python
# Ejemplo de uso de if en concadenados
x = 10
y = 'Hola'
z = 33
if z == 34 or y == 'Hola':
    x = x + 1 y = y + ' Estoy aprendiendo Python' # String concadenado.
    print (x)
    print (y)
```

```
13
Hola Estoy aprendiendo Python
```

### 3.3.10 Condicional ELSE

Cuando se utiliza la condición "if", el bloque de código asociado se ejecuta solo si se cumple esa condición. Sin embargo, ¿qué ocurre cuando se desea ejecutar un bloque de código cuando la condición no es verdadera? Aquí es donde entra en juego la opción "else". Esta declaración indica a la computadora que ejecute el siguiente conjunto de comandos si la condición anterior no es válida.

Para este ejemplo particular, el programa solicita al usuario que introduzca un número por teclado. Luego, se pregunta si la división de ese número da como resultado cero o si el número es impar. En caso de que no se cumpla ninguna de estas condiciones, se ejecutará el bloque de código asociado al "else".

```
# Ejemplo de uso de la instrucción if con else
numero = 7

# Condición: si el número es par
if numero % 2 == 0:
    print("El número es par.")
# Fin del bloque if # Si la condición del if no se cumple, se ejecuta el
bloque else
else:
    print("El número es impar.")
```

```
El número es impar.
```

Otro ejemplo de uso en cual se puede introducir el número al que desea determinar si es par o impar es el siguiente.

```
x=int(input("Introduzca un numero:"))
if x == 5:
    print("Es 5")
else:
    print("No es 5")
```

```
Introduzca un numero:4
No es 5
```

### 3.3.11 Condicional ELIF

Hasta el momento, hemos explorado la ejecución de bloques de código basándonos en si se cumple o no una instrucción específica. Sin embargo, en muchos escenarios, es necesario manejar diversas condiciones, cada una con su propio conjunto de acciones asociadas. Es en este contexto que entra en juego el "elif" (abreviatura de "else if"), que permite incorporar condiciones adicionales al código. Podríamos traducir "elif" como "sino". Este condicional proporciona la capacidad de evaluar múltiples situaciones de forma secuencial y ejecutar el bloque de código asociado a la primera condición verdadera encontrada. A continuación, se presenta un ejemplo que demuestra el uso de "elif". En este ejemplo, la instrucción "elif" se utiliza para evaluar diferentes rangos de puntuación, proporcionando un enfoque escalonado para brindar mensajes específicos en función del rendimiento.

```
# Ejemplo de uso de la instrucción elif
puntuacion = 75

# Evaluación de múltiples condiciones utilizando elif
if puntuacion >= 90:
    print("Excelente desempeño. ¡Felicidades!")
# Fin del bloque if
elif 80 <= puntuacion < 90:
    print("Buen trabajo. Sigamos esforzándonos.")
# Fin del bloque elif
elif 70 <= puntuacion < 80:
    print("Aprobado, pero hay margen de mejora.")
# Fin del bloque elif
else:
    print("Lo siento, no has alcanzado la puntuación mínima requerida.")
# Fin del bloque else
```

```
Aprobado, pero hay margen de mejora.
```

Otro ejemplo de uso en cual se pueden introducir diferentes números (tres números dados x, y, z); y mediante un código que utiliza el condicional "if" se evalúa la condición principal, luego mediante "elif" se establecen dos condicionales (sino) y finalmente sino se cumplen alguna de los condicionales establecidos, se plantea la opción "else".

```
x=int(input("Introduzca un valor:"))
y=int(input("Introduzca un valor:"))
z=int(input("Introduzca un valor:"))

# Versión 1
if x>z:
    print("El mayor de los tres números es: %d" % x)
elif z>y:
```

```python
            print("El mayor de los tres números es: %d" % z)
    elif y>z:
        print("El mayor de los tres números es: %d" % y)
    else:
        print("El mayor de los tres números es: %d" % z)

    # Versión 2
    print("El mayor de los tres números es: %d" % max(x,y,z))
```

```
Introduzca un valor:10
Introduzca un valor:15
Introduzca un valor:20

El mayor de los tres números es: 20
```

## 3.3.12 Ciclo con FOR

Existen tres tipos fundamentales de control de flujo que es crucial entender en programación: "if", "for" y "while". Hasta ahora, se ha explorado el condicional "if", que permite ejecutar bloques de código basándose en la evaluación de condiciones.

A continuación, se enfoca el texto en los bucles "for" y "while". Estos dos últimos son esenciales para la iteración, es decir, para repetir un bloque de código múltiples veces, pero difieren en su enfoque. El bucle "for" se utiliza para recorrer una secuencia de elementos, como una lista o una cadena de texto, mientras que el bucle "while" se repite mientras una condición específica sea verdadera. La comprensión de estos tres elementos proporciona una base sólida para estructurar el flujo de ejecución de un programa de manera efectiva. Se proporcionan ejemplos básicos de un bucle "for" para ilustrar su funcionamiento.

En este primer ejemplo, el bucle "for" recorre cada elemento en la lista de frutas e imprime un mensaje para cada una.

```python
# Ejemplo de bucle for para recorrer una lista
frutas = ["manzana", "plátano", "uva"]
for fruta in frutas:
    print("Me gusta comer", fruta)
```

```
Me gusta comer manzana
Me gusta comer plátano
Me gusta comer uva
```

En Python, la capacidad de iterar se extiende a una amplia gama de estructuras de datos, y un ejemplo común es la iteración a través de una cadena de texto mediante el uso del bucle "for". En el siguiente ejemplo, se observa cómo la variable "i" adquiere sucesivamente los valores de cada letra en la cadena. Este proceso de iteración facilita la manipulación y análisis de datos en diversos contextos.

```
# Ejemplo de iteración sobre una cadena de texto en Python
cadena = "Python"
# Iterar sobre la cadena utilizando un bucle for
for letra in cadena:
    print("Letra actual:", letra)
```

```
Letra actual: P
Letra actual: y
Letra actual: t
Letra actual: h
Letra actual: o
```

Letra actual: n La capacidad de anidar bucles "for" en Python, es decir, colocar uno dentro de otro, resulta extremadamente útil cuando se requiere iterar sobre objetos que, a su vez, contienen otras estructuras iterables. Este escenario se presenta con frecuencia al manejar estructuras de datos compuestas, como listas de listas, que pueden interpretarse como matrices. El siguiente ejemplo ilustra la anidación de bucles "for" al recorrer una matriz representada por una lista de listas.

En este caso, el primer bucle "for" itera sobre cada fila de la matriz, y el segundo bucle "for" se encuentra dentro de este, iterando sobre cada elemento dentro de la fila correspondiente. Esta técnica de anidación es valiosa para abordar estructuras de datos más complejas y resalta la flexibilidad de Python al tratar con iterables anidados.

```
# Ejemplo de anidación de bucles for para iterar sobre una matriz (lista de
listas)
matriz = [ [1, 2, 3], [4, 5, 6], [7, 8, 9] ]

# Anidación de bucles for para recorrer la matriz
for fila in matriz:
    for elemento in fila:
        print(elemento, end=" ")
    print() # Salto de línea para separar las filas en la salida
```

```
1 2 3
4 5 6
7 8 9
```

En el ejemplo siguiente se muestra la interacción de un ciclo "for" dentro de otro ciclo "for". Para este ejemplo se imprime todas las tablas de multiplicar del 1 al 2. Cada iteración del primer bucle "for" representa el número base de la tabla de multiplicar, y el segundo bucle "for", anidado en el primero, itera a través de los multiplicadores para generar los productos correspondientes.

```python
# Ejemplo de ciclos for anidados para imprimir tablas de multiplicar del 1
al 2
for base in range(1, 3):  # Bucle externo para el número base
    print(f"Tabla de multiplicar del {base}:")

    for multiplicador in range(1, 11):  # Bucle interno para los
multiplicadores
        resultado = base * multiplicador
        print(f"{base} x {multiplicador} = {resultado}")

    print()  # Salto de línea para separar las tablas
```

```
Tabla de multiplicar del 1:
1 x 1 = 1
1 x 2 = 2
1 x 3 = 3
1 x 4 = 4
1 x 5 = 5
1 x 6 = 6
1 x 7 = 7
1 x 8 = 8
1 x 9 = 9
1 x 10 = 10

Tabla de multiplicar del 2:
2 x 1 = 2
2 x 2 = 4
2 x 3 = 6
2 x 4 = 8
2 x 5 = 10
2 x 6 = 12
2 x 7 = 14
2 x 8 = 16
2 x 9 = 18
2 x 10 = 20
```

## 3.3.13 Función RANGE ( )

La función range() en Python crea una secuencia de números que, por defecto, comienza en 0 y se extiende hasta el número especificado como parámetro, excluyendo este último. Sin embargo, se pueden proporcionar hasta tres parámetros separados por comas: el primero indica el inicio de la secuencia, el segundo establece el final, y el tercero especifica el paso deseado entre los números. En situaciones estándar, donde no se especifican estos parámetros adicionales, se asume un inicio de 0 y un paso de 1. Es decir, la función range() generará una secuencia que inicia en 0 y avanza de uno en uno hasta el número final especificado. En este primer ejemplo, se muestra el ciclo for para imprimir todos los números desde 0 a al 9.

```
# Ejemplo de bucle for utilizando la función range()
#Este fragmento de código mostrará en la salida los números del 0 al 4
for i in range(5):
    print(i)
print('-------------- ')

#Este fragmento de código mostrará en la salida los números del 14 al 16
con saltos de 24
for i in range(14, 20, 2):
    print(i) #5,7,9,11,13,15,17,19
```

```
0
1
2
3
4
--------------
14
16
18
```

En el siguiente ejemplo, se emplea un ciclo "for" en conjunto con la función range(), acompañado de una variable llamada "suma" que inicializa en cero. Esta variable cumple la función de acumular la suma de los primeros 100 números generados por la secuencia proporcionada por range(). A medida que el bucle itera sobre estos números, la variable "suma" se actualiza en cada iteración, permitiendo así calcular la suma total al final del proceso.

```
#Ejemplo de uso de ciclo for y la función range() para sumar los primeros
100 números
suma = 0
```

```
for numero in range(1, 101):
    suma += numero
print("La suma de los primeros 100 números es:", suma)
```

```
La suma de los primeros 100 números es: 5050
```

### 3.3.14 Ciclo con WHILE

La instrucción "while"(usado como, "mientras que") en Python posibilita la ejecución repetida de un bloque de código, de ahí su nombre. Este bucle se mantiene activo mientras una condición específica sea verdadera. En el momento en que esta condición deje de cumplirse, el programa sale del bucle y procede con la ejecución normal del código. Cada ejecución completa del bloque de código dentro del "while" se denomina iteración, destacando la capacidad de este bucle para realizar operaciones iterativas de manera controlada. While es usado como "mientras que".

A continuación, se muestra un ejemplo de uso para imprimir los números pares hasta el 10. La condición contador <= 10 se evalúa al comienzo de cada iteración, y el contador se incrementa en cada ejecución del bloque (en +2). Este control preciso permite adaptar el comportamiento del bucle a situaciones donde la cantidad de iteraciones no es conocida de antemano.

```
# Ejemplo de uso del bucle while para contar mientras que no sea 10
contador = 0
while contador <= 10:
    print("Iteración:", contador)
    contador += 2
print("Fin del bucle while")
```

```
Iteración: 0
Iteración: 2
Iteración: 4
Iteración: 6
Iteración: 8
Iteración: 10
Fin del bucle while
```

### 3.3.15 Iterar con Zip

Iterar con la función zip() en Python proporciona una forma eficiente de recorrer simultáneamente múltiples iterables (por ejemplo: listas). La función zip()

combina elementos correspondientes de varias secuencias en tuplas y crea un iterador que produce estas tuplas en cada iteración.

Al utilizar un bucle "for" en conjunto con zip(), es posible acceder a los elementos emparejados de manera sincronizada, lo cual es particularmente útil cuando se trabaja con listas, tuplas u otros objetos iterables de longitud igual. Este enfoque facilita la manipulación de datos emparejados y es una herramienta valiosa en la programación Python.

En el ejemplo siguiente, zip(nombres, edades) combina los elementos correspondientes de las listas "nombres" y "edades", y el bucle "for" itera sobre estas tuplas emparejadas, permitiendo imprimir de manera eficiente la información relacionada.

```python
# Ejemplo de iteración con zip en Python usando dos listas diferentes
nombres = ["Alice", "Bob", "Charlie"]
edades = [25, 30, 22]

# Utilizando zip() para emparejar elementos de dos listas
for nombre, edad in zip(nombres, edades):
    print(nombre, "tiene", edad, "años.")
    print (nombre, edad)
    print()
```

```
Alice tiene 25 años.
Alice 25

Bob tiene 30 años.
Bob 30

Charlie tiene 22 años.
Charlie 22
```

En el ejemplo anterior, se ilustró el uso de la función zip con dos listas; sin embargo, es importante destacar que esta función también puede utilizarse con varias listas, incluso cuando estas no tienen la misma cantidad de elementos. En este caso, las listas "nombres" y "edades" tienen la misma longitud, mientras que la lista "paises" tiene un elemento menos. A pesar de esta diferencia, la función zip maneja la iteración de manera armoniosa, emparejando elementos hasta la longitud más corta y permitiendo el acceso a la información correspondiente. Este comportamiento versátil de zip ofrece flexibilidad al trabajar con conjuntos de datos de longitud variable.

```
# Ejemplo de uso de zip con múltiples listas de longitud variable
nombres = ["Pedro", "Maria", "Beto"]
edades = [25, 30, 22]
paises = ["EE. UU.", "Colombia"]

# Utilizando zip() para emparejar elementos de tres listas
for nombre, edad, pais in zip(nombres, edades, paises):
    print(nombre, "tiene",edad, "años y es de", pais)
```

Pedro tiene 25 años y es de EE. UU.
Maria tiene 30 años y es de Colombia

Hasta este punto, hemos explorado el uso de la función zip exclusivamente con listas; sin embargo, es fundamental destacar que esta función no está limitada a listas y puede aplicarse a cualquier clase iterable. Por ende, podemos emplear zip con diccionarios. En este ejemplo zip se adapta sin problemas, emparejando las claves o llaves de los diccionarios en cada iteración.

```
# Ejemplo de uso de zip con diccionarios SOLO para la llave
Dicc_1= {'Colombia': 'Uno',
         'España': 'Dos',
         'Nigeria': 'Tres'}
Dicc_2 = {'-Venezuela': 'One',
          '-Portugal': 'Two',
          '-Senegal': 'Three'}

# Utilizando zip() para emparejar las llaves de los dos diccionarios
for a, b in zip(Dicc_1, Dicc_2):
    print(a, b)
```

Colombia -Venezuela
España -Portugal
Nigeria -Senegal

Surge la pregunta de cómo se podría capturar y manipular tanto las claves como los valores de cada elemento dentro de los diccionarios. En respuesta a esta interrogante, entra en juego la función items(), que nos brinda la capacidad de acceder a la clave y al valor de cada elemento de un diccionario. Esta función se convierte en una herramienta esencial al trabajar con diccionarios, permitiendo un acceso sencillo y directo a la información almacenada.

```
# Ejemplo de uso de zip y de la función items() para acceder a llaves o
claves y valores de un diccionario
Dicc_1= {'Colombia': 'Uno', 'España': 'Dos', 'Nigeria': 'Tres'}
Dicc_2 = {'-Venezuela': 'One', '-Portugal': 'Two', '-Senegal': 'Three'}
for (k1, v1), (k2, v2) in zip (Dicc_1.items(), Dicc_2.items()):
    print(k1, v1, v2)

print()
for (k1, v1), (k2, v2) in zip(Dicc_1.items(), Dicc_2.items()):
    print("pais",k1, "vecino de", k2, "es el numero", v1)
```

```
Colombia Uno One
España Dos Two
Nigeria Tres Three

pais Colombia vecino de -Venezuela es el número Uno
pais España vecino de -Portugal es el numero Dos
pais Nigeria vecino de -Senegal es el número Tres
```

## 3.3.16 Iterar con Enumerate

La función enumerate() en Python proporciona una forma eficaz de iterar sobre una secuencia mientras se realiza un seguimiento del índice o posición de cada elemento. Al utilizar enumerate(), obtenemos tuplas que contienen tanto el índice como el valor correspondiente durante cada iteración. En este ejemplo, enumerate() permite acceder a la posición (índice) y al valor de cada elemento en la lista frutas. Esta función es valiosa en situaciones donde es necesario realizar un seguimiento explícito del índice durante la iteración.

```
# Ejemplo de uso de la función enumerate()
frutas = ["manzana", "plátano", "uva"]

# Utilizando enumerate() para obtener índices y valores
for indice, fruta in enumerate(frutas):
    print(f"Índice {indice}: {fruta}")
```

```
Índice 0: manzana
Índice 1: plátano
Índice 2: uva
```

## 3.3.17 Funciones

Python como otros lenguajes usan diferentes funciones dentro de un programa. Para describir una función se usa la palabra clave "def" seguidamente se escribe el nombre de la función que se va a usar. Acto seguido añadimos paréntesis. Técnicamente dentro de los paréntesis podemos colocar los parámetros de la función en caso de que sea requerido [46], los cuales son los argumentos de entrada. Asi mismo una función posee un código a ejecutar y unos parámetros de salida.

Para nuestro ejemplo vamos a utilizar el nombre de "función_simple" ya que crearemos una función muy básica. Así mismo para una función es necesario dejar un espacio (sangrado) en la siguiente línea de código. El siguiente ejemplo define una nueva función para calcular la suma de dos valores y llama a la función con dos argumentos.

A continuación, se procede a describir una función simple en Python, es decir sin argumento y se muestra cómo se llama a la función. Llamar a la función quiere decir cómo se le dice al programa que vaya hasta donde la función, ejecute las instrucciones que en ella se encuentran y regrese a ejecutar el código por fuera de la función.

```
def funcion_simple():
    print("Esta es una función simple sin argumentos")

#De esta forma se llama a la función
funcion_simple()
```

Una forma de comprender cómo trabaja una función es tener en cuenta cómo lo hace una función en matemáticas (y =F(x)), donde la variable $y$ tendrá un valor dependiendo el valor de $x$ (argumento) que se le entregue a la función. Y es sabido, que cuando se ingresa el valor de $x$ a la función esta realiza un proceso matemático para obtener la respuesta de $y$.

A modo de ejemplificación, se presentan dos casos de uso de funciones en Python. En el primer ejemplo, se define una función de fusión que, al recibir un argumento representado por la variable X, realiza una operación multiplicativa por 5, generando así el resultado almacenado en la variable Y. Por otro lado, el segundo ejemplo presenta una función que, al ser proporcionada con los argumentos (a, b), produce un valor Y que corresponde a la suma de ambos valores.

Los argumentos posicionales, representan la forma más fundamental e intuitiva de pasar parámetros a una función en Python. Supongamos que tenemos una función llamada fusión () que espera un parámetro y una fusión llamada suma que espera dos parámetros, entonces dichas funciones pueden ser invocada de la siguiente manera.

```python
#Primer ejemplo: Función de fusión
def fusion(x):
    y = x * 5
    return y

# Segundo ejemplo: Función de suma
def suma(a, b):
    y = a + b
    return y

# Llamada a la función fusion con un argumento
resultado_fusion = fusion(10)
print("Resultado de la multiplicación fue:", resultado_fusion)

# Llamada a la función suma con dos argumentos
resultado_suma = suma(10, 20)
print("Resultado de la suma fue:", resultado_suma)
```

```
Resultado de la multiplicación fue: 50
Resultado de la suma fue: 30
```

La utilización de la sentencia "return" en una función en Python cumple con dos propósitos esenciales: en primer lugar, facilita la salida de la función, permitiendo la transferencia de la ejecución de vuelta al punto donde se realizó la llamada. En segundo lugar, la sentencia "return" posibilita la devolución de uno o varios valores como resultado de la ejecución de la función. Esto es esencial cuando se desea utilizar o procesar la salida de la función en el contexto más amplio del programa.

Las funciones en Python pueden incorporar diversas estructuras condicionales, y la sentencia "return" se convierte en un elemento clave para ofrecer diferentes salidas en función de las condiciones evaluadas. En este contexto, se puede diseñar una función que, al recibir un número como parámetro, determine si dicho valor es mayor, menor o igual a 20. La sentencia "return" se empleará para comunicar el resultado de la evaluación y permitir que el programa principal acceda a esta información de manera clara y estructurada.

```python
# Ejemplo de función con condicionales y sentencia return
def comparar_con_20(numero):
    if numero > 20:
```

```
            return numero, "es mayor que 20"
    elif numero < 20:
            return numero, "es menor que 20"
    else:
            return numero, "es igual a 20"

# Llamada a la función con diferentes valores
resultado1 = comparar_con_20(25)
resultado2 = comparar_con_20(15)
resultado3 = comparar_con_20(20)
print(resultado1)
print(resultado2)
print(resultado3)
```

```
(25, 'es mayor que 20')
(15, 'es menor que 20')
(20, 'es igual a 20')
```

Además, en Python, la sentencia "return" brinda la capacidad de devolver más de una variable, las cuales se separan por comas. En el siguiente ejemplo, se presenta una función que calcula la suma y la media de tres números, proporcionando ambos resultados como salida. En este caso, la función calcular_suma_y_media() realiza los cálculos necesarios y utiliza la sentencia "return" para devolver tanto la suma como la media de los tres números. Al recibir la llamada a la función, se pueden asignar ambas variables resultantes, permitiendo un acceso conveniente a ambas salidas de manera individual. Esta funcionalidad añade versatilidad a la hora de diseñar funciones que necesitan proporcionar múltiples resultados para su posterior utilización.

```
# Ejemplo de función que devuelve múltiples variables con la sentencia
return
def calcular_suma_y_media(num1, num2, num3):
    suma = num1 + num2 + num3 media = suma / 3
    return suma, media

# Llamada a la función con diferentes valores
resultado_suma, resultado_media = calcular_suma_y_media(10, 15, 20)
print(f"La suma es: {resultado_suma}")
print(f"La media es: {resultado_media}")
```

```
La suma es: 45
La media es: 15.0
```

## 3.4 BÁSICO DE NUMPY

La biblioteca NumPy en Python desempeña un papel fundamental en el ámbito científico y computacional, proporcionando herramientas poderosas para realizar operaciones numéricas eficientes. NumPy destaca por su capacidad para manejar arreglos y matrices de manera optimizada, facilitando la realización de operaciones matemáticas complejas y la manipulación de datos de manera eficiente. Con funcionalidades que van desde álgebra lineal hasta transformaciones estadísticas [51].

En NumPy, la manipulación de datos se realiza mediante una estructura llamada array o arreglo numérico multidimensional. Aunque los arrays comparten similitudes con las listas de Python, como la capacidad de ser mutables y la posibilidad de realizar operaciones de segmentación (slicing), presentan diferencias fundamentales [52]. Los arrays de NumPy son más eficientes en términos de rendimiento y proporcionan facilidades para la creación sencilla de arrays n-dimensionales. En este contexto, un array unidimensional puede considerarse como una fila o columna de una tabla, equivalente a un vector. Un array bidimensional se asemeja a una matriz convencional, mientras que un array de tres dimensiones (o más) representa una matriz de matrices, comúnmente conocida como tensor. Esta estructura jerárquica y eficiente permite la manipulación avanzada de datos, lo que es esencial en aplicaciones científicas y de análisis de datos.

### 3.4.1 Aspectos de NumPy

Para poder trabajar esta librería, se debe importar inicialmente. Con la primera instrucción se indica al programa de Python que de ahora en adelante np será la referencia para todo lo relacionado a Numpy.

```
import numpy as np
```

Se puede crear un array a partir de una lista o una lista de listas. Así que la forma más directa de crearlo es con np.array (tu_lista). En este ejemplo, se ilustra cómo NumPy puede convertir una lista de Python en un array unidimensional. Esta capacidad es una de las muchas características que hacen que NumPy sea una herramienta poderosa para la manipulación eficiente de datos numéricos en Python.

```
# Ejemplo de creación de un array unidimensional o vector NumPy a partir de
una lista
import numpy as np

# Crear un array unidimensional a partir de una lista
```

```
lista = [1, 2, 3, 4, 5]
array_unidimensional = np.array(lista)
print("Lista original:", lista)
print("Array unidimensional o vector:", array_unidimensional)
```

```
Lista original: [1, 2, 3, 4, 5]
Array unidimensional o vector: [1 2 3 4 5]
```

La distinción fundamental entre un vector y una lista radica en las capacidades específicas que ofrece un vector cuando es representado como un arreglo de NumPy. Un vector NumPy posibilita la realización de diversas operaciones matemáticas de manera sencilla y eficiente. Ejemplos de estas operaciones incluyen la adición de una constante a cada elemento del vector, la multiplicación de cada elemento por un factor específico, la realización de operaciones de suma y resta entre los elementos, el cálculo de la media de los elementos del vector, así como la ejecución de operaciones de suma y resta con otros vectores.

```
# Ejemplo de operaciones matemáticas con un vector NumPy
import numpy as np

# Crear un vector NumPy
vector = np.array([1, 2, 3, 4, 5])

# Operaciones matemáticas
vector_suma = vector + 1
vector_multiplicacion = vector * 5
vector_suma_resta = vector + vector
media_vector = np.mean(vector)

print("Vector original:", vector)
print("Vector después de sumar 1:", vector_suma)
print("Vector después de multiplicar por 5:", vector_multiplicacion)
print("Vector resultante de suma con sí mismo:", vector_suma_resta)
print("Media de los elementos del vector:", media_vector)
```

```
Vector original: [1 2 3 4 5]
Vector después de sumar 1: [2 3 4 5 6]
Vector después de multiplicar por 5: [ 5 10 15 20 25]
Vector resultante de suma con sí mismo: [ 2  4  6  8 10]
Media de los elementos del vector: 3.0
```

En el ámbito de la programación en Python, la creación de arrays secuenciales es una tarea común y esencial en numerosos proyectos. Dos funciones fundamentales para esta tarea son arange y linspace, las cuales ofrecen distintas maneras de generar arreglos con valores en secuencia.

La función arange nos permite crear arrays con valores espaciados de manera regular, tomando un valor inicial, un valor final y un paso como argumentos. Por ejemplo, si deseamos generar una secuencia de números del 0 al 9 con un paso de 2, podemos utilizar np.arange(0, 10, 2), obteniendo así el array [0, 2, 4, 6, 8].

Por otro lado, la función linspace nos proporciona una forma de generar arrays con una cantidad específica de elementos, distribuidos de manera uniforme entre dos valores dados. Si queremos obtener un array de 5 elementos distribuidos entre 0 y 1, podemos utilizar np.linspace(0, 1, 5), obteniendo como resultado el array [0.0, 0.25, 0.5, 0.75, 1.0].

```
# Ejemplo de uso de np.arange en NumPy
import numpy as np

# Crear un ndarray utilizando np.arange
secuencia = np.arange(start=0, stop=9, step=2)
print("Secuencia generada con np.arange:", secuencia)

# Ejemplo de uso de np.linspace en NumPy
import numpy as np

# Crear un ndarray utilizando np.arange
secuencia = np.linspace(0, 1, 5)
print("Secuencia generada con np.linspace:", secuencia)
```

```
Secuencia generada con np.arange: [0 2 4 6 8]
Secuencia generada con np.linspace: [0.   0.25 0.5 0.75 1. ]
```

## 3.4.2 Matrices de NumPy

La creación de matrices en NumPy a partir de listas proporciona una funcionalidad esencial para la manipulación eficiente de datos numéricos. NumPy facilita este proceso, permitiendo la conversión directa de listas en matrices multidimensionales. Este enfoque es particularmente valioso en situaciones en las que se manejan datos estructurados en forma de tablas o matrices.

```
# Ejemplo de creación de una matriz NumPy a partir de listas
import numpy as np
```

```python
# Crear una lista de listas
datos_lista = [[1, 2, 3], [4, 5, 6], [7, 8, 9]]

# Convertir la lista en una matriz NumPy
matriz_numpy = np.array(datos_lista)

print("Lista original de listas:", datos_lista)
print("Array bidimensional o Matriz:")
print( matriz_numpy)
```

```
Lista original de listas: [[1, 2, 3], [4, 5, 6], [7, 8, 9]]
Array bidimensional o Matriz:
[[1 2 3]
 [4 5 6]
 [7 8 9]]
```

En ocasiones, puede ser necesario crear arreglos con valores predeterminados o inicializar arreglos "vacíos". Para abordar esta necesidad, NumPy ofrece tres funciones altamente útiles: np.zeros(), np.ones() y np.full(). Estas funciones permiten la creación eficiente de arreglos con ceros, unos o valores constantes específicos, respectivamente.

```python
# Ejemplo de creación de arreglos con NumPy utilizando np.zeros(),
np.ones() y np.full()
import numpy as np

# Crear un arreglo de ceros
arreglo_zeros = np.zeros((2, 3))

# Crear un arreglo de unos

arreglo_unos = np.ones((3, 2))

# Crear un arreglo con valores constantes (en este caso, 5)
arreglo_full = np.full((3, 3), 5)
print("Arreglo de ceros:")
print(arreglo_zeros)
print("\nArreglo de unos:")
print(arreglo_unos)
print("\nArreglo con valores constantes:")
print(arreglo_full)
```

```
Arreglo de ceros:
[[0. 0. 0.]
 [0. 0. 0.]]

Arreglo de unos:
[[1. 1.]
 [1. 1.]
 [1. 1.]]

Arreglo con valores constantes:
[[5 5 5]
 [5 5 5]
 [5 5 5]]
```

## 3.4.3 Atributos de los array de NumPy

Numerosos atributos y funciones están disponibles para describir las características de un array en NumPy. Algunos de los más fundamentales incluyen:

- a.ndim: esta función devuelve el número de dimensiones del array a.

- a.shape: proporciona una tupla con las dimensiones del array a.

- a.size: devuelve el número total de elementos presentes en el array a.

- a.dtype: informa sobre el tipo de datos de los elementos contenidos en el array a.

A continuación, se presentan ejemplos concretos de cada uno de estos atributos y funciones:

```python
# Ejemplos de atributos y funciones de un array en NumPy
import numpy as np

# Crear un array de ejemplo
array_ejemplo = np.array([[1, 2, 3], [4, 5, 6]])

 # Ejemplos de atributos y funciones
dimensiones = array_ejemplo.ndim # Número de dimensiones
forma = array_ejemplo.shape # Dimensiones del array
cantidad_elementos = array_ejemplo.size # Número total de elementos
tipo_datos = array_ejemplo.dtype # Tipo de datos de los elementos

print("Array bidimensional o Matriz:")
print( array_ejemplo)
```

```
print("Número de dimensiones:", dimensiones)
print("Dimensiones del array:", forma)
print("Número total de elementos:", cantidad_elementos)
print("Tipo de datos de los elementos:", tipo_datos)
```

```
Array bidimensional o Matriz:
[[1 2 3]
 [4 5 6]]
Número de dimensiones: 2
Dimensiones del array: (2, 3)
Número total de elementos: 6
Tipo de datos de los elementos: int32
```

## 3.4.4 Operaciones de NumPy

La tarea de transformar un array con ciertas dimensiones en una forma diferente es una operación frecuente en el manejo de datos numéricos. Sin embargo, es importante tener en cuenta que al utilizar el método reshape, el array original debe tener la misma cantidad total de elementos que el array al que se intenta dar nueva forma. Este requisito garantiza que la redistribución de los elementos sea factible sin pérdida de información. El siguiente ejemplo ilustra este principio:

```
# Ejemplo de uso de reshape en NumPy
import numpy as np

# Crear un array de ejemplo
array_original = np.array([[1, 2, 3], [4, 5, 6]])

# Intentar remodelar el array a una nueva forma
try:
    array_reshaped = array_original.reshape((3, 2)) # Intentar cambiar a 
una forma incompatible
except ValueError as e:
    print(f"Error al intentar remodelar: {e}")

# Crear otro array con la misma cantidad de elementos para la remodelación 
exitosa
array_compatible = np.array([1, 2, 3, 4, 5, 6])

# Remodelar el array con éxito
array_reshaped_exitoso = array_compatible.reshape((3, 2))
print("Array original:")
print(array_original)
```

```
print("\nIntento de remodelación incompatible:")
print(array_reshaped)

print("\nArray compatible para remodelación:")
print(array_compatible)

print("\nArray remodelado con éxito:")
```

```
Array original:
[[1 2 3]
 [4 5 6]]

Intento de remodelación incompatible:
[[1 2]
 [3 4]
 [5 6]]

Array compatible para remodelación:
[1 2 3 4 5 6]

Array remodelado con éxito:
[[1 2]
 [3 4]
 [5 6]]
```

Se puede realizar más operaciones con las matrices de NumPy, como son la suma, resta, multiplicación y división de las dos matrices. Para realizar el ejemplo se crearán dos matrices y luego se aplicarán las operaciones.

```
# Ejemplo de Operaciones entre matrices en NumPy

# Crear primera matriz
a=np.array([(1,2,3),(4,5,6)])
print("\nPrimera matriz:")
print(a)
print('')

# Crear segunda matriz
b=np.array([(2,2,2),(3,3,3)])
print("\nSegunda matriz:")
print(b)
print('')
```

```
print('\nsuma')
print(a+b)

print('\nresta')
print(a-b)

print('\nmultiplicación')
print(a*b)

print('\ndivisión')
print(a/b)
```

```
Primera matriz:
[[1 2 3]
 [4 5 6]]

Segunda matriz:
[[2 2 2]
 [3 3 3]]

suma
[[3 4 5]
 [7 8 9]]

resta
[[-1  0  1]
 [ 1  2  3]005D

multiplicación
[[ 2  4  6]
 [12 15 18]]

división
[[0.5        1.        1.5      ]
 [1.33333333 1.66666667 2.        ]]
```

## 3.4.5 Indexaciones de NumPy

Acceder a los elementos de una matriz en NumPy es un proceso fundamental que se realiza mediante la indicación de índices específicos. NumPy sigue la convención de indexación de Python, comenzando con el índice 0 para el primer elemento. La sintaxis general para acceder a un elemento en una matriz bidimensional es array [fila, columna]. A continuación, se presentan ejemplos que ilustran este proceso.

```python
lista_de_listas=[ [1 ,4], [10 , 3], [-3, 8.2]]
a = np.array(lista_de_listas)

print("\nMatriz original")
print(a)

print("\nElementos individuales")
print(a[0,1])
print(a[2,1])

print('\nVector de elementos de la fila 1')
print(a[1,:])

print("\nVector de elementos de la columna 0")
print(a[:,0])

print("\nSubmatriz de 2x2 con las primeras dos filas")
print(a[0:2,:])

print("\nSubmatriz de 2x2 con las últimas dos filas")
print(a[1:3,:])
print('\nsolo la fila 2')
print(a[2])

print('\ntodas las filas hasta la fila 2')
print(a[:2])

print(' \n La última fila')
print(a[-1])

print('\nTodas las filas, pero solo de la columna 1')
print(a[:,1])

print('\n --seleccionar el valor mínimo y máximo de una matriz--')
np.argmin(a) # VALOR MINIMO DE UNA MATRIZ numpy
print('El valor mínimo es:',np.argmin(a))

print('-------------')np.argmax(a) # VALOR MAXIMO DE UNA MATRIZ numpy
print('El valor máximo es:',np.argmax(a))
```

```
Matriz original
[[ 1.   4. ]
 [10.   3. ]
 [-3.   8.2]]

Elementos individuales
4.0
8.2

Vector de elementos de la fila 1
[10.   3.]

Vector de elementos de la columna 0
[ 1. 10. -3.]

Submatriz de 2x2 con las primeras dos filas
[[ 1.   4.]
 [10.   3.]]

Submatriz de 2x2 con las últimas dos filas
[[10.   3. ]
 [-3.   8.2]]

solo la fila 2
[-3.   8.2]

todas las filas hasta la fila 2
[[ 1.   4.]
 [10.   3.]]

 La última fila
[-3.   8.2]

Todas las filas, pero solo de la columna 1
[4.   3.   8.2]

 --seleccionar el valor mínimo y máximo de una matriz--
El valor mínimo es: 4
------------
El valor máximo es: 2
```

## 3.5 BÁSICO DE PANDAS

Pandas es una biblioteca en el ámbito de la programación en Python que proporciona una amplia gama de funcionalidades que facilitan la manipulación y análisis de datos. Su versatilidad abarca desde la carga inicial de datos hasta la modelación y preparación de estos. El término "Pandas" deriva de la contracción de "Panel Data", haciendo referencia a series de datos que abarcan observaciones a lo largo de múltiples periodos temporales.

Esta biblioteca opera principalmente a través de estructuras de datos llamadas "DataFrames". Un DataFrame en Pandas se asemeja a una tabla de datos bidimensional, donde cada columna almacena los valores correspondientes a una variable específica, y cada fila representa un conjunto de valores asociados a esas columnas [53]. Este enfoque tabular facilita la representación y manipulación de datos de manera intuitiva, permitiendo la inclusión de diversos tipos de información, ya sean numéricos o caracteres, de manera similar a cómo se organiza una tabla de datos en una hoja de cálculo de Excel.

### 3.5.1 Aspectos de pandas

Para aprovechar las capacidades de Pandas, es esencial importar la librería al inicio del programa. La primera instrucción, comúnmente utilizando el alias 'pd', establece la referencia para todas las operaciones relacionadas con Pandas a lo largo del código en Python. Este paso inicial permite acceder a las diversas funcionalidades de la librería y facilita su integración en el flujo de trabajo.

Pandas se destaca por ser fundamental en el análisis estadístico de conjuntos de datos. A diferencia de una matriz de NumPy, que contiene simplemente un conjunto de números, un DataFrame de Pandas organiza sus datos de manera más estructurada, asignando etiquetas tanto a las filas como a las columnas. Las columnas tienen nombres descriptivos, lo que proporciona una claridad adicional a la hora de trabajar con los datos.

Pandas, la biblioteca de análisis de datos en Python, ofrece dos estructuras de datos fundamentales: las Series y los DataFrames. Las series representan estructuras unidimensionales, similares a arreglos o listas, pero con la ventaja de tener etiquetas en sus índices, lo que facilita un acceso más intuitivo y descriptivo a los datos. Por otro lado, los DataFrames constituyen estructuras bidimensionales, funcionando esencialmente como tablas con filas y columnas [53].

```
#importar librerías básicas de Python
import numpy as np
import pandas as pd
```

Las series en Pandas, estructuras análogas a los arrays unidimensionales, presentan características distintivas que las hacen poderosas para el análisis de datos. Estas son homogéneas, lo que implica que sus elementos deben ser del mismo tipo, y su tamaño es inmutable, aunque su contenido puede modificarse. Cada elemento de la serie está asociado a un índice que le proporciona un nombre único, facilitando así un acceso preciso a cada elemento mediante este identificador. La flexibilidad en la creación de Series permite construirlas a partir de diversas fuentes de datos, como se ilustra en los siguientes ejemplos de código en Python, donde se evidencia la versatilidad al generar Series desde listas o diccionarios.

```
#Serie a partir de una lista
import pandas as pd
lista = [1, 2, 3, 4, 5]
serie_desde_lista = pd.Series(lista)
print('\n -- Serie a partir de una lista --')
print(serie_desde_lista)

#Serie a partir de un diccionario
import pandas as pd
diccionario= {'Colombia': 1, 'Venezuela': 2, 'Ecuador': 3, 'Perú': 4,
'Bolivia': 5}
serie_desde_diccionario = pd.Series(diccionario)
print('\n -- Serie a partir de un diccionario --')
print(serie_desde_diccionario)
```

```
-- Serie a partir de una lista --
0   1
1   2
2   3
3   4
4   5

 -- Serie a partir de un diccionario --
Colombia    1
Venezuela   2
Ecuador     3
Perú        4
Bolivia     5
```

Para explorar las características de una serie en Pandas, se dispone de diversas propiedades y métodos que brindan una visión detallada y esencial sobre la serie, permitiendo a los usuarios examinar dimensiones clave como el tamaño, el índice y el tipo de datos. Ejemplos de estas propiedades se muestran con lenguaje Python.

```python
import pandas as pd
# Crear una serie de ejemplo
datos = [10, 20, 30, 40, 50]
s = pd.Series(datos, name='Ejemplo')

# Utilizar s.size para obtener el número de elementos en la serie
tamaño_serie = s.size
print("Tamaño de la serie", tamaño_serie)

# Utilizar s.index para obtener los nombres de las filas de la serie
indices_serie = s.index
print("Índices de la serie", indices_serie)

# Utilizar s.dtype para obtener el tipo de datos de los elementos en la
serie tipo_datos_serie = s.dtype
print("Tipo de datos de la serie", tipo_datos_serie)
```

```
Tamaño de la serie 5
Índices de la serie RangeIndex(start=0, stop=5, step=1)
Tipo de datos de la serie int64
```

Entender un conjunto de datos, ya sea numérico o de tipo cadena, es un paso crucial en el proceso de análisis de datos. Esta comprensión implica una exhaustiva inspección para determinar el número de filas y columnas presentes en el conjunto, así como para identificar los tipos de datos contenidos. Es esencial evaluar si existen valores faltantes y conocer tanto el valor mínimo como el máximo dentro del conjunto. Además, obtener una visión general de las estadísticas descriptivas proporciona una comprensión más profunda de la distribución y variabilidad de los datos. Algunas de estas funciones y/o métodos son:

- s.count(): esta función revela el número de elementos que no son nulos ni NaN en la serie, brindando información sobre la integridad de los datos.

- s.sum(): en el contexto de datos numéricos, esta función devuelve la suma total de los elementos en la serie. Para datos tipo cadena (str), la función realiza la concatenación de los valores.

▶ s.min() y s.max(): ofrecen el valor mínimo y máximo, respectivamente, presentes en la serie, proporcionando información sobre los extremos de la distribución de datos.

▶ s.describe(): genera una serie que resume de manera completa la distribución de los datos, incluyendo el número de datos, suma, mínimo, máximo, media, desviación típica y cuartiles.

▶ s[condicion]: proporciona una manera eficiente de filtrar elementos en una serie, devolviendo una nueva serie que consiste en los elementos asociados a los valores True en la lista booleana condición.

▶ s.sort_values() : este es un método usado para ordenar los valores la serie s. Si el argumento del parámetro ascending es True (ascending=True), devuelve el orden es creciente de la serie; y si es False decreciente.

```python
import pandas as pd
# Crear una serie de ejemplo
datos = [10, 20, 30, 10, 40, 50]
s = pd.Series(datos, name='Ejemplo')
print("\nSerie Original")
print(s)

# Tamaño muestral
s_count=s.count()
print("\nTamaño muestral")
print (s_count)

# Suma
s_sum=s.sum()
print("\nSuma")
print (s_sum)

# Frecuencias absolutas
s_value=s.value_counts()
print("\nFrecuencias absolutas")
print (s_value)

# Mínimo
s_min=s.min()
print("\nMínimo")
print (s_min)

# Máximo
s_max=s.max()
print("\nMáximo")
```

```
print (s_max)

# Resumen descriptivo
s_descriptivo=s.describe()
print("\nResumen descriptivo")
print (s_descriptivo)
```

```
Serie Original
0    10
1    20
2    30
3    10
4    40
5    50
Name: ejemplo, dtype: int64
Tamaño muestral
6

Suma
160

Frecuencias absolutas
10    2
40    1
20    1
30    1
50    1
Name: ejemplo, dtype: int64

Mínimo
10

Máximo
50

Resumen descriptivo
count      6.000000
mean      26.666667
std       16.329932
min       10.000000
25%       12.500000
50%       25.000000
75%       37.500000
max       50.000000
```

## 3.5.2 Dataframe en Pandas

Un DataFrame en Pandas se compone de tres elementos clave: los datos en sí, el índice que etiqueta las filas y las columnas que nombran las diversas variables. Similar a otras librerías en Python, la importación inicial se realiza asignándole un alias, comúnmente 'pd', para facilitar su uso en el código, en contraste con el alias 'np' que se utiliza para NumPy.

La creación de un DataFrame en Pandas ofrece flexibilidad, permitiendo construirlo a partir de diversas fuentes de datos. Puede generarse a partir de un arreglo de NumPy, un diccionario de listas o incluso listas de diccionarios, proporcionando varias opciones para adaptarse a las necesidades específicas del usuario. Sin embargo, la metodología más comúnmente utilizada implica la carga de datos desde archivos externos directamente al programa, aprovechando las capacidades de lectura de Pandas con formatos como Excel, CSV, JSON, SQL, entre otros [52]. A continuación, se presenta un ejemplo concreto de cómo crear un DataFrame en Pandas utilizando un arreglo de NumPy, un diccionario de listas (donde cada lista representa una columna), y una lista de diccionarios (donde cada diccionario corresponde a una fila del DataFrame).

```
# Crear un Dataframe desde arreglo de NumPy
import pandas as pd

# Crear un arreglo de NumPy
datos_numpy = np.array([[1, 2, 3], [4, 5, 6], [7, 8, 9]])

# Crear un DataFrame a partir del arreglo de NumPy
dataframe = pd.DataFrame(datos_numpy,
            columns=['Columna1', 'Columna2', 'Columna3'],
            index=['Nombre_Fila1', 'Nombre_Fila2', 'Nombre_Fila3'])

# Mostrar el DataFrame
print(dataframe)
```

|              | Columna1 | Columna2 | Columna3 |
|--------------|----------|----------|----------|
| Nombre_Fila1 | 1        | 2        | 3        |
| Nombre_Fila2 | 4        | 5        | 6        |
| Nombre_Fila3 | 7        | 8        | 9        |

Ahora bien, si lo que se desea es crear un dataframe, a partir de un diccionario de listas una forma de hacerlo es como se muestra a continuación, donde en este ejemplo, el diccionario datos contiene listas asociadas a diferentes columnas del DataFrame. Cada clave del diccionario representa el nombre de una columna, y los valores asociados son las listas que contienen los datos para esa columna. Al crear el DataFrame utilizando pd.DataFrame(datos), Pandas organiza automáticamente los datos en una estructura tabular con las columnas especificadas.

```
import pandas as pd
# Crear un diccionario de listas
datos = { 'Nombre': ['Ana', 'Juan', 'Luis', 'María'],
          'Edad': [15, 30, 45, 22],
          'Ciudad': ['Bogotá', 'Medellín', 'Cali', 'Cartagena'] }

# Crear un DataFrame a partir del diccionario de listas
dataframe = pd.DataFrame(datos)

# Mostrar el DataFrame resultante
print(dataframe)
```

```
     Nombre  Edad  Ciudad
0    Ana     15    Bogotá
1    Juan    30    Medellín
2    Luis    45    Cali
3    María   22    Cartagena
```

Si lo que se desea, es crear un dataframe, a partir de una lista de listas como se muestra en el siguiente ejemplo, la lista datos contiene sublistas donde cada sub lista representa una fila de datos. Se utiliza la opción columns al crear el DataFrame para especificar los nombres de las columnas.

```
# Crear un Dataframe desde una lista de listas
import pandas as pd

# Crear una lista de listas
datos = [ ['Ana', 15, 'Bogotá'], ['Juan', 30, 'Medellín'],
          ['Luis', 45, 'Cali'], ['María', 22, 'Cartagena'] ]

# Crear un DataFrame a partir de la lista de listas
columnas = ['Nombre', 'Edad', 'Ciudad']
dataframe = pd.DataFrame(datos, columns=columnas)

# Mostrar el DataFrame resultante
print(dataframe)
```

```
     Nombre  Edad  Ciudad
0    Ana     15    Bogotá
1    Juan    30    Medellín
2    Luis    45    Cali
3    María   22    Cartagena
```

### 3.5.3 Atributos de los dataframe de Pandas

Existen diversas herramientas en Pandas que permiten obtener una visión detallada de las características de un DataFrame. Entre las funciones esenciales se encuentran [53]:

▼ df.shape: esta propiedad proporciona una tupla que revela el número de filas y columnas presentes en el DataFrame, ofreciendo una visión general de la estructura dimensional del conjunto de datos.

▼ df.size: al multiplicar el número de filas por el de columnas, esta propiedad entrega el total de datos en el DataFrame, brindando una perspectiva sobre la cantidad de información contenida.

▼ df.columns: devuelve una lista con los nombres de las columnas, lo que resulta valioso para entender la estructura y las variables presentes en el DataFrame.

▼ df.dtypes: proporciona una serie que detalla los tipos de datos de cada columna, permitiendo una comprensión rápida de la naturaleza de la información contenida.

▼ df.head(n): esta función devuelve las primeras n filas del DataFrame, proporcionando una vista previa de los datos y facilitando la inspección inicial.

▼ df.tail(n): devuelve las últimas n filas del DataFrame, permitiendo una revisión rápida de los datos al final del conjunto.

▼ df.info(): esta función ofrece una descripción más detallada del DataFrame, incluyendo información como el número de filas y columnas, los índices, los tipos de las columnas y la cantidad de memoria utilizada.

▼ df.sort_values(): es una función esencial para ordenar un DataFrame según los valores de una columna específica. Sus dos parámetros fundamentales, by y ascending, permiten una personalización completa del proceso de ordenamiento. El parámetro by se utiliza para especificar el nombre de la columna por la cual se desea ordenar el DataFrame, mientras que ascending es un booleano que determina si se realiza un ordenamiento ascendente (True) o descendente (False).

A continuación, se presentan ejemplos prácticos de cada una de estas funciones, destacando su utilidad para entender y explorar los datos en un contexto real.

```
# Tamaño del dataframe en Filas y columnas
print("\nTamaño del dataframe en Filas y columnas ")
print(dataframe.shape)

# Total de datos
print("\nTotal de datos")
print(dataframe.size)

# Nombre de las columnas de datos
print("\nNombre de las columnas de datos")
 print(dataframe.columns)

# Tipo de dato para cada columnas de datos
print("\nTipo de dato")
print(dataframe.dtypes)

# Primeras n filas del dataframe
print("\nPrimeras n filas del dataframe")
print(dataframe.head(2))

#Ultimas n filas del dataframe
print("\nUltimas n filas del dataframe")
print(dataframe.tail(2))

#Información resumida del dataframe
print("\nInformación resumida del dataframe")
print(dataframe.info())

#Ordenar segun una sola columna del dataframe
print("\nOrdenar segun una sola columna del dataframe")
Ord_columna= dataframe.sort_values(['Nombre_jugador'], ascending=[True])
print(Ord_columna.head(4))

#Ordenar segun udos columnas del dataframe
print("\nOrdenar segun dos columnas del dataframe")
Ord_columnas= dataframe.sort_values(['Nombre_jugador', 'Edad'],
ascending=[True, True]) print(Ord_columnas.head(4))
```

```
Tamaño del dataframe en Filas y columnas
(4, 4)

Total de datos
16
```

Nombre de las columnas de datos
Index(['Nombre_jugador', 'Edad', 'Ciudad-Natal', 'goles'], dtype='object')

Tipo de dato
Nombre_jugador    object
Edad              int64
Ciudad-Natal      object
goles             int64
dtype:            object

Primeras n filas del dataframe

|   | Nombre_jugador | Edad | Ciudad-Natal | goles |
|---|----------------|------|--------------|-------|
| 0 | Javier         | 25   | Bogotá       | 5     |
| 1 | Juan           | 32   | Medellín     | 32    |

Ultimas n filas del dataframe

|   | Nombre_jugador | Edad | Ciudad-Natal | goles |
|---|----------------|------|--------------|-------|
| 2 | Luis           | 25   | Cali         | 42    |
| 3 | Pedro          | 30   | Cartagena    | 45    |

Información resumida del dataframe

| # | Column         | Non-Null Count | Dtype  |
|---|----------------|----------------|--------|
| 0 | Nombre_jugador | 4 non-null     | object |
| 1 | Edad           | 4 non-null     | int64  |
| 2 | Ciudad-Natal   | 4 non-null     | object |
| 3 | goles          | 4 non-null     | int64  |

Ordenar segun una sola columna del dataframe

|   | Nombre_jugador | Edad | Ciudad-Natal | goles |
|---|----------------|------|--------------|-------|
| 0 | Javier         | 25   | Bogotá       | 5     |
| 1 | Juan           | 32   | Medellín     | 32    |
| 2 | Luis           | 25   | Cali         | 42    |
| 3 | Pedro          | 30   | Cartagena    | 45    |

Ordenar segun dos columnas del dataframe

|   | Nombre_jugador | Edad | Ciudad-Natal | goles |
|---|----------------|------|--------------|-------|
| 0 | Javier         | 25   | Bogotá       | 5     |
| 1 | Juan           | 32   | Medellín     | 32    |
| 2 | Luis           | 25   | Cali         | 42    |
| 3 | Pedro          | 30   | Cartagena    | 45    |

## 3.5.4 Manipular un dataframe de Pandas

Un dataframe como se ha evidenciado, es similar a una tabla de cálculo de Excel en su aspecto más general por tanto, a continuación se ejemplificarán algunos métodos que facilitan la manipulación de su contenido tales como renombrar nombres de filas, de columnas y otros.

▼ df.rename(columns=columnas, index=filas): es usado cuando se desea renombrar tanto filas como columnas de un dataframe. Tanto las columnas como las filas que se desean renombrar deben indicarse como diccionarios indicando como llave el nombre de la columna original y seguido de los dos puntos (:), el valor con el nombre de la nueva columna en el DataFrame.

```python
# Crear un DataFrame de ejemplo
import pandas as pd
datos = {'Nombre_jugador': ['Javier', 'Juan', 'Luis', 'Pedro'],
                          'Edad': [25, 32, 25, 30],
              'Ciudad_natal': ['Bogotá', 'Medellín', 'Cali',
'Cartagena'],
                          'goles': [ 55, 32 ,42, 45] }

dataframe = pd.DataFrame(datos) print(dataframe)
print('-------------')

# Cambiar el nombre de las columnas utilizando el método columns nuevos_
nombres_columnas = {'Nombre_jugador': 'Nombre_completo', 'Ciudad_natal':
'Ciudad_Natal', 'goles': 'Goles'}
dataframe = dataframe.rename(columns=nuevos_nombres_columnas)
print(dataframe)
print('-------------')

# Cambiar el nombre de las filas utilizando el método index
nuevas_filas = {0:'a', 1:'b', 2:'c' , 3:'d'}
dataframe = dataframe.rename(index=nuevas_filas)
print(dataframe)
print('-------------')

# Volver a cambiar el nombre de las filas utilizando el método index
nuevas_filas = {'a':0, 'b':1, 'c':2 , 'd':3}
dataframe = dataframe.rename(index=nuevas_filas)
print(dataframe)
```

|   | Nombre_jugador | Edad | Ciudad_natal | goles |
|---|---|---|---|---|
| 0 | Javier | 25 | Bogotá | 55 |
| 1 | Juan | 32 | Medellín | 32 |
| 2 | Luis | 25 | Cali | 42 |
| 3 | Pedro | 30 | Cartagena | 45 |

-------------

|   | Nombre_completo | Edad | Ciudad_Natal | Goles |
|---|---|---|---|---|
| 0 | Javier | 25 | Bogotá | 55 |
| 1 | Juan | 32 | Medellín | 32 |
| 2 | Luis | 25 | Cali | 42 |
| 3 | Pedro | 30 | Cartagena | 45 |

-------------

|   | Nombre_completo | Edad | Ciudad_Natal | Goles |
|---|---|---|---|---|
| a | Javier | 25 | Bogotá | 55 |
| b | Juan | 32 | Medellín | 32 |
| c | Luis | 25 | Cali | 42 |
| d | Pedro | 30 | Cartagena | 45 |

- df.reindex(index=filas, columns=columnas, fill_value=relleno) : esta función es usada cuando se desea cambiar el orden de las filas o de las columnas de un dataframe. Devuelve un nuevo DataFrame resultante de seleccionar las filas con nombres en la lista filas y las columnas con nombres en la lista columnas del DataFrame original.

- d[nombre] = lista: usada para añadir al DataFrame original una nueva columna con el nombre [nombre] y los valores de la lista que se desea agregar la cual debe tener el mismo tamaño que el número de filas de dataframe original.

```
# Crear un DataFrame de ejemplo
import pandas as pd
datos = {'Nombre_jugador': ['Javier', 'Juan', 'Luis', 'Pedro'],
'Edad': [25, 32, 25, 30],
'Ciudad_natal': ['Bogotá', 'Medellín', 'Cali', 'Cartagena'],
 'goles': [ 55, 32 ,42, 45],}

dataframe = pd.DataFrame(datos)
print(dataframe)
print('\n-------------')

#Reindexar un dataframe (cambiar el orden de filas y comunas)
dataframe=dataframe.reindex(index=[1, 3,0,2], columns=['Nombre_jugador',
'Edad', 'goles','Ciudad_natal', ])
```

```
print('\n---------- Se han cambiado el orden de alhunas columnas y de
alguna filas------------')
print(dataframe)

#Agregar una columna al dataframe
dataframe['Selección'] = pd.Series(['No', 'Si','Si', 'Si',])
print('\n---Se agregó la columna "Selección" ----------')
print(dataframe)

#Agregar una fila al dataframe
dataframe = dataframe.append(pd.Series(['Carlos', 28, 'Sincelejo', 40],
index=['Nombre_jugador','Edad','Ciudad_natal','goles']), ignore_index=True)
print('\n---Se agregó una fila al dataframe" ----------')
print(dataframe)
```

|   | Nombre_jugador | Edad | Ciudad_natal | goles |
|---|---|---|---|---|
| 0 | Javier | 25 | Bogotá | 55 |
| 1 | Juan | 32 | Medellín | 32 |
| 2 | Luis | 25 | Cali | 42 |
| 3 | Pedro | 30 | Cartagena | 45 |

-------------

---------- Se han cambiado el orden de algunas columnas y de alguna filas------------

|   | Nombre_jugador | Edad | goles | Ciudad_natal |
|---|---|---|---|---|
| 1 | Juan | 32 | 32 | Medellín |
| 3 | Pedro | 30 | 45 | Cartagena |
| 0 | Javier | 25 | 55 | Bogotá |
| 2 | Luis | 25 | 42 | Cali |

---Se agregó la columna "Selección" ----------

|   | Nombre_jugador | Edad | goles | Ciudad_natal | Selección |
|---|---|---|---|---|---|
| 1 | Juan | 32 | 32 | Medellín | Si |
| 3 | Pedro | 30 | 45 | Cartagena | Si |
| 0 | Javier | 25 | 55 | Bogotá | No |
| 2 | Luis | 25 | 42 | Cali | Si |

---Se agregó una fila al dataframe" ----------

|   | Nombre_jugador | Edad | goles | Ciudad_natal | Selección |
|---|---|---|---|---|---|
| 0 | Juan | 32 | 32 | Medellín | Si |
| 1 | Pedro | 30 | 45 | Cartagena | Si |
| 2 | Javier | 25 | 55 | Bogotá | No |
| 3 | Luis | 25 | 42 | Cali | Si |
| 4 | Carlos | 28 | 40 | Sincelejo | NaN |

## 3.5.5 Seleccionar filas o columnas de Dataframe

Cuando realiza el análisis de un conjunto de datos, es posible que no siempre se necesite analizar todo el dataframe, sino, que puede ser más conveniente crear subconjuntos específicos, lo que se conoce como subsetting.

- ▼ dataframe['col_name']: sirve para seleccionar una columna en particular.

- ▼ dataframe [['col1_name', 'col2_name']]: sirve para seleccionar dos o más columnas.

- ▼ dataframe [dataframe.col_name == 'valor']: sirve para filtrar datos basándote en una condición específica o valor.

- ▼ dataframe [dataframe.col_name.isin(lista)]: sirve para filtrar los datos de una columna teniendo en cuenta varios criterios proporcionados por una lista con los datos a filtrar.

- ▼ dataframe [(dataframe. col1_name == 'valor') & (dataframe. col2_name == 'valor')]: los operadores ( | en vez de or, & en vez de and y ~ en vez de not) pueden ser usados para poner varias condiciones y colocar cada una de ellas entre paréntesis y así filtrar la información necesaria para cada columna de datos del dataframe.

```
# Crear un DataFrame de ejemplo
import pandas as pd
datos = {'Nombre_jugador': ['Javier', 'Juan', 'Luis', 'Pedro'],
                        'Edad': [25, 32, 25, 30],
                'Ciudad_natal': ['Bogotá', 'Medellín', 'Cali',
'Cartagena'],
                        'goles': [ 55, 32 ,42, 45],}

dataframe = pd.DataFrame(datos)
print(dataframe)
print('\n-------------')

# Seleccionar solo una columna del dataframe
una_colum = dataframe['Nombre_jugador']
print(una_colum)
print('\n-------------')

# Seleccionar más de una columna del dataframe
mas_una_colum = dataframe[['Nombre_jugador', 'goles']]
print(mas_una_colum)
print('\n-------------')
```

```python
# Filtrar datos de una columna (edad) con un valor especifico (25 años)
Filtra_datos = dataframe[dataframe.Edad == 25]
print(Filtra_datos)
print('\n-------------')


# Filtrar datos de una columna (edad) con varios valores especifico (25 años
y 32 años)
Filtra_datos = dataframe[dataframe.Edad.isin([25, 32])]
print(Filtra_datos)
print('\n-------------')


# Filtrar datos de (edad) y ciudad natal con varios valores especifico (25
años y 32 años)
Filtra_datos = dataframe[dataframe.Edad.isin([25, 32])]
print(Filtra_datos)
print('\n-------------')


# Filtrar el DataFrame con operadores (&)
#En este caso filtra del dataframe los valores de la columna"Nombre_jugador
== 'Javier' junto con
# los valores de la columna "Edad == 25' y luego muestra los valores de las
columnas deseadas
Filtro_con_operador = dataframe[(dataframe.Nombre_jugador == 'Javier') &
(dataframe.Edad == 25)]

# Seleccionar las columnas deseadas
cols = ['Nombre_jugador', 'goles', 'Ciudad_natal']

# Mostrar el resultado
print(Filtro_con_operador[cols])
```

```
   Nombre_jugador   Edad   Ciudad_natal    goles
0    Javier          25     Bogotá          55
1    Juan            32     Medellín        32
2    Luis            25     Cali            42
3    Pedro           30     Cartagena       45


-------------
0    Javier
1    Juan
2    Luis
3    Pedro
```

```
 ------------
       Nombre_jugador    goles
0      Javier            55
1      Juan              32
2      Luis              42
3      Pedro             45


 ------------
       Nombre_jugador    Edad    Ciudad_natal    goles
0      Javier            25      Bogotá          55
2      Luis              25      Cali            42


 ------------
       Nombre_jugador    Edad    Ciudad_natal    goles
0      Javier            25      Bogotá          55
1      Juan              32      Medellín        32
2      Luis              25      Cali            42


 ------------
       Nombre_jugador    Edad    Ciudad_natal    goles
0      Javier            25      Bogotá          55
1      Juan              32      Medellín        32
2      Luis              25      Cali            42


 ------------
       Nombre_jugador    goles    Ciudad_natal
0      Javier            55       Bogotá
```

## 3.5.6 Selección de elementos del Dataframe

Dentro de los DataFrames de Pandas, disponemos de diversas técnicas para la selección de registros, siendo dos de las más cruciales: loc e iloc. La función loc se presenta como una herramienta fundamental para la selección eficiente de datos en función de etiquetas específicas de filas y columnas. Por otro lado, la función iloc facilita la selección de elementos basándose en su posición numérica, proporcionando así un método preciso para acceder a datos según su ubicación en el DataFrame.

▸ dataframe.loc[etiqueta_fila, etiqueta_columna]: sirve para obtener directamente el elemento ubicado en la fila y columna especificadas. Esta funcionalidad simplifica la tarea de acceder a un valor particular en un DataFrame.

▼ dataframe.iloc[indice_fila, indice_columna]: permite obtener un nuevo DataFrame que contiene los elementos de la fila proporcionada y de la columna proporcionada.

```python
# Crear un DataFrame de ejemplo
import pandas as pd
datos = {'Nombre_jugador': ['Javier', 'Juan', 'Luis', 'Pedro'],
                            'Edad': [25, 32, 25, 30],
                'Ciudad_natal': ['Bogotá', 'Medellín', 'Cali',
'Cartagena'],
                                'goles': [ 55, 32 ,42, 45],}

dataframe = pd.DataFrame(datos) print(dataframe)
print('\n-------------')

# Acceso a filas y columnas especificas mediante loc
print(dataframe.loc[:3, ('Ciudad_natal','goles')])
print('\n**********')
print(dataframe.loc[2, 'Ciudad_natal'])

# Acceso a filas y columnas especificas mediante iloc
print(dataframe.iloc[1, 3])

#Seleccionar dos columnas del DataFrame usando loc
print('Tres columnas del DataFrame:')
print(dataframe.loc[[0,1]])
print()
```

```
     Nombre_jugador    Edad    Ciudad_natal    goles
0    Javier            25      Bogotá          55
1    Juan              32      Medellín        32
2    Luis              25      Cali            42
3    Pedro             30      Cartagena       45


-------------
     Ciudad_natal    goles
0    Bogotá          55
1    Medellín        32
2    Cali            42
3    Cartagena       45

**********
Cali
32
```

```
Tres columnas del DataFrame:
     Nombre_jugador   Edad   Ciudad_natal   goles
0    Javier           25     Bogotá         55
1    Juan             32     Medellín       32

Valor de la primera fila y columna del DataFrame:
Javier
```

Con esta librería es posible realizar diversas tareas al conjunto de datos como cargar los datos, modelar los datos, analizarlos, manipularlos y prepararlos para actividades de *Machine Learning*. Esto se explicará más adelante. Mas información sobre selección de filas y columnas con pandas pueden consultarse en diversos blog como el siguiente: *https://www.analyticslane.com/2019/06/21/seleccionar-filas-y-columnas-en-pandas-con-iloc-y-loc/*

## 3.6 BÁSICO DE MATPLOTLIB

Es usual mostrar la información posterior al análisis de los datos por medios gráficos. En esta parte del documento se busca revelar algunas herramientas que faciliten este aspecto ya que no solo puede ser necesario para visualizar algunos gráficos de barras sino que suelen utilizarse las siguientes librerías, sintaxis e instrucciones para visualizar los resultados de la limpieza y preparación de datos, así como la visualización de las mejores posibles características que influyen en un modelo.

Matplotlib es una biblioteca de visualización de datos en Python que proporciona herramientas para crear gráficos y visualizaciones de alta calidad de manera fácil y flexible. Permite hacer gráficos tales como diagramas de líneas, barras e histogramas entre otros [54].

### 3.6.1 Aspectos de Matplotlib

Dentro de la biblioteca Matplotlib se destaca el módulo pyplot, el cual permite el uso de sencillas funciones para los elementos gráficos más habituales, tales como creación de figuras, trazado de líneas, visualización de imágenes, inserción de texto, etc. Para poder trabajar esta librería, se debe importar inicialmente. Con la primera instrucción se indica al programa de Python que de ahora en adelante plt será la referencia para todo lo relacionado a Matplotlib y pyplot.

```
#importar librerías básicas de Python
import matplotlib              #Librería para graficar
import matplotlib.pyplot as plt      #Pyplot fusiona la librería matplotlib
con Numpy
```

Se puede crear un gráfico muy básico teniendo en cuenta dos funciones: plot() y show(). La función plot() de Matplotlib es una herramienta esencial para la creación de gráficos, permitiéndonos visualizar datos de manera efectiva. Al utilizar esta función, se proporciona una o varias listas de datos (variables a graficar) que serán representados en el gráfico. Con la función show () de Matplotlib permitirá realizar la observación del gráfico realizado como muestra la figura.

```
import matplotlib.pyplot as plt
# Datos de ejemplo
lista_x = [1, 2, 3, 4, 5]
lista_y = [2, 4, 6, 8, 10]

# Crear un gráfico de línea utilizando plot()
plt.plot(lista_x, lista_y)

# Atributos del gráfico
plt.title('Función de prueba') #Titulo del gráfico
plt.xlabel('Nombre_eje X') #Nombre de la variable X
plt.ylabel('Nombre_eje Y') #Nombre de la variable Y
plt.grid() #Mostrar cuadricula en la figura
plt.figure(figsize=(10,15)) #Tamaño del gráfico
plt.figure(dpi=150) #dpi=representa el número de píxeles por pulgada en la
figura. predeterminado es 100
plt.show()
```

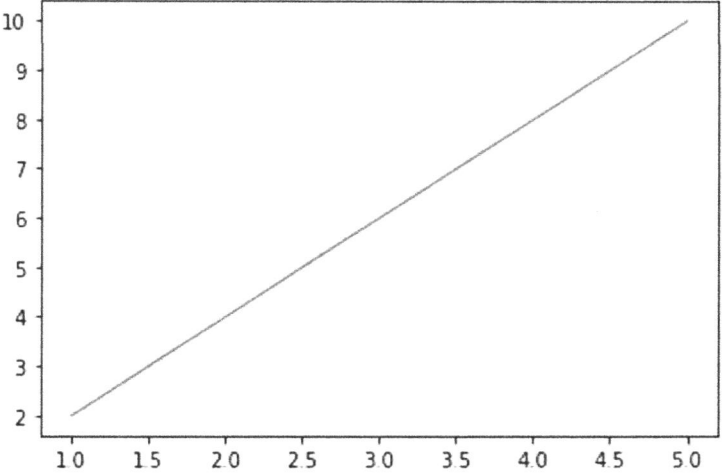

## 3.6.2 Atributos de un gráfico en Matplotlib

Existen diversas herramientas en Matplotlib que permiten obtener una visión detallada de las características de un gráfico. Entre las funciones esenciales se encuentran: título, nombre de las variables, uso de cuadricula, tamaño del gráfico y resolución de este.

```python
import matplotlib.pyplot as plt
# Datos de ejemplo
lista_x = [1, 2, 3, 4, 5]
lista_y = [2, 4, 6, 8, 10]

# Crear un gráfico de línea utilizando plot()
plt.plot(lista_x, lista_y)

# Atributos del gráfico
plt.title('Función de prueba') #Titulo del gráfico
plt.xlabel('Nombre_eje X') #Nombre de la variable X
plt.ylabel('Nombre_eje Y') #Nombre de la variable Y
plt.grid() #Mostrar cuadricula en la figura
plt.figure(figsize=(10,15)) #Tamaño del gráfico
plt.figure(dpi=150) #dpi=representa el número de píxeles por pulgada en la
figura. #El valor predeterminado es

# Mostrar el gráfico
plt.show()
```

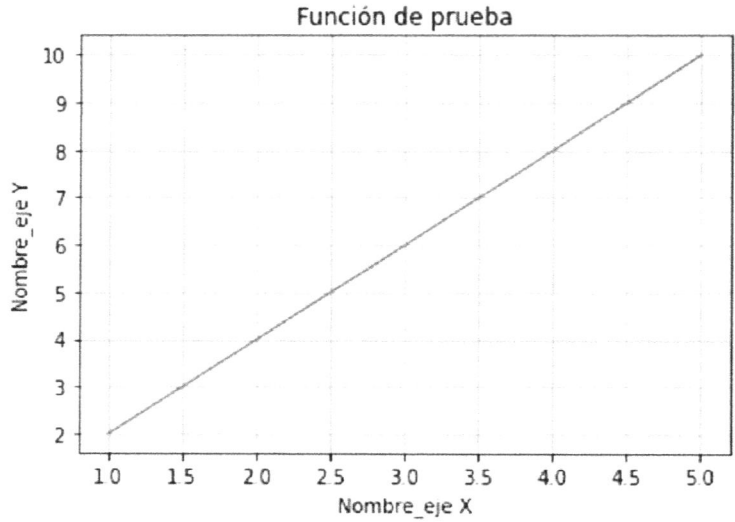

Para mejorar la comprensión visual de los datos en tu gráfico, existen una serie de argumentos que brindan una amplia gama de posibilidades para personalizar la apariencia y la legibilidad del plot (), permitiéndote adaptar el diseño según tus necesidades específicas. Estos ajustes incluyen la asignación de colores, etiquetas claras para los ejes, títulos descriptivos y otros elementos que contribuyen a una representación más clara y comprensible de la información visualizada. En este caso se usan dos listas de corresponden a los valores de X e Y para dos conjuntos de datos diferentes.

La inclusión de ciertos argumentos durante la creación de un gráfico mediante Matplotlib proporciona una valiosa capacidad de personalización. Como se mencionó funciona aplicando las modificaciones a la función plot().

- ▶ label='nombre': parámetro que facilita la identificación de las distintas líneas en el gráfico, resultando especialmente útil cuando se representan múltiples conjuntos de datos en un solo plot.

- ▶ marker='o': parámetro que permite agregar marcadores a los puntos del gráfico. Más información en: **https://matplotlib.org/stable/api/ markers_api.html**

- ▶ linestyle='--' : parámetro que posibilita la modificación del tipo de línea en el gráfico.

- ▶ color='b': capacidad de ajustar el color de los datos. Se puede seleccionar cualquier color deseado, y, si es necesario, ajustar la transparencia mediante el parámetro alpha. Más información en: **https://matplotlib. org/stable/users/explain/colors/colors.html**

```python
import matplotlib.pyplot as plt

# Datos de ejemplo: Dos conjuntos de datos (x,y1) y (x,y2)
x = [1, 2, 3, 4, 5] y1 = [2, 4, 6, 8, 10]
y2 = [1, 2, 1, 2, 1]

# Crear un gráfico de líneas con dos conjuntos de datos
plt.plot(x, y1, label='Línea 1', color='blue', marker='v')
plt.plot(x, y2, label='Línea 2', color='green', linestyle='--', marker='s')

# Atributos del gráfico
plt.title('Función de prueba') #Titulo del gráfico
plt.xlabel('Nombre_eje X') #Nombre de la variable X
plt.ylabel('Nombre_eje Y') #Nombre de la variable Y
```

```
plt.grid() #Mostrar cuadricula en la figura

# Mostrar la leyenda en la esquina superior izquierda
plt.legend(loc='upper left')
```

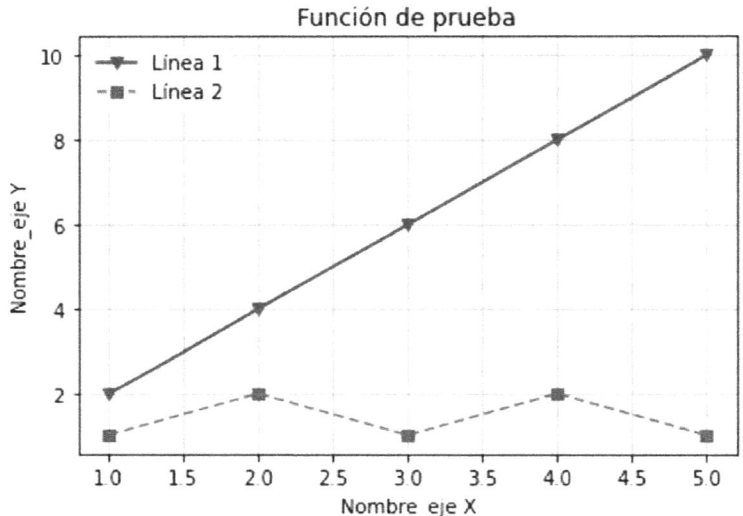

La creación de gráficos con Matplotlib generalmente involucra el empleo de la función subplots(), un proceso que resulta fundamental para la generación de visualizaciones. Esta función desempeña un papel crucial al crear dos objetos esenciales: la figura (figure), que representa la región donde se llevará a cabo el dibujo, y los ejes (axes), que definen la región sobre la cual se representarán los datos. Al tener acceso a estos dos elementos, se obtiene un control preciso sobre el diseño y la disposición de los gráficos, lo que facilita la creación de visualizaciones atractivas y efectivas. Este enfoque modular y flexible proporcionado por subplots() es clave para la generación de gráficos personalizados y adaptados a las necesidades específicas del análisis de datos. En el siguiente ejemplo se muestra la figura (espacio de dibujo) y un axe (eje) ya que solo se podria realizar un solo dibujo.

```
fig, ax = plt.subplots()
plt.show()  # Usa siempre este comando para que el gráfico aparezca
```

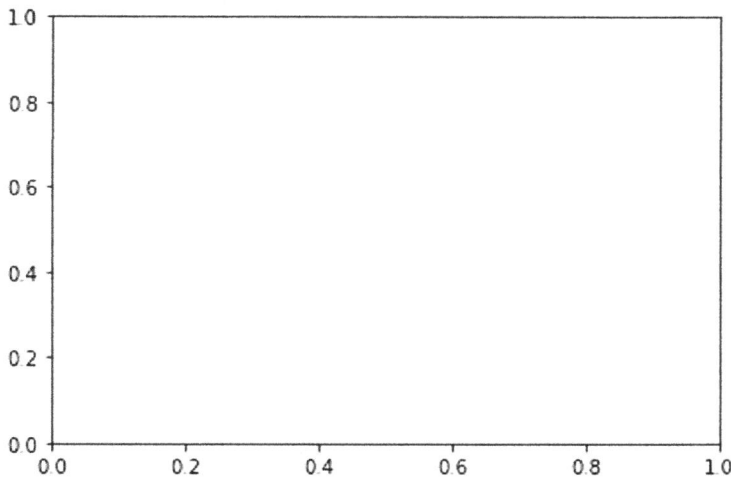

Al igual que el ejemplo anterior, al utilizar sublopt() pueden modificarse los atributos del grafico con ciertas variantes ya que se realiza para cada eje del gráfico. Esto quiere decir que se puede tener varios gráficos uno encima de otro como se muestra a continuación.

```python
import matplotlib.pyplot as plt
fig, ax = plt.subplots()

# Datos de ejemplo: Dos conjuntos de datos (x,y1) y (x,y2)
x = [1, 2, 3, 4, 5]
y1 = [2, 4, 6, 8, 10]
y2 = [1, 2, 1, 2, 1]

# Crear un gráfico de líneas con dos conjuntos de datos mediante axe
 ax.plot(x, y1, label='Nombre de los datos 1', color='blue', marker='v')
ax.plot(x, y2, label='Nombre de los datos 2', color='green',
linestyle='--', marker='s')

# Atributos del gráfico
ax.set(xlabel='Nombre_eje X', ylabel='Nombre_eje Y', title='Función de
prueba')

#Mostrar cuadricula en la figura
 ax.grid()

# Mostrar la leyenda en la esquina superior izquierda
ax.legend(loc='upper left')
```

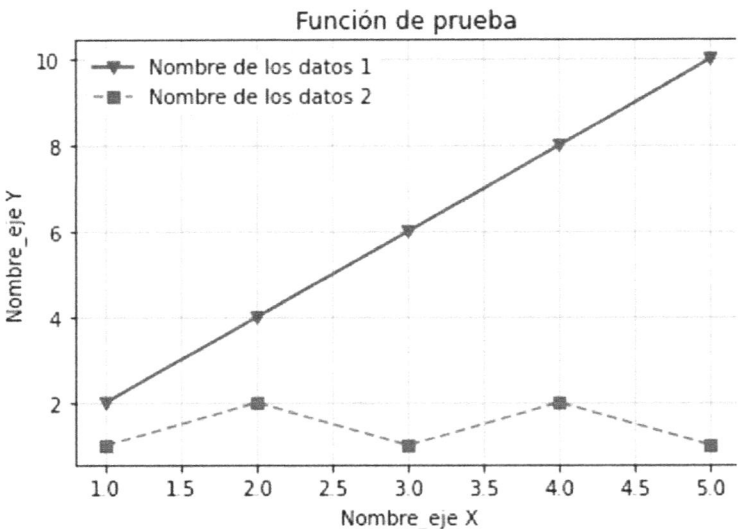

Hasta este momento, hemos explorado la creación de subgráficos mediante el uso de la función subplots() en el ejemplo anterior, donde teníamos una figura que contenía un solo eje (gráfico). Sin embargo, la versatilidad de subplots() va más allá, ya que nos permite construir una figura que alberga varios gráficos en su interior. Aprovechando esta funcionalidad, procederemos a crear un gráfico que contenga una matriz de dimensiones 3x2.

Al utilizar plt.subplots() en esta ocasión, pasaremos dos argumentos esenciales. El primer argumento será un entero que representará el número de filas en la matriz de gráficos, mientras que el segundo será otro entero que determinará el número de columnas. De esta manera, lograremos configurar toda una matriz de subgráficos, brindando una estructura organizada para visualizar múltiples conjuntos de datos o análisis en una única figura. Este enfoque resulta particularmente útil cuando se busca comparar y contrastar diversas visualizaciones dentro de un contexto coherente.

Si se desea que todos los subgráficos compartan la misma escala en el eje Y, basta con proporcionarle el argumento "sharey=True" al utilizar plt.subplots(). Este parámetro garantiza que los diferentes subgráficos en tu matriz mantengan la consistencia en la escala vertical, facilitando así la comparación entre ellos. Además, para ajustar las dimensiones de la figura generada, el parámetro figsize permite especificar el ancho y alto respectivamente, expresados en pulgadas (por defecto, se establecen en [6.4, 4.8]). Esta capacidad de personalización brinda un control preciso sobre el diseño de la figura, permitiéndote adaptarla a tus necesidades específicas y optimizar la presentación de tus gráficos en un formato visual coherente. A manera de ejemplo podria utilizarse lo recomendado como: plt.subplots(3, 2, sharey=True, figsize=[10, 8]).

```python
import matplotlib.pyplot as plt
import numpy as np

# Datos de ejemplo
x = [1, 2, 3, 4, 5]
y1 = [2, 4, 6, 8, 10]
y2 = [1, 2, 1, 2, 1]
y3 = [1, 2, 3, 4, 5]
y4 = [5, 4, 3, 2, 1]
y5 = np.sin(x)
y6 = np.cos(x)

# Crear una matriz de subgráficos 3x2 (3 filas y 2 columnas)
fig, ax = plt.subplots(3, 2, figsize=(10, 8)) # Se especifica el tamaño de la
figura

# Subgráfico o plot 1
ax[0, 0].plot(x, y1)
ax[0, 0].set_title('Titulo A[0,0]')

# Subgráfico o plot 2
ax[0, 1].plot(x, y2)
ax[0, 1].set_title('Titulo A[0,1]')

# Subgráfico o plot 3
ax[1, 0].plot(x, y3)
ax[1, 0].set_title('Subgráfico 3')

# Subgráfico o plot4
ax[1, 1].barh(x, y4, label='Titulo A[1,1]')
ax[1, 1].set_title('Subgráfico 4')

# Subgráfico o plot 5
ax[2, 0].plot(x, y5, label='sen x A[2,0]')
ax[2, 0].set_title('Subgráfico 5')

# Subgráfico o plot 6
ax[2, 1].plot(x, y6, label='cos(x)')
ax[2, 1].set_title('Subgráfico 6')

# Ajustar el diseño de los subgráficos
plt.tight_layout()

# Mostrar la figura
plt.show()
```

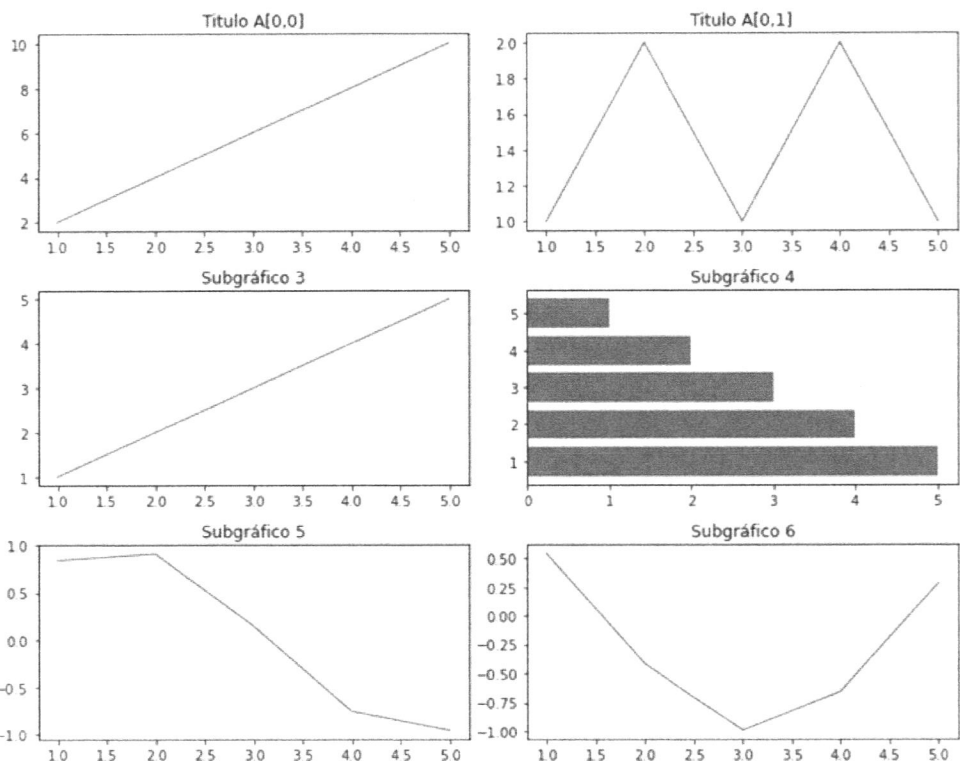

Ahora bien, la figura y todos los subgráficos pueden recibir información suministrada como atributos del gráfico, esto es, darles nombre a los ejes, títulos, colores y demás personalización de este. Esto se realiza modificando cada subgráfico a partir de cada eje. Por ejemplo el ax[0, 0] como se muestra a continuación.

```python
import matplotlib.pyplot as plt
import numpy as np

# Datos de ejemplo
x = [1, 2, 3, 4, 5]
y1 = [2, 4, 6, 8, 10]
y2 = [1, 2, 1, 2, 1]
y3 = np.linspace(0, 100, 5) #.linspace(inf, sup, num_puntos): num_puntos
valores equidistantes en un intervalo [0,100]
y4 = [5, 4, 3, 2, 1]
y5 = np.sin(x)
y6 = np.cos(x)
```

```python
# Crear una matriz de subgráficos 3x2 (3 filas y 2 columnas)
fig, ax = plt.subplots(3, 2, figsize=(10, 8)) # Se especifica el tamaño de la
figura

# Subgráfico o plot 1 con atributos
ax[0, 0].plot(x, y1, marker='.', color='b', linestyle='dotted', label='No
goles de penalty')
ax[0, 0].plot(x, y2, marker='.', color='g', linestyle='dotted',
label='goles de penalty')

# Atributos del Subgráfico o plot 1
ax[0, 0].set_xlabel('Nombre_eje X')
ax[0, 0].set_ylabel('Nombre_eje Y')
ax[0, 0].set_title ('Función de Prueba')
ax[0, 0].legend ()

# Subgráfico o plot
2ax[0, 1].plot(x, y2)
ax[0, 1].set_title('Titulo A[0,1]')
# Subgráfico o plot 3
ax[1, 0].plot(x, y3)
ax[1, 0].set_title('Subgráfico 3')

# Subgráfico o plot4
ax[1, 1].barh(x, y4, label='Titulo A[1,1]')
ax[1, 1].set_title('Subgráfico 4')

# Subgráfico o plot 5
ax[2, 0].plot(x, y5, label='sen x A[2,0]')
ax[2, 0].set_title('Subgráfico 5')

# Subgráfico o plot 6
ax[2, 1].plot(x, y6, label='cos(x)')
ax[2, 1].set_title('Subgráfico 6')

# Ajustar el diseño de los subgráficos
plt.tight_layout()
```

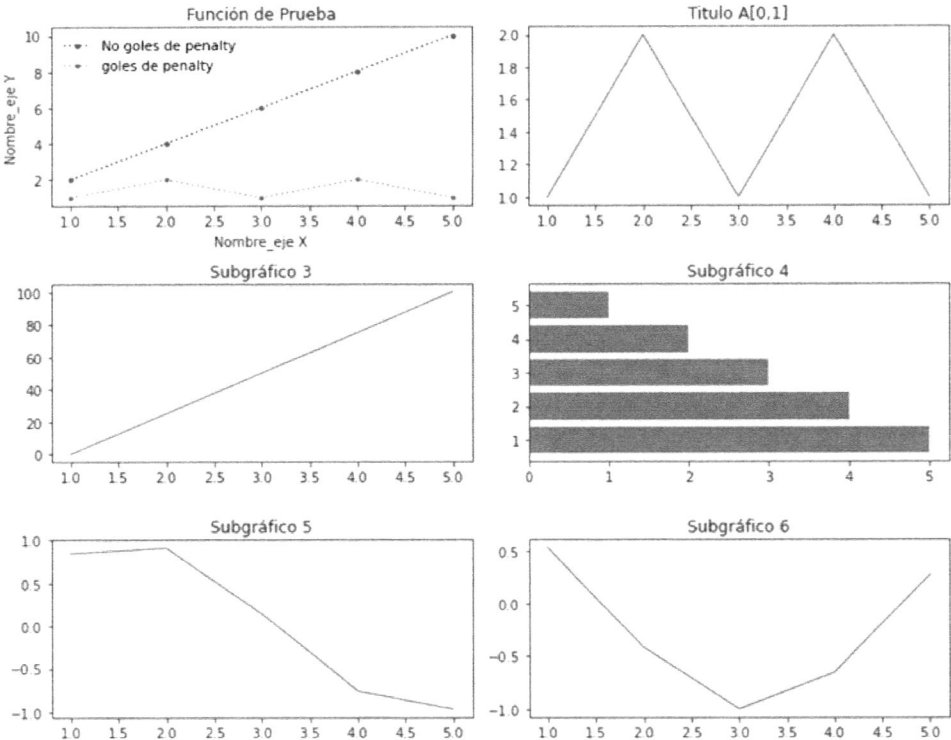

### 3.6.3 Tipos de gráficos en Matplotlib

Hasta el momento se han realizado diversos ejemplos del uso de Matplotlib para realizar gráficos en el cual los datos son unidos mediante líneas que pueden o suelen ser personalizadas. Pero adicionalmente esta biblioteca permite realizar diversos tipos de gráficos como diagramas de barras, de dispersión, histogramas, etc., los cuales se ejemplifican a continuación.

▶ ax.plot: función que permite trazar líneas y marcar puntos de manera efectiva. Al utilizar ax.plot, es posible especificar las coordenadas x e y de los puntos que se desean conectar mediante líneas. Además, tienes la flexibilidad de personalizar la apariencia del gráfico ajustando parámetros como el color, el estilo de línea y los marcadores.

```
import matplotlib.pyplot as plt
import numpy as np

# Datos de ejemplo para el gráfico
x = np.linspace(0, 2 * np.pi, 100)
y1 = np.sin(x)
```

```
# Crear la matriz de subgráficos
fig, ax = plt.subplots()

# Representar datos mediante diagrama de líneas
ax.plot(x, y1, label='sin(x)')
ax.set_title('Gráfico de función seno')
```

- ► ax.bar: función que permite representar conjuntos de datos mediante barras verticales. Al utilizar ax.bar es posible especificar las coordenadas y alturas (o longitudes) de las barras, así como personalizar aspectos como el color, la transparencia y las etiquetas asociadas a cada barra.

```
import matplotlib.pyplot as plt
import numpy as np

# Datos de ejemplo para el gráfico
categorias = ['A', 'B', 'C', 'D', 'E']
alturas = [3, 6, 2, 8, 5]

# Crear la matriz de subgráficos
fig, ax = plt.subplots()

# Representar datos mediante diagrama de barras
ax.bar(categorias, alturas, color='green', alpha=0.7)

# Personalizar el gráfico
ax.set_xlabel('Categorías')
ax.set_ylabel('Alturas')
ax.set_title('Diagrama de Barras en Python')

# Mostrar el gráfico
plt.show()
```

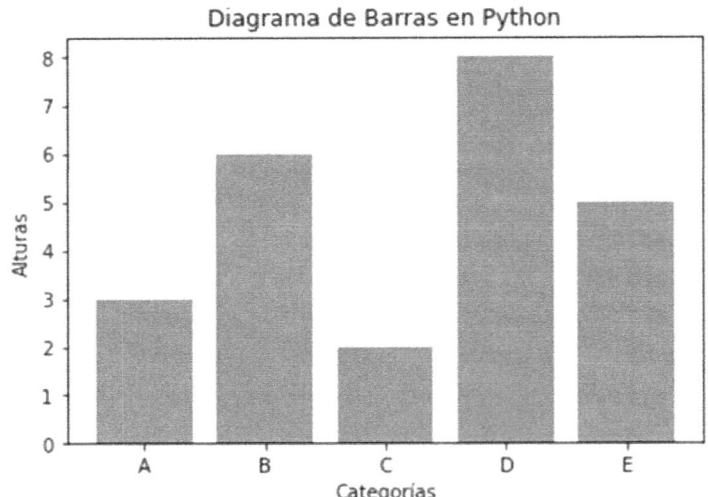

▸ ax.barh: función que permite representar conjuntos de datos mediante barras horizontales. Al utilizar ax.barh es posible especificar las coordenadas y alturas (o longitudes) de las barras, así como personalizar aspectos como el color, la transparencia y las etiquetas asociadas a cada barra.

```python
import matplotlib.pyplot as plt
import numpy as np

# Datos de ejemplo para el gráfico
categorias = ['A', 'B', 'C', 'D', 'E']
alturas = [3, 6, 2, 8, 5]

# Crear la matriz de subgráficos
fig, ax = plt.subplots()

# Representar datos mediante diagrama de barras
ax.barh(categorias, alturas, color='green', alpha=0.7)

# Personalizar el gráfico
ax.set_xlabel('Categorías')
ax.set_ylabel('Alturas')
ax.set_title('Diagrama de Barras en Python')

# Mostrar el gráfico
plt.show()
```

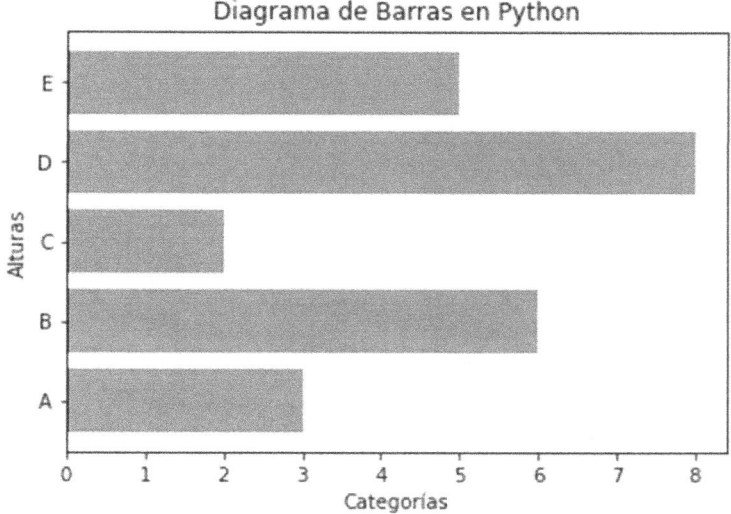

> ▶ ax.fill_between: función que permite visualizar áreas entre líneas mediante un sombreado, proporcionando así una representación efectiva de la variabilidad en los datos. Al utilizar ax.fill_between es posible especificar las coordenadas x, las alturas superior e inferior de la región sombreada, así como personalizar aspectos como el color y la transparencia del relleno.

```python
import matplotlib.pyplot as plt
import numpy as np

# Datos de ejemplo para el gráfico
x = np.linspace(0, 5, 100)
y1 = np.sin(x)
y2 = np.cos(x)

# Crear la matriz de subgráficos
fig, ax = plt.subplots()

# Trazar las líneas
ax.plot(x, y1, label='Línea 1: seno')
ax.plot(x, y2, label='Línea 2: coseno')

#Representar datos mediante relleno del área entre las líneas
ax.fill_between(x, y1, y2, color='skyblue', alpha=0.4, label='Área
sombreada')

# Personalizar el gráfico
ax.set_xlabel('Eje X')
```

```
ax.set_ylabel('Eje Y')
ax.set_title('Diagrama de Líneas con Sombreado en Python')
ax.legend()

# Mostrar el gráfico
plt.show()
```

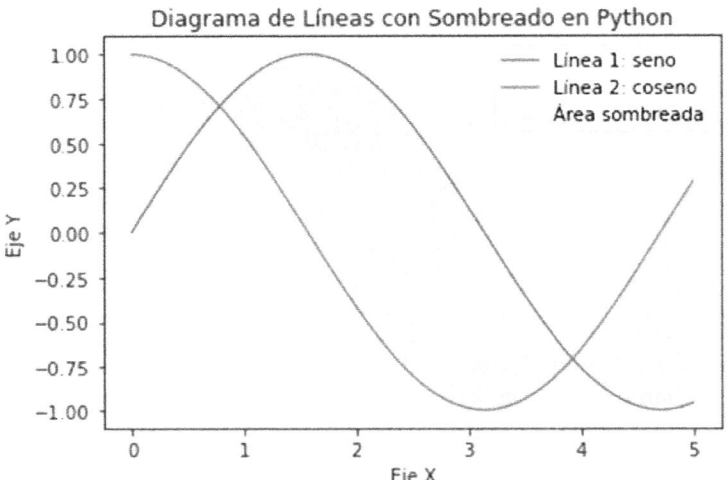

▶ ax.hist(x, bins): función que permite la elaboración de histogramas, ofreciendo una representación gráfica de la frecuencia de ocurrencia de diferentes intervalos en un conjunto de datos. Al utilizar ax.hist es posible especificar el conjunto de datos x y la cantidad de intervalos bins que se desean utilizar para dividir el conjunto de datos. Además, la función proporciona opciones de personalización, como el color de las barras, el tipo de borde y la transparencia.

```
import matplotlib.pyplot as plt
import numpy as np

# Datos de ejemplo para el gráfico (distribución normal)
datos = np.random.randn(1000)

# Crear la matriz de subgráficos
fig, ax = plt.subplots()

#Representar datos mediante el histograma
ax.hist(datos, bins=20, color='purple', edgecolor='black', alpha=0.7)

# Personalizar el gráfico
ax.set_xlabel('Valores')
```

```
ax.set_ylabel('Frecuencia')
ax.set_title('Histograma en Python')

# Mostrar el gráfico
plt.show()
```

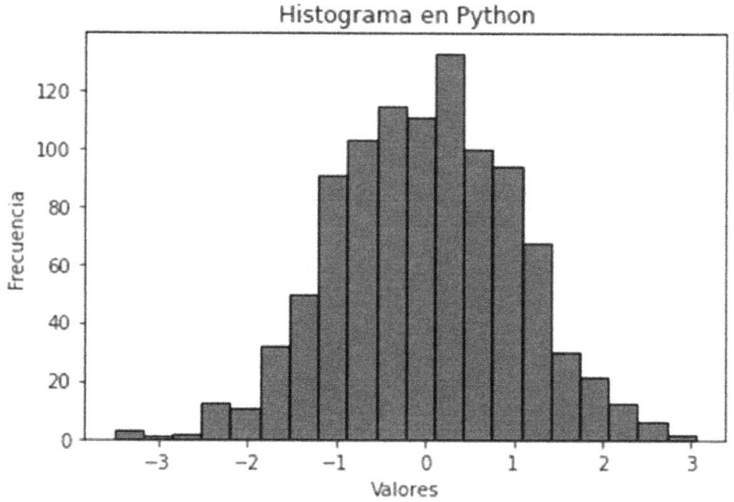


- ax.pie: función que permite la construcción de un gráfico para visualizar la proporción de partes individuales en relación con el todo. Al utilizar ax.pie es posible especificar una lista de valores, como entrada que representa las proporciones de cada categoría en el conjunto total. Además, la función proporciona opciones de personalización, como el color de las barras, el tipo de borde y la transparencia.

```
import matplotlib.pyplot as plt

# Datos de ejemplo para el gráfico
proporciones = [0.3, 0.4, 0.2, 0.1]

# Crear la matriz de subgráficos
fig, ax = plt.subplots()

#Representar datos mediante gráfico de sectores
ax.pie(proporciones, labels=['Categoría A', 'Categoría B', 'Categoría C',
'Categoría D'],
                              autopct='%1.1f%%',
                              colors=['red', 'green', 'blue', 'orange'])

# Personalizar el gráfico
ax.set_title('Diagrama de Sectores en Python')
```

```
# Mostrar el gráfico
plt.show()
```

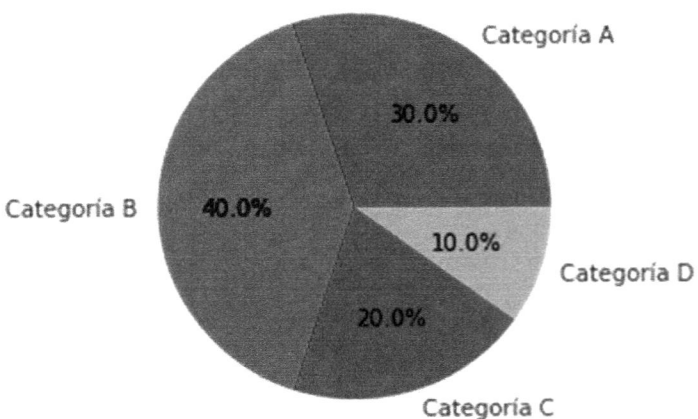

- ax.boxplot se utiliza para visualizar la distribución del conjunto de datos mediante un diagrama de caja. Al utilizar ax.boxplot es posible ajustar parámetros como la orientación (vert), el ancho de las cajas (widths), la apariencia de las cajas y la mediana (boxprops y medianprops), y otros para adaptar el diagrama a necesidades específicas.

```
import matplotlib.pyplot as plt
import numpy as np

# Datos de ejemplo para el gráfico
conjunto_datos = np.random.randn(100)

# Crear un objeto de figura y ejes
fig, ax = plt.subplots()

#Representar datos mediante diagrama de cajas y bigotes
ax.boxplot(conjunto_datos, vert=False, widths=0.7, patch_
artist=True, boxprops=dict(facecolor='lightblue', edgecolor='black'),
medianprops=dict(color='red'))

# Personalizar el gráfico
ax.set_xlabel('Valores')
ax.set_title('Diagrama de Caja en Python')
# Mostrar el gráfico
plt.show()
```

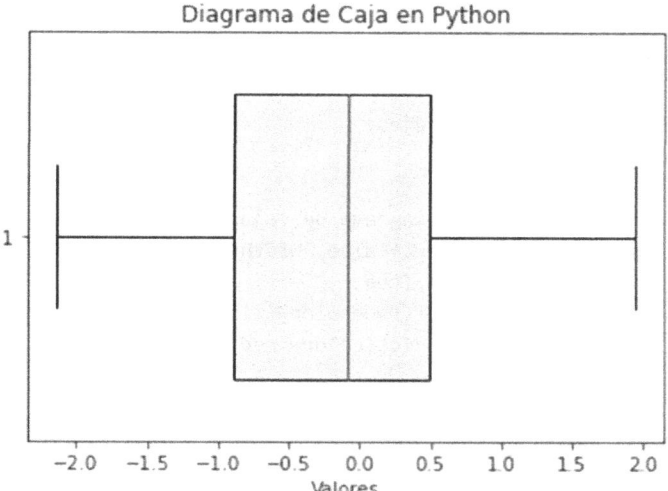

La personalización de un gráfico en Python es esencial para transmitir de manera efectiva la información contenida. Para modificar el título principal del gráfico, puedes utilizar el método ax.set_title(titulo, loc=alineacion, fontdict=fuente). Aquí, el parámetro título representa el contenido del título, alineacion define la posición del título (izquierda, centro o derecha), y fuente permite personalizar la apariencia de la fuente mediante un diccionario que incluye propiedades como el tamaño (fontsize), grosor (fontweight), y color (color).

Para ajustar el aspecto de los ejes, puedes emplear diversos métodos, como ax.set_xlabel(titulo) y ax.set_ylabel(titulo) para añadir títulos a los ejes x e y respectivamente. También puedes utilizar ax.set_xlim([limite_inferior, limite_superior]) y ax.set_ylim([limite_inferior, limite_superior]) para establecer los límites de los ejes x e y, y ax.set_xticks(marcas) y ax.set_yticks(marcas) para dibujar marcas en ejes x e y en posiciones específicas.

Adicionalmente, para modificar la escala de los ejes, puedes emplear ax.set_xscale(escala) y ax.set_yscale(escala), donde el parámetro escala puede ser 'linear' (lineal) o 'log' (logarítmica).

En cuanto a la leyenda, puedes utilizar ax.legend(leyendas, loc=posicion) para añadir una leyenda con nombres indicados en la lista leyendas. El parámetro loc determina la posición de la leyenda en el gráfico, ofreciendo diversas opciones como 'upper left', 'center right', o 'lower center'.

Estos métodos proporcionan una amplia flexibilidad para personalizar la apariencia de tus gráficos en Python, asegurando que la información sea comunicada de manera clara y efectiva.

```
import numpy as np
# Datos de ejemplo para el gráfico
conjunto_datos = np.random.randn(100)

# Crear un objeto de figura y ejes
fig, ax = plt.subplots()

#Representar datos mediante diagrama de cajas y bigotes
ax.boxplot(conjunto_datos, vert=False, widths=0.7,
                patch_artist=True,
                boxprops=dict(facecolor='lightblue', edgecolor='black'),
                medianprops=dict(color='red'))

# Personalizar el gráfico
ax.set_xlabel('Valores')
ax.set_title('Diagrama de Caja en Python', loc = "left", fontdict =
{'fontsize':14, 'fontweight':'bold', 'color':'tab:blue'}) ax.set_
xlabel("Valores", fontdict = {'fontsize':14, 'fontweight':'bold',
'color':'tab:blue'})
ax.set_ylim([3,5])
ax.set_yticks(range(-2, 3))

# Mostrar el gráfico
 plt.show()
```

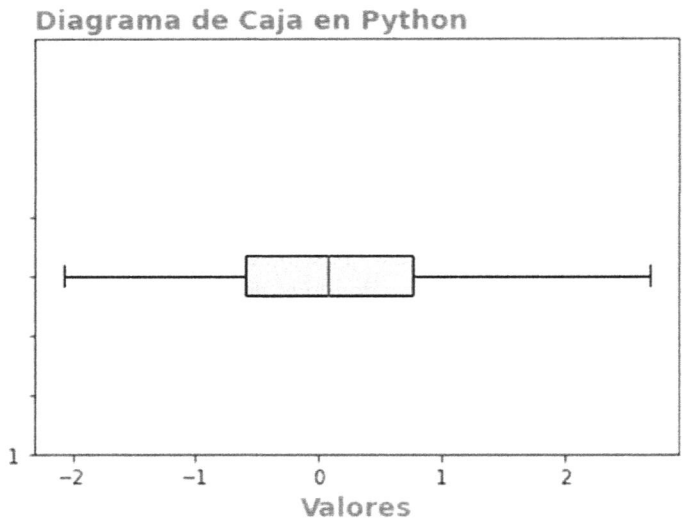

# 4

# EL PODER DE LOS DATOS

La metodología empleada para desarrollar problemas de analítica de datos mediante métodos y técnicas de *Machine Learning* se puede resumir en una serie de nueve pasos complementarios [55]. Estos pasos son fundamentales para abordar problemas reales y permitir que investigadores de diversas áreas, incluso aquellos fuera del campo de la ingeniería y la estadística aplicada puedan analizar y predecir un fenómeno en particular. Los nueve pasos complementarios son: (1) información referencial; (2) fuente de datos; (3) acondicionamiento de los datos; (4) estadística de los datos; (5) transformación de datos, (6) selección de características; (7) aplicación de algoritmos; (8) evaluación de algoritmos; (9) optimización y ajuste de algoritmos. Este documento aborda los pasos del 1 al 7 desde una manera sencilla. Estos pasos iniciales son fundamentales para el éxito de un proyecto de analítica de datos y *Machine Learning*, ya que preparan los datos y establecen las bases para la aplicación de algoritmos y la evaluación de modelos en etapas posteriores.

La estadística es un campo importante dentro de la analítica de datos que ha influido en una serie de conceptos y decisiones para los algoritmos que se usan en el campo del *Machine Learning* [56]. Aunque en aspectos tratados en este libro se hacen definiciones, afirmaciones o se expresan conceptos desde la estadística, se sugiere al lector hacer una revisión más amplia de aquellos conceptos acerca de los cuales tenga duda. Es recomendable para el lector de este libro que tenga algún conocimiento de las estadísticas básicas o elementales, incluidas la varianza, la correlación, la regresión lineal simple y las pruebas de hipótesis básicas (por ejemplo: estadísticas de prueba).

Los datos que son el insumo principal para un análisis de aprendizaje automático o *Machine Learning* pueden ser de diversos tipos: numérico o categórico los cuales se pueden subdividir de acuerdo con lo mostrado en la Figura 24. Aunque existen diversas estrategias para acondicionar un conjunto de datos específicos, algunas de las cuales son mostradas a continuación, solo en el momento de la práctica el analista decidirá cuál de ellas puede ser la mejor opción dependiendo del conjunto de datos en particular que se pretenda analizar.

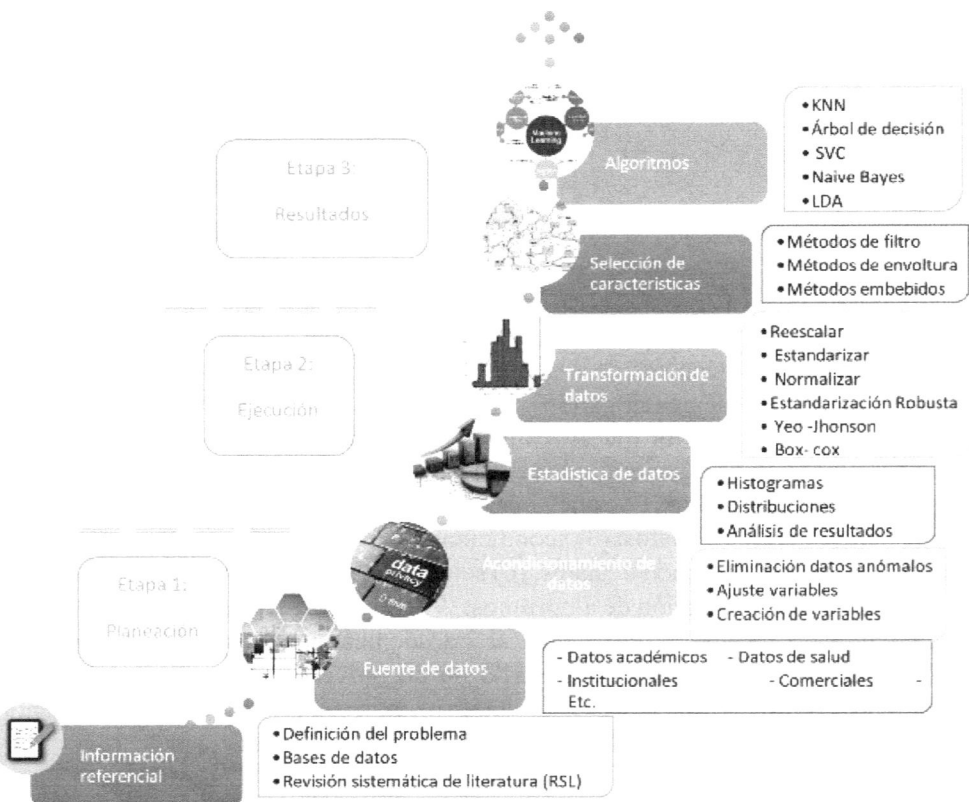

**Figura 23.** Metodología básica del Machine Learning

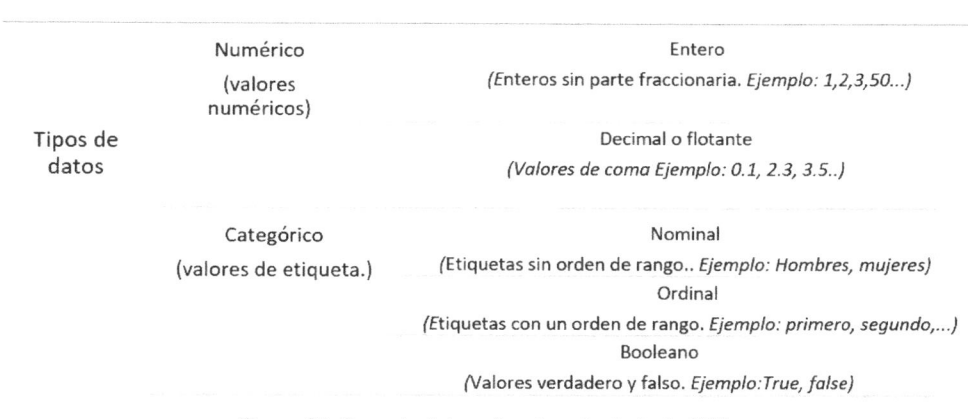

| Tipos de datos | Numérico (valores numéricos) | Entero *(Enteros sin parte fraccionaria. Ejemplo: 1,2,3,50...)* |
| --- | --- | --- |
| | | Decimal o flotante *(Valores de coma Ejemplo: 0.1, 2.3, 3.5..)* |
| | Categórico (valores de etiqueta.) | Nominal *(Etiquetas sin orden de rango.. Ejemplo: Hombres, mujeres)* |
| | | Ordinal *(Etiquetas con un orden de rango. Ejemplo: primero, segundo,...)* |
| | | Booleano *(Valores verdadero y falso. Ejemplo:True, false)* |

**Figura 24.** Tipos de datos . Fuente: adaptado de [36]

## 4.1 FUENTE DE DATOS

En varios capítulos, se emplean datos provenientes del ámbito académico como base fundamental para el análisis y la interpretación. Esta base de datos ha sido concebida debido a que sus variables, poseen una aplicabilidad significativa en el propósito de mostrar el proceso de preparación de datos (educativos en este caso) para el objetivo de emplear técnicas y estrategias en el contexto de herramientas de *Machine Learning*. Un segundo objetivo de este trabajo fue desarrollar un modelo utilizando algoritmos de *Machine Learning* implementados en el lenguaje de programación Python (siguiente libro). Estos modelos tienen como finalidad predecir una variable de salida específica, en este caso, el rendimiento académico de los estudiantes de ingeniería durante un período determinado. Por tanto, este libro centra la atención en los fundamentos de Python que faciliten la preparación de datos y su transformación, así como la búsqueda de variables más influyentes que posibiliten más adelante la aplicación de un algoritmo para predecir una variable de salida que en este caso de ejemplo, será el rendimiento académico de los estudiantes de primer semestre de una carrera profesional.

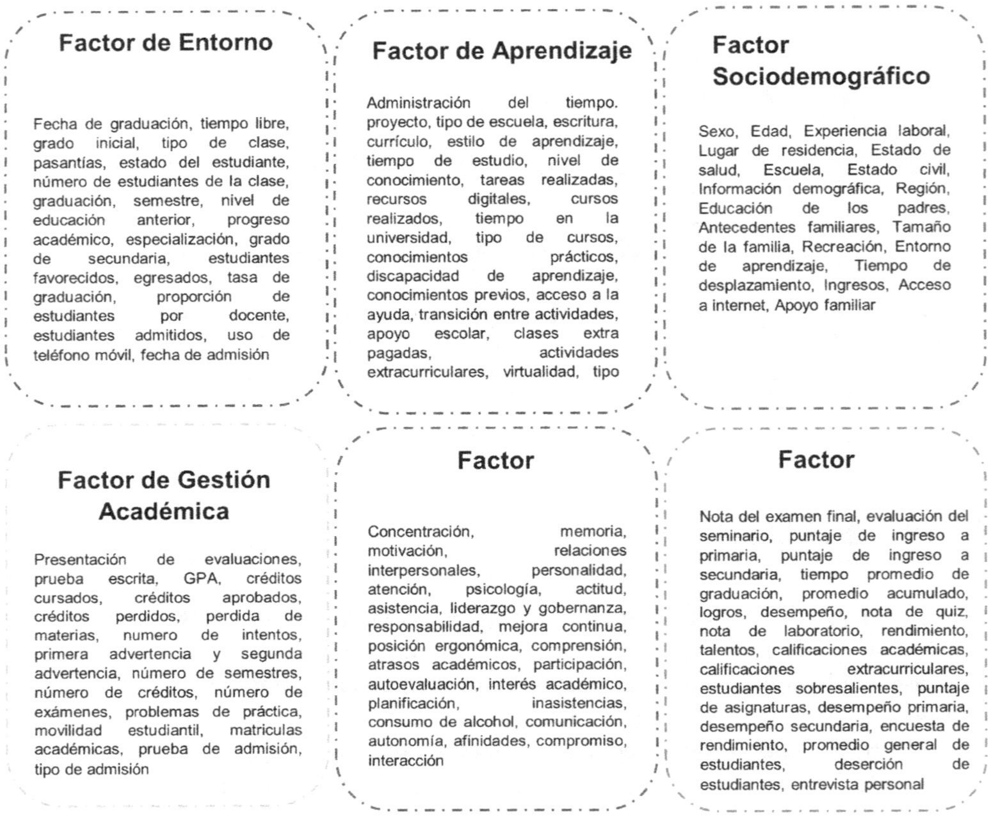

### Factor de Entorno

Fecha de graduación, tiempo libre, grado inicial, tipo de clase, pasantías, estado del estudiante, número de estudiantes de la clase, graduación, semestre, nivel de educación anterior, progreso académico, especialización, grado de secundaria, estudiantes favorecidos, egresados, tasa de graduación, proporción de estudiantes por docente, estudiantes admitidos, uso de teléfono móvil, fecha de admisión

### Factor de Aprendizaje

Administración del tiempo, proyecto, tipo de escuela, escritura, currículo, estilo de aprendizaje, tiempo de estudio, nivel de conocimiento, tareas realizadas, recursos digitales, cursos realizados, tiempo en la universidad, tipo de cursos, conocimientos prácticos, discapacidad de aprendizaje, conocimientos previos, acceso a la ayuda, transición entre actividades, apoyo escolar, clases extra pagadas, actividades extracurriculares, virtualidad, tipo

### Factor Sociodemográfico

Sexo, Edad, Experiencia laboral, Lugar de residencia, Estado de salud, Escuela, Estado civil, Información demográfica, Región, Educación de los padres, Antecedentes familiares, Tamaño de la familia, Recreación, Entorno de aprendizaje, Tiempo de desplazamiento, Ingresos, Acceso a internet, Apoyo familiar

### Factor de Gestión Académica

Presentación de evaluaciones, prueba escrita, GPA, créditos cursados, créditos aprobados, créditos perdidos, perdida de materias, numero de intentos, primera advertencia y segunda advertencia, número de semestres, número de créditos, número de exámenes, problemas de práctica, movilidad estudiantil, matriculas académicas, prueba de admisión, tipo de admisión

### Factor

Concentración, memoria, motivación, relaciones interpersonales, personalidad, atención, psicología, actitud, asistencia, liderazgo y gobernanza, responsabilidad, mejora continua, posición ergonómica, comprensión, atrasos académicos, participación, autoevaluación, interés académico, planificación, inasistencias, consumo de alcohol, comunicación, autonomía, afinidades, compromiso, interacción

### Factor

Nota del examen final, evaluación del seminario, puntaje de ingreso a primaria, puntaje de ingreso a secundaria, tiempo promedio de graduación, promedio acumulado, logros, desempeño, nota de quiz, nota de laboratorio, rendimiento, talentos, calificaciones académicas, calificaciones extracurriculares, estudiantes sobresalientes, puntaje de asignaturas, desempeño primaria, desempeño secundaria, encuesta de rendimiento, promedio general de estudiantes, deserción de estudiantes, entrevista personal

**Figura 25.** Algunas variables agrupadas por factores

Por lo general, la forma de medir el rendimiento académico se basa en diversas variables. Sin embargo, al no existir una teoría consensuada, las variables dependen más de la información disponible. Por ejemplo, a algunas de estas variables se les dará mayor peso si el estudio se realiza en un entorno virtual. En un entorno así, se tendrán en cuenta variables como el número de clics, el tiempo en la plataforma, entre otros para entornos virtuales de aprendizaje (EVA) [57]. Así mismo, autores como [58] realizan una clasificación de factores que podrían predecir el rendimiento académico en seis grupos principales: factor sociodemográfico; factor de aprendizaje; factor académico; factor entorno académico; factor psicológico; factor de gestión académica; los cuales se pueden visualizar en la Figura 25.

Así pues, el conjunto de datos que se usa en este libro como ejemplo para aplicar diversas partes de código Python y ejemplificar los resultados, consta de variables que influyen en la determinación del rendimiento académico de estudiantes de primer semestre antes que este lo curse o si quiera haya realizado su primer parcial. Por tanto, estas variables son variables preuniversitarias provenientes de diversas fuentes, consolidándose una base de datos desde el año 2008 hasta el año 2020 con un total de 2476 registros. Estas variables se muestran en la Figura 26 y son el archivo anexo al libro que se ha dispuesto para su uso. Este conjunto de datos no contiene información sensible de estudiantes, ni de docentes.

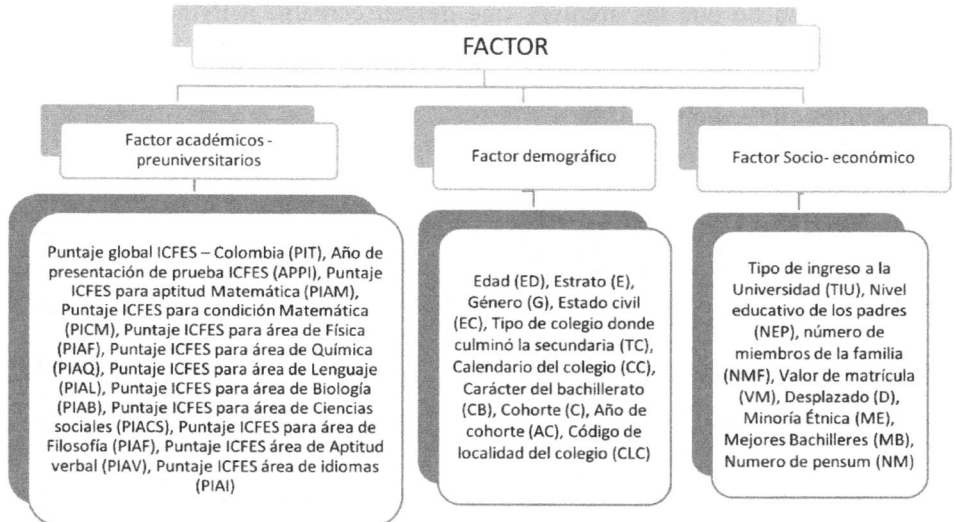

**Figura 26.** Variables del conjunto a analizar influyentes en RA del primer semestre

## 4.2 PROCESO DE CARGA DE LOS DATOS

Python ofrece diversas formas de cargar datos, adaptándose a diferentes tipos de archivos de origen. Por ejemplo, si se dispone de archivos con extensiones como .xlsx, .CSV, .json, .html, .sql, entre otros, Python proporciona funciones específicas para analizarlos. Dependiendo del tipo de archivo, existen funciones dedicadas para importar un DataFrame desde el archivo correspondiente.

La función read_csv('fichero.csv', sep='separador', header=n, index_col=m, na_values='no-validos', decimal='separador-decimal') devuelve un objeto DataFrame con los datos del archivo CSV, utilizando 'separador' como delimitador de datos. Los nombres de las columnas se toman de la fila n y los de las filas de la columna m. Si m no se especifica, se utilizan enteros empezando desde 0. Los valores indicados en la lista 'no-validos' se convierten en NaN. Además, para los datos numéricos, el carácter indicado en 'separador-decimal' se utiliza como separador de decimales.

En el caso de archivos Excel, la función read_excel('fichero.xlsx', sheet_name='hoja', header=n, index_col=m, na_values='no-validos', decimal='separador-decimal') devuelve un DataFrame con los datos de la hoja de cálculo especificada en 'hoja'. Al igual que en la función de CSV, los nombres de las columnas se extraen de la fila n, los de las filas de la columna m (o enteros si no se especifica m), y los valores de 'no-validos' se convierten en NaN. La opción 'separador-decimal' se utiliza como separador de decimales para los datos numéricos.

En caso de que los archivos que deseen cargarse a Python para trabajar algoritmos de *Machine Learning* no se encuentren en formato CSV, la librería Pandas ofrece la opción de cargar datos en distintos formatos. A continuación, una lista y las instrucciones que se debe utilizar:

HTML → read_html

MS EXCEL → read_excel

JSON →read_json

SQL →read_sql

```
import numpy as np
import pandas as  pd
df = pd.read_json('horse.json', header=0)
```

También, es posible cargar los datos desde una dirección web (para este caso se usará como ejemplo el conjunto de datos de diabetes de los indios Pima disponible en: **https://goo.gl/bDdBiA.** Para cargar este tipo de archivos provenientes de una dirección web, se tiene que incluir la dirección web donde se tiene el nombre del archivo dentro del paréntesis.

```
import pandas
df=pandas.read_csv("https://goo.gl/bDdBiA", names=names)
print(df.shape)
```

| | preg | plas | pres | skin | test | mass | pedi | age | class |
|---|---|---|---|---|---|---|---|---|---|
| 0 | 6 | 148 | 72 | 35 | 0 | 33.6 | 0.627 | 50 | 1 |
| 1 | 1 | 85 | 66 | 29 | 0 | 26.6 | 0.351 | 31 | 0 |
| 2 | 8 | 183 | 64 | 0 | 0 | 23.3 | 0.672 | 32 | 1 |

 El conjunto de datos que se usará para cargar y posteriormente trabajar Python es un "Dataset que contienen variables influyentes en el rendimiento académico de estudiantes de primer semestre" [37] el cual se encuentra disponible como material complementario adjunto al libro en el código QR.

Este dataset ayuda a predecir la variable dependiente denominada rendimiento académico. La escala generada para definir la variable se muestra en la Tabla 1 de acuerdo con los rangos establecidos por el Ministerio de Educación Nacional de Colombia. Es decir, la variable a predecir es multiclases (4 clases).

| Rendimiento | Promedio | Número |
|---|---|---|
| Desempeño Superior | 50 - 45 | 4 |
| Desempeño Alto | 44 - 40 | 3 |
| Desempeño Básico | 39 - 30 | 2 |
| Desempeño Bajo | 29 - 0 | 1 |

**Tabla 1.** Convenciones de la variable de salida denominada rendimiento académico

El archivo *"R1_ING_IND-copia.csv"*, que es el conjunto de datos que se desea analizar, debe descargarse en su PC y guardarlo. Posteriormente debe abrir un archivo de Python y ubicarlo dentro de la carpeta donde guardó el archivo *R1_ING_IND-copia.csv*

| | | | | SEMESTRE 1 | | | |
|---|---|---|---|---|---|---|---|
| Archivo | Inicio | Compartir | Vista | | | | |

← ⋯ ∨ ↑ ⟩ Este equipo › Documentos › SEMESTRE 1

| Nombre | Tipo | Tamaño |
|---|---|---|
| | | |
| .ipynb_checkpoints | Carpeta de archivos | |
| R1_Proceso de carga y limpieza de datos | Archivo IPYNB | 3,925 KB |
| R1_ING_IND | Archivo de valores... | 129 KB |
| R1_ING_IND-copia | Archivo de valores... | 144 KB |
| R1_ Basico de Numpy_Pandas_Matplotlib | Archivo IPYNB | 3 KB |
| R1_ Basico de python | Archivo IPYNB | 342 KB |
| | Archivo IPYNB | 43 KB |

Acceso rápido — Escritorio, Descargas, Documentos, Imágenes

Python ofrece la función pd.read_csv("nombre del archivo.csv") para cargar archivos CSV que contienen los datos a analizar. A continuación, se presenta un ejemplo de cómo utilizar esta función para cargar el archivo. La opción "header" se establece en cero cuando el archivo CSV contiene un encabezado. En el caso de que las columnas de datos no tengan nombres (sin encabezado), "header" se establece en None.

---

**ⓘ NOTA**

Al intentar cargar este archivo en Pyhton podría obtener el mensaje "utf-8' codec can't decode byte 0xe6 in position 13: invalid continuation byte", por tanto, es necesario cargar el archivo con Bloc de notas y al guardarlo cambiar la "codificación" de ANSI a UTF-8. De esta manera se soluciona el problema.

---

```
# Configuración warnings
import warnings
warnings.filterwarnings('ignore')

#Importar las librerías básicas y cargar los datos
 import matplotlib.pyplot as plt
import numpy as np
import pandas as pd
#df = pd.read_csv('R1_ING_IND.csv',sep=';')
df = pd.read_csv('R1_ING_IND-copia.csv',header=0)

#Para verificar que si quedo cargado el archivo. Usar head() como se
muestra.
#El numero 3 quiere decir número de filas que se desean ver como evidencia
que quedo cargado el archivo
df.head(3)
```

| | NUMERO | genero | TIPO_COLEGIO | LOCALIDAD_COLEGIO | CALENDARIO |
|---|---|---|---|---|---|
| 0 | 1 | Masculino | NaN | 20 | 0 |
| 1 | 2 | Masculino | 2.0 | 2 | 1 |
| 2 | 3 | Femenino | 2.0 | 20 | 1 |

3 rows × 24 columns

## 4.3 PREPARACIÓN DE LOS DATOS

Esta es uno de los aspectos importantes del aprendizaje automático ya que si se parte de una buena información posiblemente se obtendrán buenos resultados al aplicar los diferentes algoritmos [59]. La limpieza de datos se refiere a todo tipo de tareas y actividades para detectar y reparar errores en los datos. Esta actividad que puede consumir mucho tiempo es esencial en el camino de la obtención de futuros buenos resultados al aplicar algoritmos de aprendizaje automático. Es claro que dependiendo del conjunto de datos que se disponga a analizar, también así serán las diferentes estrategias para su limpieza. La Figura 27 muestra ciertas características a mejorar en los conjuntos de datos de partida.

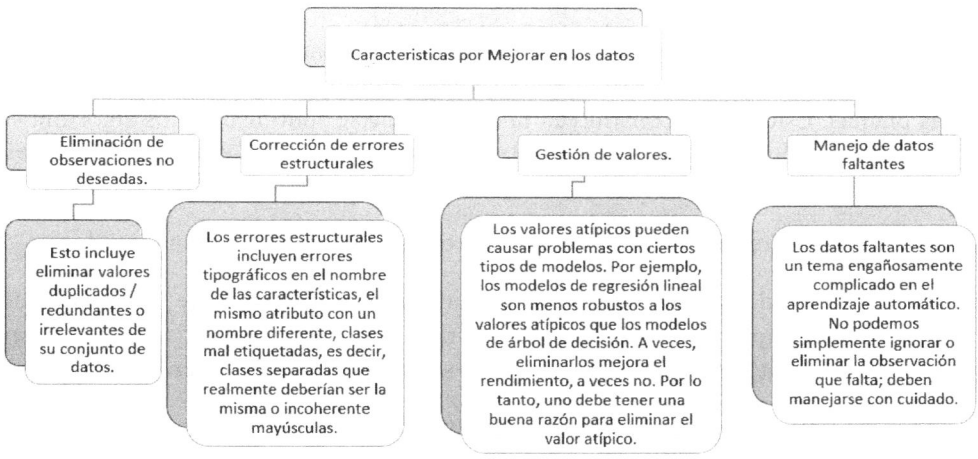

**Figura 27.** Aspectos que se podrían mejorar en un conjunto de datos

Surge entonces la idea acerca de cuáles podían ser los pasos a seguir para preparar los datos antes de aplicar los algoritmos en un proyecto de aprendizaje automático. Los siguientes pasos pueden proporcionar una guía clara y estructurada en este proceso:

▷ Limpieza: son técnicas que identifican y corrigen errores presentes en los datos, cuyas características fueron descritas anteriormente en este apartado.

▷ Transformación: cambio de la escala o distribución de variables. Algunos algoritmos suponen que cada variable de entrada, y quizás la variable objetivo, tienen una distribución de probabilidad gaussiana. Esto significa que, si se tienen variables de entrada que no lo son, es mejor cambiarlas a gaussianas.

▶ Selección de características: identifica las variables de entrada que son más relevantes para la variable de salida. Algunos algoritmos funcionan peor si hay variables de entrada que son irrelevantes o redundantes para la variable de salida. También hay algoritmos que se ven afectados negativamente si dos o más variables de entrada están altamente correlacionadas, por tanto, se debe eliminar una de las dos variables de entrada. También existe el término denominado *ingeniería de características*, que es el acto de extraer características de datos sin procesar y transformarlas en formatos que sean adecuados para el modelo de aprendizaje automático, el cual no es tratado en este libro.

En el ámbito del aprendizaje automático, los datos desempeñan un papel fundamental, actuando como el componente vital del proyecto, comparable a la savia en las plantas. Estos datos constituyen la esencia que se suministra a los algoritmos. Antes de proceder, es crucial tener claridad sobre algunos términos relevantes presentes en la literatura asociada al conjunto de datos de entrada.

▶ Datos: representan observaciones de fenómenos en el mundo real.

▶ Tabla de datos: también conocida como matriz, hace referencia al conjunto original de datos de entrada, comúnmente cargado en Python mediante archivos .CSV. La tabla se compone de filas y columnas.

▶ Fila: representa un ejemplo dentro del dominio del problema, denominado también instancia o ejemplo.

▶ Columna: representa las propiedades observadas de una instancia o ejemplo, siendo comúnmente llamada variable, característica o atributo.

▶ Variables de entrada: conforman el conjunto de columnas en los datos proporcionados a un modelo para realizar predicciones. Pueden ser de tres tipos: variables numéricas (enteros, decimales, rangos, porcentajes), variables tipo nombres (categorías y etiquetas representadas con palabras) y variables binarias (0 y 1, o Verdadero y Falso).

▶ Variable de salida: corresponde a la columna en el conjunto de datos que el modelo intentará predecir. Esta variable es el objetivo de la predicción y puede ser un nombre o un número.

Cuando se desea implementar modelos de predicción en tareas de clasificación (ejemplo de un problema de aprendizaje supervisado donde el objetivo es un dato categórico) o regresión (ejemplo de un problema de aprendizaje supervisado donde el objetivo es un dato numérico) es necesario realizar una limpieza o acondicionamiento de los datos ya que los algoritmos de aprendizaje automático requieren que los datos sean números; otros requieren que sea necesario corregir el ruido estadístico, errores de escritura, errores propios del conjunto de datos, así como evitar las relaciones no lineales complejas se pueden extraer de los datos. La Figura 28 muestra el panorama de los procedimientos que se pueden realizar para la limpieza de datos:

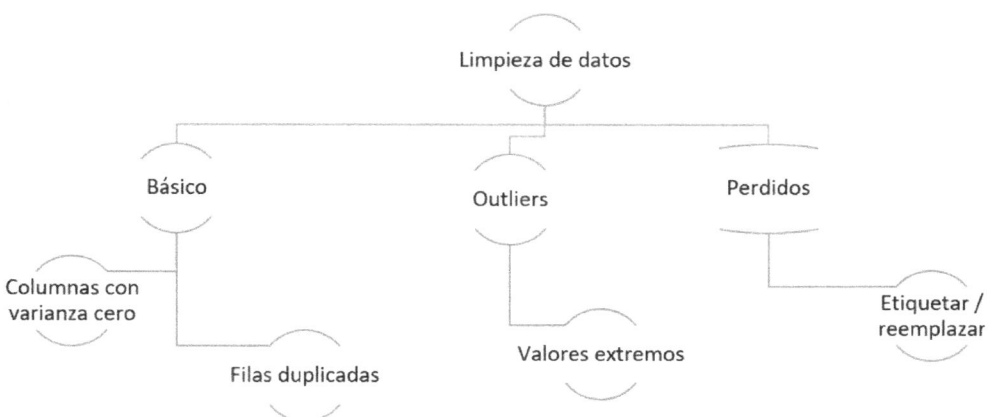

**Figura 28**. Panorama de limpieza de datos. Fuente: adaptado de [36]

## 4.3.1 Identificación de columnas con varianza cero

La varianza de una variable es una medida de su dispersión, y cuando la varianza es cero significa que todos los valores de esa variable son iguales. Un paso inicial en la limpieza de datos es la búsqueda de alguna columna que posea un único valor, ya que estas no proporcionan información relevante para el cálculo de la variable de salida. Estas columnas son conocidas como columnas de varianza cero ((valor promedio de la media). Es decir, son columnas de datos que tienen el mismo número (valor) repetido en cada una de las filas del conjunto de datos. Si todos los valores de una columna son constantes, esa columna no proporciona diferenciación entre observaciones y, por lo tanto, no contribuye a la capacidad predictiva del modelo.

Continuando con el conjunto de datos que contienen variables influyentes en el rendimiento académico de estudiantes de primer semestre (archivo *"R1_ING_IND-copia.csv),* se procede a cargarlo al entorno Python.

El siguiente ejemplo muestra el resultado al usar la función shape (), la cual arroja que se posee una matriz con 2008 filas y 24 columnas. Así mismo al ejecutar la función unique (), esta muestra cada una de las columnas del conjunto de datos y para cada una de ellas, cuantos son los valores únicos. En este caso por ejemplo la columna *"PG_ICFES"* posee solo 234 valores. Se evidencia que no es posible eliminar ninguna columna de datos bajo el criterio de que se repita el mismo valor en cada una de las 2008 filas del conjunto de datos.

```python
# Configuración warnings
import warnings
warnings.filterwarnings('ignore')

#cargar los datos
import matplotlib.pyplot as plt
import numpy as np
import pandas as pd
#df = pd.read_csv('R1_ING_IND.csv',sep=';')
df = pd.read_csv('R1_ING_IND-copia.csv',header=0)

#Tamaño de los datos
print(df.shape)
print('_____')

# Se usa la función unique para todas las columnas de datos
print(df.nunique())
```

```
(2008, 24)    _____
NUMERO              2008
genero                 2
TIPO_COLEGIO           3
LOCALIDAD_COLEGIO     22
CALENDARIO             4
MUNICIPIO            106
DEPARTAMENTO          24
PG_ICFES             234
CON_MAT_ICFES         62
APT_MAT_ICFES         60
FISICA_ICFES          48
QUIMICA_ICFES         45
APT_VERB_ICFES        41
LITERATURA_ICFES      50
BIOLOGIA_ICFES        53
SOCIALES_ICFES        39
FILOSOFIA_ICFES       54
```

| | |
|---|---|
| IDIOMA_ICFES | 63 |
| LOCALIDAD | 21 |
| DISTANCIA | 7 |
| INSCRIPCION | 8 |
| ESTRATO | 6 |
| ANO_INGRESO | 8 |
| RENDIMIENTO_UNO | 4 |

## 4.3.2 Identificación de filas con datos duplicados

La presencia de filas duplicadas puede indicar problemas en la calidad de los datos. Identificar y eliminar duplicados es esencial para asegurar que los datos estén limpios y sean confiables. Una fila duplicada, es una fila donde cada valor en cada columna para esa fila aparece idénticamente en el mismo orden (los mismos valores de columna) en otra fila.

Si se entrenan modelos de aprendizaje automático en conjuntos de datos que contienen filas duplicadas, se puede introducir sesgo en el modelo. Python permite identificar estos casos por medio de la función *duplicated ()* la cual informará si una fila dada está duplicada o no. El resultado al ejecutar la función muestra que todas las filas están marcadas como Falso para indicar que NO hay filas duplicadas. Si aparece "True" mostrará cuales son las filas que están duplicadas. Así mismo muestra el valor para cada una de las columnas de las filas duplicadas. Este no es el caso para el conjunto de datos tratado.

```
# Configuración warnings
import warnings
warnings.filterwarnings('ignore')

#cargar los datos
import matplotlib.pyplot as plt
import numpy as np
import pandas as pd
#df = pd.read_csv('R1_ING_IND.csv',sep=';')
df = pd.read_csv('R1_ING_IND-copia.csv',header=0)

#Tamaño de los datos
print(df.shape)
print('_____')

# calcular duplicados
dups = df.duplicated()
```

```
# Reporte: si hay o no filas duplicadas; False o True
print(dups.any())
print('_____')

# lista de filas duplicadas
print(df[dups])
```

---

(2008, 24)
_____

False
_____

Columns: [NUMERO, genero, TIPO_COLEGIO, LOCALIDAD_COLEGIO, CALENDARIO, MUNICIPIO, DEPARTAMENTO, PG_ICFES, CON_MAT_ICFES, APT_MAT_ICFES, FISICA_ICFES, QUIMICA_ICFES, APT_VERB_ICFES, LITERATURA_ICFES, BIOLOGIA_ICFES,
  SOCIALES_ICFES, FILOSOFIA_ICFES, IDIOMA_ICFES, LOCALIDAD, DISTANCIA, INSCRIPCION, ESTRATO, ANO_INGRESO, RENDIMIENTO_UNO]

---

## 4.3.3 Identificación de Outliers

La identificación de outliers (valores atípicos) en un DataFrame es un paso importante en el preprocesamiento de datos ya que pueden afectar significativamente el rendimiento de los modelos de *Machine Learning*, pueden introducir sesgo y afectar la precisión y la generalización del modelo, pueden dar como resultado errores de ajuste de los datos y predicciones erróneas (clasificación y regresión), variabilidad en una medición o errores experimentales. Los Outliers o valores atípicos como son comúnmente conocidos son aquellos valores extremos que se desvían de otras observaciones del conjunto de datos. Es decir, son las observaciones que están lejos del resto de las observaciones si estas llegasen a ser agrupadas. Es importante identificarlos ya que de no hacerlo los modelos se debe tener mucho cuidado de no eliminar o cambiar apresuradamente los valores, especialmente si el tamaño de la muestra es pequeño.

Continuando con el conjunto de datos que contienen variables influyentes en el rendimiento académico de estudiantes de primer semestre (archivo *"R1_ING_IND-copia.csv)*, se procede a cargarlo al entorno Python. Pero puede suceder que el nombre de una columna del conjunto de datos o varios nombres del conjunto de datos deseen ser modificados. Para satisfacer este aspecto del cambio de nombres se hace uso de la una lista que contiene los nombre nombres nuevos que se desean para una o varias columnas del conjunto de datos.

En este ejemplo, tal vez se ha podido observar que todos los nombres de las columnas están en letras mayúsculas excepto el nombre de la columna "genero" que está en letra minúscula. Esta será el nombre de la columna que se cambiará a "GENERO" como se muestra a continuación.

```
# Configuración warnings
import warnings
warnings.filterwarnings('ignore')

#cargar los datos
import matplotlib.pyplot as plt
import numpy as np
import pandas as pd
#df = pd.read_csv('R1_ING_IND.csv',sep=';')
df = pd.read_csv('R1_ING_IND-copia.csv',header=0)

#Cambiar la cabecera o nombre de algunas columnas
 cabecera = ["NUMERO", "GENERO", "TIPO_COLEGIO", "LOCALIDAD_COLEGIO",
"CALENDARIO", "MUNICIPIO", "DEPARTAMENTO", "PG_ICFES", "CON_MAT_ICFES",
"APT_MAT_ICFES", "FISICA_ICFES", "QUIMICA_ICFES", "APT_VERB_ICFES",
"LITERATURA_ICFES",
"BIOLOGIA_ICFES", "SOCIALES_ICFES", "FILOSOFIA_ICFES", "DIOMA_ICFES",
"LOCALIDAD", "DISTANCIA", "INSCRIPCION", "ESTRATO", "ANO_INGRESO",
"RENDIMIENTO_UNO"]
#Visulizar los nombres nuevos de las columnas
print(cabecera)

#Agregar la cabecera al conjunto de datos original
df.columns=cabecera

#Visualizar el conjunto de datos con los nuevos nombres de las columnas
#El número 2 en la función head(), quiere decir número de filas que se
desean ver como evidencia
df.head(2)
```

| | NUMERO | GENERO | TIPO_COLEGIO | LOCALIDAD_COLEGIO | CALENDARIO |
|---|---|---|---|---|---|
| 0 | 1 | Masculino | NaN | 20 | 0 |
| 1 | 2 | Masculino | 2.0 | 2 | 1 |

## 4.3.4 Identificación de outliers puntuales por método de desviación estándar

La identificación de outliers puntuales mediante el método de desviación estándar es una técnica común en estadística y análisis de datos. Este enfoque se basa en la idea de que la mayoría de los datos en una distribución se encuentran dentro de ciertos límites de desviación estándar, y los valores que están significativamente alejados de la media pueden considerarse outliers. Este método puede ser usado cuando se conoce que el conjunto de datos tiene una distribución gaussiana o de forma cuasi-gaussiana (curva de campana). Lo usual es que los valores de los datos no poseen una distribución gaussiana. Es aquí donde surgen las técnicas denominadas métodos de transformación de datos que se explican más adelante ya que pueden ayudar a solucionar este aspecto.

Hay que recordar que la desviación standard es una medida utilizada en la estadística descriptiva que se utiliza para calcular la variación o dispersión en la que los puntos de datos individuales difieren de la media. De tal manera que desviación baja indica que los puntos de datos están muy cerca de la media, mientras que una desviación alta muestra que los datos están muy dispersos. Se considera que tres desviaciones estándar de la media es un corte común en la práctica para identificar valores atípicos en un estilo gaussiano o de distribución cuasi gaussiano. Aunque cuando el conjunto de datos es pequeño puede usarse un valor de 2 desviaciones estándar (95 por ciento).

```
# Configuración warnings
import warnings
warnings.filterwarnings('ignore')

#cargar los datos
import matplotlib.pyplot as plt
import numpy as np
import pandas as pd
#df = pd.read_csv('R1_ING_IND.csv',sep=';')
df = pd.read_csv('R1_ING_IND-copia.csv',header=0)

# Identificar outliers con desviación standard para la columna 'PG_ICFES'
#Importar media y desviación standard
from numpy import mean
from numpy import std

media=df['PG_ICFES'].mean()
print ("La media de la columna PG_ICFES es:", media)

std=df['PG_ICFES'].std()
print ("Desviación Estandard es:", std)
```

```
#Definir los rangos de corte. para este caso serán 3 desviaciones estándar
corte = std * 3

#Valores o rangos por debajo y por encima de los cuales se considerará que
es un outliers
Rango_inferior, Rango_superior = media - corte, media + corte
print ('El rango inferior es:' , Rango_inferior)
print ('El rango superior es:' , Rango_superior)
```

La media de la columna PG_ICFES es: 394.04583956153465
La Desviación Estandard es: 48.8379611780027
El rango inferior es: 247.53195602752655
El rango superior es: 540.5597230955427

Ahora bien, para una columna en particular o para varias columnas es posible saber cuántos datos son outliers y cuantos no lo son, de la siguiente manera haciendo uso del condicional "If" explicado anteriormente.

```
#Tamaño de los datos
print(df.shape)
print('_____')

#Identificar cantidad valores Outliers en una columna
outliers = [x for x in df['PG_ICFES'] if x < Rango_inferior or x > Rango_
superior]
print('Outliers identificados en la columna PG_ICFES: %d' % len(outliers))

#Identificar cantidad valores que no son Outliers en una columna
outliers_removed = [x for x in df['PG_ICFES'] if x >= Rango_inferior and x
<= Rango_superior]
print('Observaciones que no son outliers en la columna PG_ICFES: %d' %
len(outliers_removed))
```

(2008, 24)

_____

Outliers identificados en la columna PG_ICFES: 3
Observaciones que no son outliers en la columna PG_ICFES: 2004

## 4.3.5  Identificación de outliers puntuales por método de Intercuartiles

La identificación de *outliers* puntuales mediante el método de los intercuartiles (IQR) es una técnica ampliamente utilizada y robusta en el análisis de datos y estadísticas. A diferencia de otros métodos que asumen una distribución normal de los datos, el método IQR es resistente a distribuciones no normales o sesgadas, lo que lo hace aplicable a una variedad de conjuntos de datos. Este método se basa en dividir el conjunto de datos en cuatro cuartiles (25%, 50%, 75%, 100%), utilizando los percentiles para definir límites inferiores y superiores.

El IQR se centra en la variabilidad dentro del rango intercuartil, calculando la diferencia entre el tercer cuartil (Q3) y el primer cuartil (Q1). La identificación de outliers se realiza estableciendo límites inferior y superior, considerando datos como outliers si están por debajo del primer cuartil (25%) o por encima del tercer cuartil (75%).

Aplicando este método al conjunto de datos que contiene variables influyentes en el rendimiento académico de estudiantes de primer semestre (archivo "R1_ING_IND-copia.csv"), se procede a cargar el conjunto de datos en el entorno Python y a calcular los valores cuartiles para su posterior análisis y detección de outliers. Este enfoque proporciona una herramienta eficaz para identificar valores atípicos que podrían afectar el análisis del rendimiento académico.

```python
# Configuración warnings
import warnings
warnings.filterwarnings('ignore')

#cargar los datos
import matplotlib.pyplot as plt
import numpy as np
import pandas as pd
#df = pd.read_csv('R1_ING_IND.csv',sep=';')
df = pd.read_csv('R1_ING_IND-copia.csv',header=0)

#Cambiar la cabecera o nombre de algunas columnas
 cabecera = ["NUMERO", "GENERO", "TIPO_COLEGIO", "LOCALIDAD_COLEGIO",
"CALENDARIO", "MUNICIPIO", "DEPARTAMENTO", "PG_ICFES", "CON_MAT_ICFES",
"APT_MAT_ICFES", "FISICA_ICFES", "QUIMICA_ICFES", "APT_VERB_ICFES",
"LITERATURA_ICFES", "BIOLOGIA_ICFES", "SOCIALES_ICFES", "FILOSOFIA_ICFES",
"DIOMA_ICFES", "LOCALIDAD", "DISTANCIA", "INSCRIPCION", "ESTRATO", "ANO_
INGRESO", "RENDIMIENTO_UNO"]

#Agregar la cabecera al conjunto de datos original
df.columns=cabecera

#Busqueda del valor correspondiente a cada cuartil para todas las columnas
cuartiles=df.quantile([0.25,0.5,0.75])
cuartiles.head(3)
```

| | NUMERO | TIPO_COLEGIO | LOCALIDAD_COLEGIO | CALENDARIO | MUNICIPIO | DEPARTAMENTO |
|---|---|---|---|---|---|---|
| 0.25 | 502.75 | 0.0 | 4.0 | 0.0 | 0.0 | 0.0 |
| 0.50 | 1004.50 | 0.0 | 10.0 | 0.0 | 0.0 | 0.0 |
| 0.75 | 1506.25 | 1.0 | 18.0 | 1.0 | 19.0 | 5.0 |

En un diagrama de caja y bigotes, los límites establecidos por el método de los intercuartiles (IQR) se representan mediante cercas en los bigotes, que son las líneas que se extienden desde la caja. El percentil 50, que corresponde al valor medio o promedio del conjunto de datos, se encuentra en el centro de la caja. Cualquier valor que caiga fuera de estos límites se identifica como un posible outliers y se representa como un punto individual.

Este método proporciona una visualización clara de la dispersión y distribución de los datos, destacando de manera efectiva aquellos valores que podrían considerarse atípicos en relación con el rango inter-cuartil.

```
#Diagrama de bigotes variable "Embarazos"
from seaborn import boxplot
print(boxplot(x="PG_ICFES", data=df,palette="bright"))
```

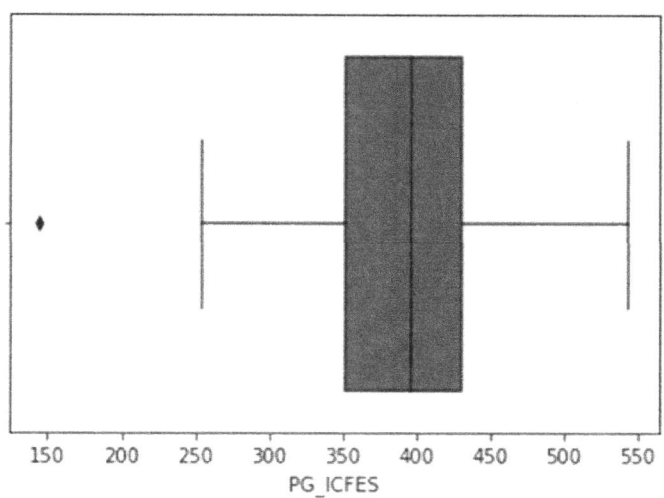

Con el fin de establecer desde donde es considerado un outliers antes de Q1 y desde donde después de Q3, se puede usar un diagrama de cajas o establecer un valor k del IQR (rango intercuartílico). Así pues, se considera un valor atípico leve el que se encuentra 1,5 veces debajo de Q1 y 1.5 veces superior a Q3. Expresando que un dato no outliers que es aquel que se encuentra cumpliendo la ecuación.

```python
# calcular rango intercuartílico
from numpy import percentile

P_25 = percentile(df['PG_ICFES'], 25)
P_75 = percentile(df['PG_ICFES'], 75)
Rango_IQR = P_75 - P_25

print('Percentil: 25 =',P_25)
print('Percentil: 75 =',P_75)
print('Rango_IQR =',   Rango_IQR)

#Rangos por debajo y por encima  del cuartil  1 y 3 a partir de donde se
considerará que es un outlier
corte = Rango_IQR * 1.5
Limite_inferior, Limite_superior = P_25 - corte, P_75 + corte
print('Limite_inferior=', Limite_inferior)
print('Limite_superior=', Limite_superior)

#conjunto de datos original
print(df.shape)

#Borrar las filas outliers
df = df.drop(df[df['PG_ICFES']>549.5].index)
df = df.drop(df[df['PG_ICFES']<233.5].index)

#Conjunto de datos después de borrar outliers
print(df.shape)
```

```
Percentil: 25 = 352.0
Percentil: 75 = 431.0
Rango_IQR = 79.0
Limite_inferior= 233.5
Limite_superior= 549.5
(2008, 24)
(2007, 24)
```

## 4.3.6 Identificación de valores nulos o datos faltantes (NaN)

La presencia de valores nulos o ausentes puede tener un impacto significativo en la calidad y validez de los resultados obtenidos para los algoritmos de aprendizaje automático ya que muchos no admiten datos con valores faltantes. Así mismo, los valores faltantes pueden distorsionar las estadísticas descriptivas del conjunto de datos, como la media, la mediana y la desviación estándar.

Un aspecto crítico en todo análisis de datos es la gestión de los valores nulos, representados en pandas por el valor real NaN ("Not a Number", en español: no es un número). Un dato con esta condición es un dato que no admite operaciones como suma, raíces negativas, divisiones indeterminadas, multiplicaciones de cero por infinito, etc.

Se continúa trabajando el archivo relacionado con el rendimiento académico de estudiantes de primer semestre (archivo *"R1_ING_IND-copia.csv)*. La función pd.isnull() devuelve una estructura con las mismas dimensiones que la que se cede como argumento sustituyendo cada valor por el booleano True si el correspondiente elemento es un valor nulo, y por el booleano False en caso contrario. Es decir, identifica si dentro del conjunto de datos que se analiza, faltan valores ya que por lo general debido a la cantidad de filas y columnas que tiene el dataframe es difícil encontrar un valor NaN. Así pues puede observarse que para la columna TIPO_COLEGIO en la primera fila puede observarse un valor Nan. Al ejecutar la línea df.isnull().sum()) indicaría que si hay un valor nulo o faltante en esa posición. En el resultado se puede ver que la fila 294 posee un valor "True".

```
#cargar los datos
import matplotlib.pyplot as plt
import numpy as np
import pandas as pd
#df = pd.read_csv('R1_ING_IND.csv',sep=';')
df = pd.read_csv('R1_ING_IND-copia.csv',header=0)


#Cambiar la cabecera o nombre de algunas columnas
 cabecera = ["NUMERO", "GENERO", "TIPO_COLEGIO", "LOCALIDAD_COLEGIO",
"CALENDARIO", "MUNICIPIO", "DEPARTAMENTO", "PG_ICFES", "CON_MAT_ICFES",
"APT_MAT_ICFES", "FISICA_ICFES", "QUIMICA_ICFES", "APT_VERB_ICFES",
"LITERATURA_ICFES", "BIOLOGIA_ICFES", "SOCIALES_ICFES", "FILOSOFIA_ICFES",
"DIOMA_ICFES", "LOCALIDAD", "DISTANCIA", "INSCRIPCION", "ESTRATO", "ANO_
INGRESO", "RENDIMIENTO_UNO"]


#Agregar la cabecera al conjunto de datos original
df.columns=cabecera


#Verificar si hay datos nulos en el DataFrame
print ('Datos nulos en el DataFrame:')
print (df.isnull())
```

```
Datos nulos en el DataFrame:
      NUMERO  GENERO  TIPO_COLEGIO  LOCALIDAD_COLEGIO  CALENDARIO
0     False   False         True               False       False
1     False   False        False               False       False
2     False   False        False               False       False
3     False   False        False               False       False
4     False   False        False               False       False
...     ...     ...          ...                 ...         ...
2003  False   False        False               False       False
2004  False   False        False               False       False
2005  False   False        False               False       False
2006  False   False        False               False       False
2007  False   False        False               False       False
```

Por lo tanto, otra función que podría ser útil para identificar la presencia de valores nulos o faltantes es pd.isnull().sum(). Este resultado proporciona la cantidad total de errores que necesitarían ser corregidos para cada una de las columnas de datos.

```
#Muestra suma de valores Nulos encontrados para cada característica del
dataframe
print(df.isnull().sum())
```

```
NUMERO                0
GENERO                0
TIPO_COLEGIO          1
LOCALIDAD_COLEGIO     0
CALENDARIO            0
MUNICIPIO             0
DEPARTAMENTO          0
PG_ICFES              0
CON_MAT_ICFES         0
APT_MAT_ICFES         0
FISICA_ICFES          0
QUIMICA_ICFES         0
APT_VERB_ICFES        0
LITERATURA_ICFES      0
BIOLOGIA_ICFES        0
SOCIALES_ICFES        0
FILOSOFIA_ICFES       0
DIOMA_ICFES           0
LOCALIDAD             0
DISTANCIA             0
INSCRIPCION           0
ESTRATO               0
ANO_INGRESO           0
```

Así mismo, es posible identificar la cantidad de valores errados en una columna como se muestra a continuación.

```
#como identificar en una columna en especial si hay un valor errado
print (df.groupby('TIPO_COLEGIO').size())
print()
```

```
TIPO_COLEGIO
0.0   1051
1.0   462
2.0   493
dtype: int64
```

## 4.3.7  Manejo de valores nulos (NaN)

Los valores faltantes NaN puede causar errores con algunos algoritmos de aprendizaje automático, razón por la cual se deben corregir o eliminar del conjunto de datos (los algoritmos no pueden manejar los valores faltantes). Hay varias maneras de rellenar los valores que faltantes identificados:

▶  Eliminar columnas de datos (no es lo más conveniente).

▶  Eliminar filas de datos si el conjunto de datos es lo suficientemente grande.

▶  Rellenar todas las variables nulas con 0, si se trata de valor numérico.

▶  Rellenar los valores perdidos con la media o el valor más frecuente de la columna.

▶  Rellenar los valores que faltan con cualquier valor que venga directamente después en la misma columna.

Cuando no se establece ninguna forma para corregir los datos NaN,y se ejecuta algún algoritmo para predecir una variable, el entorno de Python arrojará el siguiente mensaje: *ValueError: Input contains NaN, infinity, or a value too large for dtype('float64').*

Una primera opción, es borrar las columnas de datos que contengan errores NAN (Not a Number). Python proporciona la función dropna (axis = 1) que se puede usar para eliminar columnas o filas con datos faltantes. Obsérvese que el conjunto original tenía 24 columnas y ahora tiene 23 columnas.

```
#cargar los datos
import matplotlib.pyplot as plt
import numpy as np
import pandas as pd
#df = pd.read_csv('R1_ING_IND.csv',sep=';')
df = pd.read_csv('R1_ING_IND-copia.csv',header=0)


#Cambiar la cabecera o nombre de algunas columnas
 cabecera = ["NUMERO", "GENERO", "TIPO_COLEGIO", "LOCALIDAD_COLEGIO",
"CALENDARIO", "MUNICIPIO", "DEPARTAMENTO", "PG_ICFES", "CON_MAT_ICFES",
"APT_MAT_ICFES",
"FISICA_ICFES", "QUIMICA_ICFES", "APT_VERB_ICFES", "LITERATURA_ICFES",
"BIOLOGIA_ICFES", "SOCIALES_ICFES", "FILOSOFIA_ICFES", "DIOMA_ICFES",
"LOCALIDAD", "DISTANCIA", "INSCRIPCION", "ESTRATO", "ANO_INGRESO",
"RENDIMIENTO_UNO"]


#Agregar la cabecera al conjunto de datos original
df.columns=cabecera


#Tamaño del dataframe
print('Tamaño del dataframe:')
print(df.shape)
print()


#  Con axis=1, se Borra COLUMNAS con datos faltantes NAN del conjunto de
datos
df=df.dropna(axis = 1)
print(df.shape)
```

```
Tamaño del dataframe:
(2008, 24)

(2008, 23)
```

Una segunda opción, es borrar las filas de datos que contengan errores NAN (Not a Number). Python proporciona la función dropna (axis = 0) que se puede usar para eliminar columnas o filas con datos faltantes. Obsérvese que el conjunto original tenía 2008 filas y ahora tiene 2007 filas.

```
import pandas as pd
df = pd.read_csv('horse.csv',encoding='latin1')
df.head(3)


#Tamaño del dataframe
```

```
print('Tamaño original del dataframe:')
print(df.shape)
print()
#Con 0, se Borra FILAS con datos faltantes NAN del conjunto de datos
df=df. dropna (axis = 0)
print("Nuevo tamaño:", df.shape)

#Si se quiere guardar los cambios en un nuevo dataframe, podría intentarse
de la siguiente manera
df=pd. DataFrame (df. dropna(axis = 0))
print(df.shape)
print()
```

```
Tamaño original del dataframe:
(2008, 24)

(2007, 24)
Nuevo tamaño: (2007, 24)
```

Una tercera opción, que depende del analista consiste en reemplazar los datos faltantes por la media, la mediana o la moda de un conjunto de datos pertenecientes a cada columna. Esto se denomina imputación de datos o imputación de datos faltantes. En este ejemplo se evidencia que en la primera fila para la columna de puntaje Icfes (PG_ICFES), el valor es NaN.

```
#cargar los datos
import matplotlib.pyplot as plt
import numpy as np
import pandas as pd
#df = pd.read_csv('R1_ING_IND.csv',sep=';')
df = pd.read_csv('R1_ING_IND-copia.csv',header=0)

#Cambiar la cabecera o nombre de algunas columnas
  cabecera = ["NUMERO", "GENERO", "TIPO_COLEGIO", "LOCALIDAD_COLEGIO",
"CALENDARIO", "MUNICIPIO", "DEPARTAMENTO", "PG_ICFES", "CON_MAT_ICFES",
"APT_MAT_ICFES", "FISICA_ICFES", "QUIMICA_ICFES", "APT_VERB_ICFES",
"LITERATURA_ICFES", "BIOLOGIA_ICFES", "SOCIALES_ICFES", "FILOSOFIA_ICFES",
"DIOMA_ICFES", "LOCALIDAD", "DISTANCIA", "INSCRIPCION", "ESTRATO",
"ANO_INGRESO", "RENDIMIENTO_UNO"]

#Agregar la cabecera al conjunto de datos original
df.columns=cabecera
```

Luego es posible reemplazar este dato faltante y cualquiera del conjunto de datos por el promedio de los datos que se encuentran en las respectivas columnas. Si desea reemplazar por la mediana de la columna, se deberá utilizar, por ejemplo: datos["PG_ICFES "].median().

La biblioteca de aprendizaje automático scikit-learn de Python proporciona la clase SimpleImputer que admite el cambio de la media para las columnas de forma automática. Pero para su uso se requiere que todos los datos sean numéricos. Más información en: *https://scikit-learn.org/stable/modules/generated/sklearn.impute. SimpleImputer.html*

```
PROMEDIO=datos["PG_ICFES "].mean() # Muestra el promedio de una columna de
datos
PROMEDIO_TARIFA=datos["tarifa"].mean()
print("El PROMEDIO del ICFES es",PROMEDIO)

#Reemplaza un valor NAN en la columna PG_ICFES, por el promedio de la
columna de datos
df["PG_ICFES"]=df["PG_ICFES"].replace(np.NaN,PROMEDIO)
df.head(3)
```

```
El PROMEDIO del ICFES es 394.0458395615346
```

| NUMERO | GENERO | TIPO_COLEGIO | LOCALIDAD_COLEGIO | CALENDARIO | MUNICIPIO | DEPARTAMENTO | PG_ICFES |
|---|---|---|---|---|---|---|---|
| 1 | Masculino | NaN | 20 | 0 | 0 | 0 | 394.04584 |
| 2 | Masculino | 2.0 | 2 | 1 | 19 | 5 | 523.00000 |
| 3 | Femenino | 2.0 | 20 | 1 | 121 | 18 | 483.00000 |

Una cuarta opción, que depende del analista consiste en reemplazar los datos faltantes por algún valor específico en cada columna. Continuando con el conjunto de datos que contienen variables influyentes en el rendimiento académico de estudiantes de primer semestre (archivo *"R1_ING_IND-copia.csv),* se procede a cargarlo al entorno Python, y al reemplazo del valor NaN por el valor de 500.

```
#cargar los datos
import matplotlib.pyplot as plt
import numpy as np
import pandas as pd
#df = pd.read_csv('R1_ING_IND.csv',sep=';')
df = pd.read_csv('R1_ING_IND-copia.csv',header=0)

#Cambiar la cabecera o nombre de algunas columnas
 cabecera = ["NUMERO", "GENERO", "TIPO_COLEGIO", "LOCALIDAD_COLEGIO",
"CALENDARIO", "MUNICIPIO", "DEPARTAMENTO", "PG_ICFES", "CON_MAT_ICFES",
```

```
"APT_MAT_ICFES", "FISICA_ICFES", "QUIMICA_ICFES", "APT_VERB_ICFES",
"LITERATURA_ICFES", "BIOLOGIA_ICFES", "SOCIALES_ICFES", "FILOSOFIA_ICFES",
"DIOMA_ICFES", "LOCALIDAD", "DISTANCIA", "INSCRIPCION", "ESTRATO", "ANO_
INGRESO", "RENDIMIENTO_UNO"]

#Agregar la cabecera al conjunto de datos original
df.columns=cabecera
df.head(3)

#Reemplaza un valor NAN en la columna PG_ICFES, por el valor de 500
df["PG_ICFES"]=df["PG_ICFES"].replace(np.NaN,500)
df.head(3)
```

| GENERO | TIPO_COLEGIO | LOCALIDAD_COLEGIO | CALENDARIO | MUNICIPIO | DEPARTAMENTO | PG_ICFES |
|--------|--------------|-------------------|------------|-----------|--------------|----------|
| Masculino | NaN | 20 | 0 | 0 | 0 | 500.0 |
| Masculino | 2 0 | 2 | 1 | 19 | 5 | 523.0 |
| Femenino | 2 0 | 20 | 1 | 121 | 18 | 483.0 |

## 4.3.8  Codificar una variable categórica (one hot enconder)

Los algoritmos de aprendizaje automático presentan una particularidad importante: los datos en el conjunto de entrada, tanto para las variables independientes X como para la variable dependiente Y, deben consistir en valores numéricos. Por lo que, si el conjunto de datos incluye variables categóricas, ya sean de tipo ordinal, booleanas (falso/verdadero) o nominales, estas deben ser convertidas a valores numéricos para ser compatibles con el proceso de modelado. Este proceso de conversión es esencial para garantizar que los algoritmos puedan interpretar y aprender de manera efectiva a partir de estas variables categóricas en el contexto de la predicción o clasificación.

La diferencia básica entre una variable nominal y una variable ordinal radica en la naturaleza del orden y la relación jerárquica de sus categorías. Es decir, en la primera (nominal), la variable comprende un conjunto finito de etiquetas sin un orden específico o jerarquía y sin relación entre los valores o etiquetas, mientras que, en la segunda (ordinal), la variable comprende un conjunto finito de valores discretos con un orden clasificado entre valores.

Las categorías de una variable nominal son distintas y no se pueden clasificar en un orden específico. Algunos ejemplos de variables nominales incluyen el género (por ejemplo, "hombre" y "mujer"), colores (por ejemplo, "rojo", "verde", "azul") o el tipo de mascota (por ejemplo, "perro", "gato", "pájaro").

Las categorías de una variable ordinal representan niveles de una característica que pueden clasificarse en un orden específico, pero no se puede determinar la magnitud exacta de la diferencia entre ellas. Algunos ejemplos de variables ordinales incluyen la clasificación educativa (por ejemplo, "primero", "segundo", "tercero"), la satisfacción del cliente (por ejemplo, "insatisfecho", "neutral", "satisfecho") o el rango socioeconómico (por ejemplo, "bajo", "medio", "alto").

Python ofrece diversas técnicas para convertir variables categóricas en formatos numéricos, y entre ellas destaca la codificación en caliente, también conocida como "One-Hot Encoding". Esta técnica es esencial cuando nos enfrentamos a variables categóricas con múltiples categorías y deseamos representar cada una de ellas como una nueva variable binaria (0 o 1). La codificación en caliente es especialmente útil en casos donde no existe una relación ordinal entre las categorías.

La principal idea detrás de la codificación one-hot es transformar atributos categóricos nominales en atributos binarios (0 o 1), creando una columna separada para cada categoría presente en la variable original. Esto resulta beneficioso para algoritmos de aprendizaje automático que trabajan exclusivamente con variables numéricas.

Continuando con el conjunto de datos que contienen variables influyentes en el rendimiento académico de estudiantes de primer semestre (archivo *"R1_ING_IND-copia.csv)*, que posee una matriz con 2008 filas y 24 columnas. Se procede a cargarlo al entorno Python.

En este caso por ejemplo se va a trabajar con la variable *"GENERO"* que es una variable categórica nominal. El proceso de "codificar" una variable categórica implica la creación de un dataframe con una columna destinada a cada categoría presente y una fila para cada ejemplo en el conjunto de datos. En esta representación, cada clase que originalmente existía en el conjunto de datos se convierte en el nombre de la columna. Para cada ejemplo, se asigna el valor de 1 si pertenece a la clase correspondiente y se le asigna el valor de 0 en todas las demás columnas, indicando así la ausencia de esa categoría en dicho ejemplo.

```python
#cargar los datos
import matplotlib.pyplot as plt
import numpy as np
import pandas as pd

#df = pd.read_csv('R1_ING_IND.csv',sep=';')
df = pd.read_csv('R1_ING_IND-copia.csv',header=0)

#Cambiar la cabecera o nombre de algunas columnas
cabecera = cabecera = ["NUMERO", "GENERO", "TIPO_COLEGIO", "LOCALIDAD_
COLEGIO", "CALENDARIO", "MUNICIPIO", "DEPARTAMENTO", "PG_ICFES", "CON_MAT_
ICFES", "APT_MAT_ICFES", "FISICA_ICFES", "QUIMICA_ICFES", "APT_VERB_ICFES",
```

```
"LITERATURA_ICFES", "BIOLOGIA_ICFES", "SOCIALES_ICFES", "FILOSOFIA_ICFES",
"DIOMA_ICFES", "LOCALIDAD", "DISTANCIA", "INSCRIPCION", "ESTRATO", "ANO_
INGRESO", "RENDIMIENTO_UNO"]

#Agregar la cabecera al conjunto de datos original
df.columns=cabecera

#Tamaño del dataframe
df.head(3)
```

|   | NUMERO | GENERO | TIPO_COLEGIO | LOCALIDAD_COLEGIO | CALENDARIO | MUNICIPIO | C |
|---|--------|--------|--------------|-------------------|------------|-----------|---|
| 0 | 1 | Masculino | NaN | 20 | 0 | 0 | |
| 1 | 2 | Masculino | 2.0 | 2 | 1 | 19 | |
| 2 | 3 | Femenino | 2.0 | 20 | 1 | 121 | |

3 rows × 24 columns

Para realizar la codificación y subdivisión de una columna, se emplea la instrucción One Hot Encoding (One Hot Encoding), y posteriormente, las subdivisiones resultantes se incorporan al conjunto de datos original. Esta práctica se lleva a cabo con el fin de evitar la presencia de columnas con datos categóricos (texto) directamente en el dataset, siendo más propicio trabajar con columnas que contengan valores numéricos. La división de la columna se ejecuta mediante la función de pandas denominada pd.get_dummies(). En el siguiente ejemplo, se procederá a dividir la columna "GENERO" en dos nuevas columnas: una para los individuos de género masculino y otra para aquellos de género femenino. Estas nuevas columnas son agregadas al dataframe original.

```
#ONE_HOT_CODING para columna "Género"
onehot_genero = pd.get_dummies(df["GENERO"])
onehot_genero.head(3)

#Agregar un dataframe a otro dataframe
df=pd.concat([df,onehot_genero], axis=1)
df.head(3)
```

|   | NUMERO | GENERO | TIPO_COLEGIO | LOCALIDAD_COLEGIO | ESTRATO | ANO_INGRESO | RENDIMIENTO_UNO | Femenino | Masculino |
|---|--------|--------|--------------|-------------------|---------|-------------|-----------------|----------|-----------|
| 0 | 1 | Masculino | NaN | 20 | 3 | 2011 | 2 | 0 | 1 |
| 1 | 2 | Masculino | 2.0 | 2 | 3 | 2011 | 2 | 0 | 1 |
| 2 | 3 | Femenino | 2.0 | 20 | 3 | 2011 | 1 | 1 | 0 |

3 rows × 26 columns

Algunas columnas es posible que requieran ser borradas porque no son relevantes o no aportan a la variable dependiente (clase) del problema. O tal vez como en este caso, porque la columna original "Genero" se dividió en dos columnas "femenino" y "masculino". En otras palabras, se numeralizó.

```
#Borrar una o varias columnas de datos
df.drop(['NUMERO'], axis='columns', inplace=True)
df.drop(['Femenino'], axis='columns', inplace=True)
df.drop(['Masculino'], axis='columns', inplace=True)
df.head(2)
```

|   | GENERO | TIPO_COLEGIO | LOCALIDAD_COLEGIO | CALENDARIO | MUNICIPIO |
|---|--------|--------------|-------------------|------------|-----------|
| **0** | Masculino | NaN | 20 | 0 | 0 |
| **1** | Masculino | 2.0 | 2 | 1 | 19 |

2 rows × 23 columns

## 4.3.9 Codificar una variable categórica (codificación de enteros)

Luego de la limpieza de los datos y recordando que los datos originales pueden ser numéricos (enteros, decimales) o categóricos (ordinal, nominal, booleano), estos pueden requerir ser codificados. Esto es, puede ser necesario transformar una variable numérica a categórica lo que es denominado transformación de discretización como le sucede al valor de la variable rendimiento académico que tiene una escala generada para definirla como se muestra en la Tabla 2 de acuerdo con los rangos establecidos por el Ministerio de Educación Nacional de Colombia. Es decir, la variable a predecir que originalmente tiene valores numéricos debió ser transformadas a unos rangos que recibieron cada uno un valor (1, 2 , 3, 4).

| Rendimiento | Promedio (valor original) | Número |
|-------------|---------------------------|--------|
| Desempeño Superior | 50 - 45 | 4 |
| Desempeño Alto | 44 - 40 | 3 |
| Desempeño Básico | 39 - 30 | 2 |
| Desempeño Bajo | 29 - 0 | 1 |

Tabla 2. Convenciones de la variable de salida denominada rendimiento académico

También es posible transformar una variable categórica ordinal cuyas categorías representan niveles de una característica que pueden clasificarse en un orden específico como son la clasificación educativa (por ejemplo, "primero", "segundo", "tercero") o el rango socioeconómico (por ejemplo, "bajo", "medio", "alto"). Hay que tener en cuenta que esto es recomendable hacerlo cuando en la variable cada clase tiene un rango o un orden jerárquico, ya que forzar una relación nominal a través de una codificación ordinal y permitir que el modelo asuma un orden natural entre categorías puede dar como resultado un rendimiento deficiente o resultados inesperados.

También es posible su uso en variables de tipo categórico (ejemplo: el género: masculino, femenino) transformarlas en variable binarias (Ejemplo: 0,1), hecho conocido como Transformación One-Hot.

Ahora se realizará una codificación de variable categórica a enteros. En este caso, por ejemplo, se posee una columna con instancias que pueden ser remplazadas por unos números que las representen. Esto es el proceso que se conoce como codificación de enteros o codificación de etiquetas. Para este caso se tomará la variable *"GENERO"* que es una variable categórica nominal para mostrar cómo se usaría la codificación de enteros. En este ejemplo y continuando con el conjunto de datos del titanic, se observa que la columna posee string o texto o letras por tanto debe pasarse a números. Pero antes hay que saber cuántas posibles clases tiene esta columna en particular. Esto se realiza mediante la siguiente instrucción. El resultado arroja que dos tipos de clases para esta variable.

```
#cargar los datos
import matplotlib.pyplot as plt
import numpy as np
  import pandas as pd

#df = pd.read_csv('R1_ING_IND.csv',sep=';')
df = pd.read_csv('R1_ING_IND-copia.csv',header=0)

#Cambiar la cabecera o nombre de algunas columnas
cabecera = cabecera = ["NUMERO", "GENERO", "TIPO_COLEGIO", "LOCALIDAD_
COLEGIO", "CALENDARIO", "MUNICIPIO", "DEPARTAMENTO", "PG_ICFES", "CON_MAT_
ICFES", "APT_MAT_ICFES", "FISICA_ICFES", "QUIMICA_ICFES", "APT_VERB_ICFES",
"LITERATURA_ICFES", "BIOLOGIA_ICFES", "SOCIALES_ICFES", "FILOSOFIA_ICFES",
"DIOMA_ICFES", "LOCALIDAD", "DISTANCIA", "INSCRIPCION", "ESTRATO", "ANO_
INGRESO", "RENDIMIENTO_UNO"]

#Agregar la cabecera al conjunto de datos original
df.columns=cabecera
```

```
#Identificar cuántos y cuáles son los tipos de clases hay en la columna
"embarque"
dist_clases= df.groupby('GENERO').size()
print('\nLa distribución de la clase género es:', dist_clases)


#Cambiar valores de una columna de texto a números
df['GENERO'] = df.GENERO.replace(['Masculino','Femenino'],[0,1])
df.head(3)
```

| | NUMERO | GENERO | TIPO_COLEGIO | LOCALIDAD_COLEGIO | CALENDARIO | MUNICIPIO |
|---|---|---|---|---|---|---|
| 0 | 1 | 0 | NaN | 20 | 0 | 0 |
| 1 | 2 | 0 | 2.0 | 2 | 1 | 19 |
| 2 | 3 | 1 | 2.0 | 20 | 1 | 121 |

3 rows × 24 columns

## 4.4 ESTADÍSTICAS DE LOS DATOS

Antes de explorar las diversas formas de obtener estadísticas de un conjunto de datos, es fundamental comprender la naturaleza de las variables que constituyen dicho conjunto. En el ámbito de la estadística y el análisis de datos, las variables pueden clasificarse en diferentes tipos. Esencialmente, estas clasificaciones incluyen variables numéricas, variables categóricas y variables ordinales. Las variables numéricas representan cantidades numéricas y pueden subdividirse en variables continuas y discretas. Por otro lado, las variables categóricas contienen categorías o etiquetas sin un orden específico y se denominan nominales, mientras que las variables ordinales reflejan categorías con un orden inherente. Esta comprensión inicial de las variables sienta las bases para aplicar métodos estadísticos adecuados y realizar análisis significativos sobre el conjunto de datos.

```
#Tamaño o número total de elementos en un DataFrame.
print('Tamaño total:', df.size)
print ("---")


#Forma (filas y columnas) del conjunto de datos
print("La forma de la matriz de datos es:", df.shape)
print ("---")
```

```
#Cantidad de datos para clase de la variable independiente "RENDIMIENTO_
UNO"
dist_clases= df.groupby("RENDIMIENTO_UNO").size()
print(dist_clases)
print ("---")

#Tipo de dato para cada columna del dataframe
Tipo_de_dato = df.dtypes
print(Tipo_de_dato)
```

```
Tamaño total: 48192
---
La forma de la matriz de datos es: (2008, 24)
---
RENDIMIENTO_UNO
1   675
2   1249
3   83
4   1
---
NUMERO                  int64
GENERO                  int64
TIPO_COLEGIO                      float64
LOCALIDAD_COLEGIO       int64
CALENDARIO                    int64
MUNICIPIO               int64
DEPARTAMENTO            int64
PG_ICFES                float64
CON_MAT_ICFES           int64
APT_MAT_ICFES           int64
.....    ........       ......
INSCRIPCION                   int64
ESTRATO                 int64
ANO_INGRESO             int64
RENDIMIENTO_UNO         int64
```

## 4.4.1 Funciones y estadísticas de un dataframe de Pandas

Las estadísticas de los datos proporcionan una visión fundamental de las características y propiedades de un conjunto de datos, permitiendo a los analistas comprender su distribución y comportamiento. Al explorar estas estadísticas, se obtiene información valiosa que facilita la toma de decisiones y la comprensión general de la naturaleza de los datos. Algunas de las estadísticas comúnmente usadas se describen a continuación [60]:

- Media (Promedio): es la suma de todos los valores dividida por el número total de observaciones. Proporciona una medida central que representa el valor típico del conjunto de datos.

- Mediana: es el valor que se encuentra en el centro de un conjunto de datos ordenado. A diferencia de la media, la mediana no se ve afectada por valores atípicos y proporciona una perspectiva de la distribución central.

- Desviación estándar: mide la dispersión de los datos alrededor de la media. Una desviación estándar más baja indica que los datos están más concentrados cerca de la media.

- Cuartiles: son valores que dividen un conjunto de datos ordenado en cuatro partes iguales. Los cuartiles incluyen el primer cuartil (Q1), la mediana (Q2) y el tercer cuartil (Q3). Proporcionan información sobre la distribución de los datos.

- Rango: es la diferencia entre el valor máximo y el valor mínimo en un conjunto de datos. Ofrece una medida simple de la variabilidad total de los datos.

- Valores atípicos: son observaciones que se desvían significativamente de la mayoría de los datos en el conjunto. Identificar y comprender los valores atípicos es crucial para una interpretación precisa de los datos.

- Histograma: es una representación gráfica de la distribución de los datos, mostrando la frecuencia de ocurrencia de diferentes rangos de valores. Facilita la visualización de patrones y tendencias en los datos.

En el contexto de Python, se dispone de herramientas eficaces para calcular diversos estadísticos que brindan información valiosa sobre un conjunto de datos. Entre estos estadísticos, se encuentran la media, la mediana, la moda y los valores extremos. La implementación de estos cálculos se realiza mediante líneas de código específicas que aprovechan las funcionalidades de bibliotecas como Pandas y NumPy. Estas herramientas permiten una exploración detallada de las propiedades estadísticas de los datos, facilitando así el análisis y la comprensión de la distribución y la centralidad del conjunto de datos. A continuación, se presentarán ejemplos concretos de cómo utilizar estas líneas de código para obtener dichos estadísticos.

```
#Calcular media de todas las columnas
print('\nLa media de todas las columnas es::')
```

```
print(df.mean())

#Calcular mediana de todas las columnas
print('\nLa mediana de todas las columnas es::')
print(df.median())

# Calcular la varianza de todas las columnas
varianza = df.var()
print('\nLa varianza de todas las columnas es::')
print(varianza)

# Calcular la desviación estándar de todas las columnas
desviacion_estandar = df.std()
print('\nLa desviacion estandar de todas las columnas es::')
print(desviacion_estandar)

#Cuenta cuantos elementos hay en cada una de las columnas
print('\nEn cada columna hay la siguiente cantidad de datos::')
print(df.count())

# Calcula los cuartiles
cuartiles = df.quantile([0.25, 0.5, 0.75])
print('\nLos cuartiles de cada columna son::')
print(cuartiles)

#Valor maximo de TODAS las columnas
print('\n El máximo valor de cada columna es el siguiente::')
print(df.max())

#Valor minimo de TODAS las columnas
print('\n El minimo valor de cada columna es el siguiente::')
print(df.min())
```

```
La media de todas las columnas es::
NUMERO                  1004.500000
GENERO                  0.670319
TIPO_COLEGIO            0.721475
LOCALIDAD_COLEGIO       10.240538
CALENDARIO              0.489044
MUNICIPIO               23.019920
DEPARTAMENTO            3.672311
PG_ICFES                394.045840
    ...                     ...
```

---

La mediana de todas las columnas es::

| | |
|---|---|
| NUMERO | 1004.5 |
| GENERO | 1.0 |
| TIPO_COLEGIO | 0.0 |
| LOCALIDAD_COLEGIO | 10.0 |
| CALENDARIO | 0.0 |
| PG_ICFES | 396.0 |
| CON_MAT_ICFES | 73.0 |
| ... | ... |

---

En cada columna hay la siguiente cantidad de datos::

| | |
|---|---|
| NUMERO | 2008 |
| GENERO | 2008 |
| CALENDARIO | 2008 |
| MUNICIPIO | 2008 |
| DEPARTAMENTO | 2008 |
| CON_MAT_ICFES | 2008 |
| ... | ... |

---

Los cuartiles de cada columna son::

| | NUMERO | GENERO | TIPO_COLEGIO | LOCALIDAD_COLEGIO | CALENDARIO |
|---|---|---|---|---|---|
| 0.25 | 502.75 | 0.0 | 0.0 | 4.0 | |
| 0.50 | 1004.50 | 1.0 | 0.0 | 10.0 | |
| 0.75 | 1506.25 | 1.0 | 1.0 | 18.0 | |

---

El máximo valor de cada columna es el siguiente::

| | |
|---|---|
| NUMERO | 2008.0 |
| GENERO | 1.0 |
| TIPO_COLEGIO | 2.0 |
| LOCALIDAD_COLEGIO | 21.0 |
| CALENDARIO | 3.0 |
| MUNICIPIO | 226.0 |
| DEPARTAMENTO | 31.0 |

---

El mínimo valor de cada columna es el siguiente::

| | |
|---|---|
| NUMERO | 1.0 |
| GENERO | 0.0 |
| TIPO_COLEGIO | 0.0 |
| PG_ICFES | 144.0 |

La función df.describe (include="all") en un DataFrame de Pandas proporciona estadísticas descriptivas para todas las columnas del DataFrame, incluyendo tanto variables numéricas como categóricas. Una explicación de algunos de los aspectos clave es la siguiente:

- ▶ Count (Recuento): muestra la cantidad de elementos no nulos en cada columna. Te dará una idea de si hay datos faltantes.

- ▶ Mean (Media): la media aritmética de los valores numéricos en cada columna.

- ▶ Std (Desviación estándar): la desviación estándar, que mide la dispersión de los valores alrededor de la media.

- ▶ Min (Mínimo): el valor mínimo en cada columna.

- ▶ 25%, 50%, 75% (Percentiles): indican los percentiles correspondientes. El percentil 50% es la mediana.

- ▶ Max (Máximo): el valor máximo en cada columna.

- ▶ Unique (Únicos): muestra la cantidad de valores únicos en columnas categóricas.

- ▶ Top (Más frecuente): indica el valor más frecuente en columnas categóricas.

- ▶ Freq (Frecuencia): muestra la frecuencia del valor más frecuente.

E argumento include="all" garantiza que se incluyan todas las columnas, incluso las no numéricas, en las estadísticas descriptivas. Si no se especifica, por defecto, solo se incluyen las columnas numéricas. Este método es útil para obtener una visión general rápida de la distribución y características de tus datos, tanto para variables numéricas como categóricas.

```
total_describe=df.describe(include = "all")
total_describe.head(10)
```

| NUMERO | GENERO | TIPO_COLEGIO | LOCALIDAD_COLEGIO |
|---|---|---|---|
| count | 2008.00000 | 2008.000000 | 2007.000000 |
| mean | 1004.50000 | 0.670319 | 0.721475 |
| std | 579.80399 | 0.470214 | 0.832211 |
| min | 1.00000 | 0.000000 | 0.000000 |
| 25% | 502.75000 | 0.000000 | 0.000000 |
| 50% | 1004.50000 | 1.000000 | 0.000000 |
| 75% | 1506.25000 | 1.000000 | 1.000000 |
| max | 2008.00000 | 1.000000 | 2.000000 |

Crear un histograma de un DataFrame en Python es una práctica común y valiosa en el análisis de datos. Un histograma proporciona una representación visual de la distribución de una variable numérica, mostrando la frecuencia de los diferentes rangos o intervalos en los que se dividen los datos. Permite identificar patrones o tendencias en los datos. Por ejemplo, la presencia de modas, picos, colas largas o agrupaciones. También puede revelar la presencia de valores atípicos o outliers. Python ofrece el metodo df.hist() para esta tarea.

```python
df.hist(bins=10, figsize=(20,20), color = "skyblue")
plt.show()
```

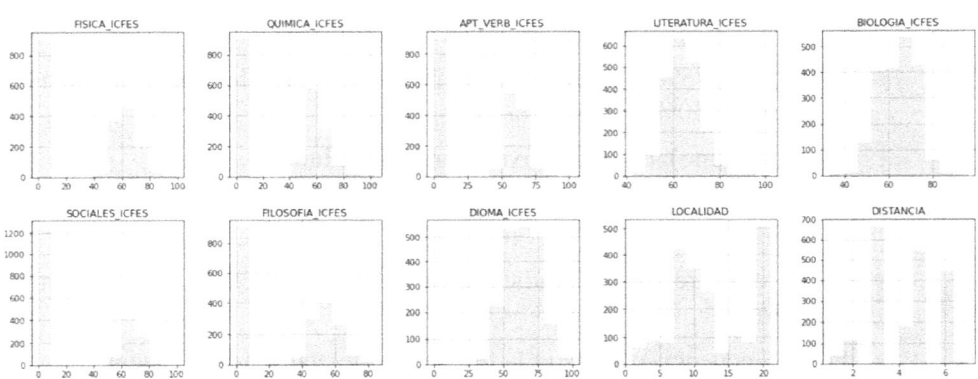

Por supuesto, es posible especificar columnas específicas cuando se busca obtener estadísticas para un conjunto de datos. Al hacerlo, se puede enfocar el análisis en las columnas de interés, lo cual es particularmente útil cuando se trabaja con conjuntos de datos extensos y solo se requiere información detallada sobre un subconjunto de características.

```python
# Especificar columnas específicas si solo estás interesado en algunas
columnas_interes = ['PG_ICFES', 'DISTANCIA']
varianza_especifica = df[columnas_interes].var()
desviacion_estandar_especifica = df[columnas_interes].std()

print("\nVarianza de columnas específicas:")
print(varianza_especifica)

print("\nDesviación estándar de columnas específicas:")
print(desviacion_estandar_especifica)

#Valor maximo de UNA columna en especial
print("El mayor puntaje ICFES entre las personas analizadas es:",df["PG_
```

```
ICFES"].max(),"puntos")

#Valor minimo de UNA columna en especial
print("El menor puntaje ICFES entre las personas analizadas es:",df["PG_
ICFES"].min(),"puntos")
```

Varianza de columnas específicas:
PG_ICFES    2385.146452
DISTANCIA    1.926282

Desviación estándar de columnas específicas:
PG_ICFES    48.837961
DISTANCIA    1.387906

El mayor puntaje ICFES entre las personas analizadas es: 544.0 puntos
El menor puntaje ICFES entre las personas analizadas es: 144.0 puntos

## 4.4.2 Agrupar datos de un DataFrame

La función groupby() en un DataFrame de Python se utiliza para realizar operaciones de agrupación en los datos basadas en los valores de una o más columnas. Esta función es especialmente útil cuando se quiere dividir el conjunto de datos en grupos basados en algún criterio y luego aplicar funciones a cada grupo de datos de manera independiente. A continuación, se cargan los datos y se presentan algunas de las principales razones para utilizar df.groupby():

```
# Configuración warnings
import warnings
warnings.filterwarnings('ignore')

#Importar las librerías básicas y cargar los datos
 import matplotlib.pyplot as plt
import numpy as np
import pandas as pd
#df = pd.read_csv('R1_ING_IND.csv',sep=';')
df = pd.read_csv('R1_ING_IND-copia.csv',header=0)

#Para verificar que si quedo cargado el archivo. Usar head() como se
muestra.
df.head(3)
```

| | NUMERO | genero | TIPO_COLEGIO | LOCALIDAD_COLEGIO | CALENDARIO |
|---|---|---|---|---|---|
| 0 | 1 | Masculino | NaN | 20 | 0 |
| 1 | 2 | Masculino | 2.0 | 2 | 1 |
| 2 | 3 | Femenino | 2.0 | 20 | 1 |

3 rows × 24 columns

▸ df.groupby('col_name_to_group'): permite agrupar filas en función de un nombre de columna y utilizar los métodos agregados del objeto. Es posible aplicar métodos como suma, promedio, contar, mínimo, máximo, etc. (por ejemplo: max(; count(); describe() ) a los datos de cada columna.

```
#Agrupar filas en función de un nombre
by_nombre = df.groupby('GENERO')

# Agrupar por columna (GENERO) y calcular la suma para cada una
by_nombre.sum()
```

| | NUMERO | TIPO_COLEGIO | LOCALIDAD_COLEGIO |
|---|---|---|---|
| **GENERO** | | | |
| **Femenino** | 1367463 | 960.0 | 13487 |
| **Masculino** | 649573 | 488.0 | 7076 |

```
#Agrupar filas en función de un nombre
by_nombre = df.groupby('GENERO')

# Agrupar por columna (GENERO) y calcular el promedio por cada una
by_nombre.mean(numeric_only=True)
```

| | NUMERO | TIPO_COLEGIO | LOCALIDAD_COLEGIO | CALENDARIO |
|---|---|---|---|---|
| **GENERO** | | | | |
| **Femenino** | 1015.945765 | 0.713224 | 10.020059 | 0.483655 |
| **Masculino** | 981.228097 | 0.738275 | 10.688822 | 0.500000 |

```
#Agrupar filas en función de un nombre
by_nombre = df.groupby('GENERO')

# Agrupar por columna (GENERO) y calcular el minimoa
by_nombre.min()
```

| GENERO | NUMERO | TIPO_COLEGIO | LOCALIDAD_COLEGIO | CALENDARIO |
|---|---|---|---|---|
| Femenino | 3 | 0.0 | 0 | 0 |
| Masculino | 1 | 0.0 | 0 | 0 |

▶ df.groupby('nombre_col')[' nombre_col a agregar'].mean() se utiliza para agrupar los datos de la columna especificada entre paréntesis y, posteriormente, calcular la media de la columna indicada entre corchetes. Es posible aplicar métodos a la columna que está entre corchetes como media, suma, promedio, contar, mínimo, máximo, etc. (por ejemplo: max(; count(); describe()).

```
# Calcular la media del Puntaje Icfes por departamento
suma_por_categoria = df.groupby('DEPARTAMENTO')['PG_ICFES'].mean() p
rint(suma_por_categoria)
```

```
DEPARTAMENTO
0   362.476236
2   403.000000
... ...
29  397.333333
30  409.100000
31  383.000000
```

▶ df.groupby('nombre_col')[' nombre_col'].agg([min, max, sum]): se utiliza para agrupar los datos de la columna especificada entre paréntesis y, posteriormente se calculan múltiples estadísticas de la columna indicada entre corchetes. (por ejemplo: max(; count(); describe()).

```
# Calcular estadísticas del Puntaje Icfes por departamento
df.groupby('DEPARTAMENTO')['PG_ICFES'].agg([min, max, mean,sum])
```

| DEPARTAMENTO | min | max | mean | sum |
|---|---|---|---|---|
| 0 | 144.0 | 542.0 | 362.476236 | 381325.0 |
| 2 | 403.0 | 403.0 | 403.000000 | 403.0 |
| 4 | 374.0 | 410.0 | 392.666667 | 1178.0 |
| 5 | 288.0 | 544.0 | 430.466284 | 300035.0 |
| 6 | 386.0 | 490.0 | 428.176471 | 7279.0 |
| 7 | 338.0 | 530.0 | 436.928571 | 12234.0 |

- df.groupby([‘nombre_col’, ‘otro_nombre_col’])[‘ nombre_col’].mean(): se emplea para agrupar un DataFrame según los valores únicos de múltiples columnas, en este caso, ‘nombre_col’ y ‘otro_ nombre_col’. A continuación, se calcula la estadística por ejemplo la “media” de la columna ‘ nombre_col’ para cada conjunto de datos resultante de la agrupación.

```
# Calcular estadísticas del Promedio del Icfes por departamento por género
media_Icfes_departamento = df.groupby([‘DEPARTAMENTO’, ‘GENERO’])[‘PG_
ICFES’].mean() print(media_Icfes_departamento.head(10))
```

| | DEPARTAMENTO | GENERO |
|---|---|---|
| 0 | Femenino | 362.233146 |
| | Masculino | 362.985294 |
| 2 | Femenino | 403.000000 |
| 4 | Femenino | 384.000000 |
| | Masculino | 410.000000 |
| 5 | Femenino | 431.114224 |
| | Masculino | 429.175966 |
| 6 | Femenino | 427.454545 |
| | Masculino | 429.500000 |
| 7 | Femenino | 447.466667 |

- df.groupby([‘nombre_col’, ‘otro_nombre_col’]) [[‘nombre_col’, ‘otro_ nombre_col’]].mean() se utiliza para realizar una agrupación en un DataFrame basándose en los valores únicos de las columnas ‘ nombre_ col’ y ‘otro_nombre_col’. Posteriormente, se calcula la media de ambas columnas del corchete que son diferentes a las columnas del paréntesis. Esta funcionalidad ofrece la ventaja de obtener no solo la media de una columna específica, sino la media simultánea de varias columnas dentro de cada grupo definido.

```
# Calcular estadísticas del Promedio del Icfes y condición matemática
agrupadas por departamento y género
df.groupby(['DEPARTAMENTO', 'GENERO'])[['PG_ICFES','CON_MAT_ICFES',
]].mean()
```

|  |  | PG_ICFES | CON_MAT_ICFES |
|---|---|---|---|
| DEPARTAMENTO | GENERO |  |  |
| 0 | Femenino | 362.233146 | 74.650281 |
|  | Masculino | 362.985294 | 72.926686 |
| 2 | Femenino | 403.000000 | 63.000000 |
| 4 | Femenino | 384.000000 | 78.000000 |
|  | Masculino | 410.000000 | 52.000000 |
| 5 | Femenino | 431.114224 | 72.161638 |
|  | Masculino | 429.175966 | 70.188841 |

## 4.4.3 Gráfico de los datos

La función groupby() en un DataFrame de Python se utiliza para realizar operaciones de agrupación.

La creación de gráficos a partir de datos en Python es una tarea esencial para visualizar y comprender patrones, distribuciones y tendencias en conjuntos de información. Python cuenta con bibliotecas robustas, como Matplotlib y Seaborg, que facilitan la generación de diversos tipos de gráficos, desde simples diagramas de dispersión hasta visualizaciones más complejas, como gráficos de barras, líneas o cajas.

Una estrategia efectiva para adquirir un entendimiento más profundo de las estadísticas y optimizar la comprensión de los datos antes de aplicar algoritmos de *Machine Learning* es emplear gráficos individuales de las variables, explorar las relaciones entre variables independientes y analizar su influencia en la variable de salida. Estos gráficos no solo revelan patrones visuales que podrían pasar desapercibidos en las estadísticas descriptivas, sino que también ayudan a identificar posibles correlaciones y tendencias en los datos. La combinación del uso de las bibliotecas Matplotlib y Seaborg permite la creación de gráficos estéticos y claros, mejorando la interpretación de los resultados y proporcionando una base visual para la toma de decisiones en el análisis de datos.

Continuando con lo descrito anteriormente para el caso de los datos de los estudiantes, es posible obtener la distribución de los datos (histograma) diagramas de líneas, barras, etc. mediante Seaborn. Inicialmente se debe importar Seaborn junto con las bibliotecas esenciales, como Pandas y Matplotlib. Esto facilitará la manipulación de datos y la integración de Seaborn con otras funciones de visualización.

```
import matplotlib.pyplot as plt
import seaborn as sns
import pandas as pd
```

▶ sns.distplot(df['columna']): función en Seaborn que se utiliza para trazar un histograma y una estimación de la densidad de kernel (Kernel Density Estimation - KDE) de una variable específica.

```
import matplotlib.pyplot as plt
import seaborn as sns
import pandas as pd

# Utiliza sns.distplot() para trazar el histograma y la KDE de la variable
sns.distplot(df['PG_ICFES'], kde=True, bins=5)     # Ajustar el número de
bins según sus preferencias
plt.title('Distribución de la Variable')
plt.xlabel('Variable Puntaje _Icfes')
plt.ylabel('Densidad')
plt.show()
```

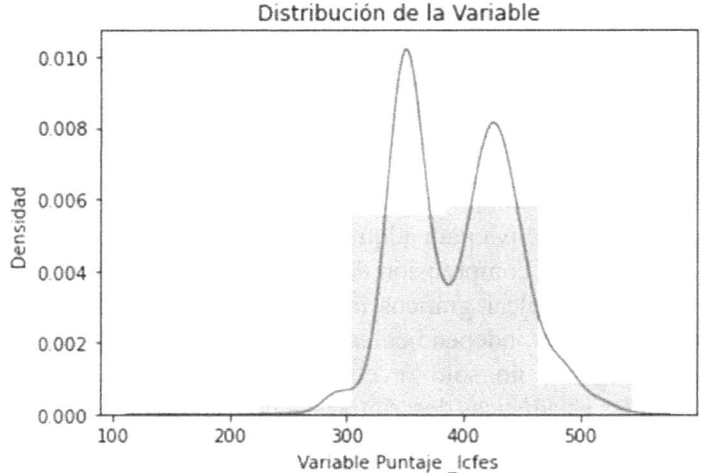

▶ sns.histplot(df['columna']): función en Seaborn que se utiliza para para representar la distribución de una variable específica.

```
# Alternativamente, puede usarse sns.histplot() y sns.kdeplot() por
separado
sns.histplot(df['PG_ICFES'], bins=10)
sns.kdeplot(df['PG_ICFES'])
plt.title('Distribución de la Variable')
plt.xlabel('Valor de la Variable Puntaje Icfes')
plt.ylabel('Densidad')
plt.show()
```

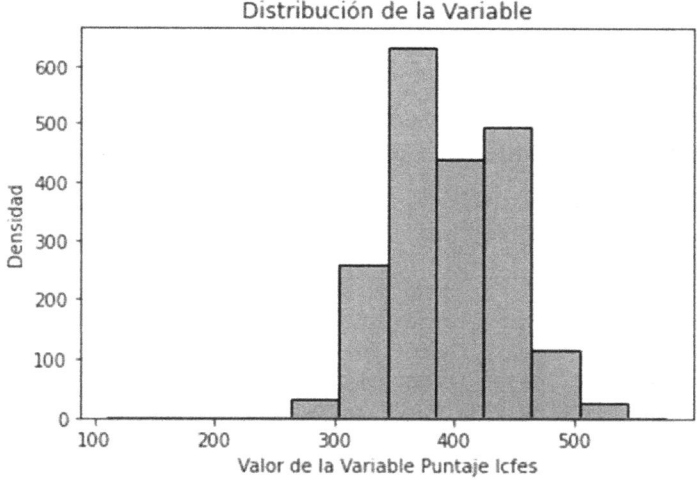

▶ sns.histplot(df['columna']): función en Seaborn que se utiliza para para representar la distribución de una variable específica.

```
import seaborn as sns
import matplotlib.pyplot as plt
import pandas as pd

# Suponiendo un DataFrame llamado df con dos columnas 'columna_x: TIPO_
COLEGIO'' y 'columna_y: PG_ICFES'
# se utiliza sns.scatterplot() para trazar el gráfico de dispersión
sns.scatterplot(x=df['TIPO_COLEGIO'] , y= df['PG_ICFES'], color='red') #
Ajustar el color y otros parámetros
plt.title('Gráfico de Dispersión entre columna_x y columna_y')
plt.xlabel('Valor de columna_x (TIPO_COLEGIO)')
plt.ylabel('
```

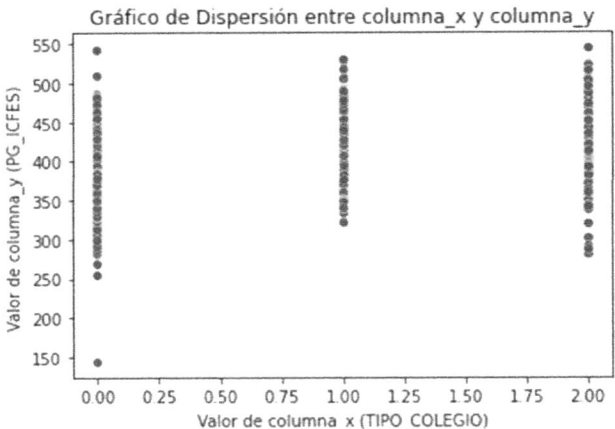

▼ sns.barplot(x='columna_x', y='columna_y', data=df): función en Python con Seaborn que crea un gráfico de barras que permite comparar la magnitud de diferentes categorías en una variable categórica.

```
import seaborn as sns
import matplotlib.pyplot as plt
import pandas as pd

# Suponiendo un DataFrame llamado df con dos columnas 'columna_x'
(categórica) y 'columna_y' (numérica) que desea #visualizar. Para esto se
utiliza sns.barplot() para trazar el gráfico de barras
sns.barplot(x= df['RENDIMIENTO_UNO'], y=df['PG_ICFES'], data=df,
color='blue') #Ajustar el color y otros parámetros
plt.title('Gráfico de Barras para comparar magnitudes')
plt.xlabel('RENDIMIENTO_UNO')
plt.ylabel('PG_ICFES')
plt.show()
```

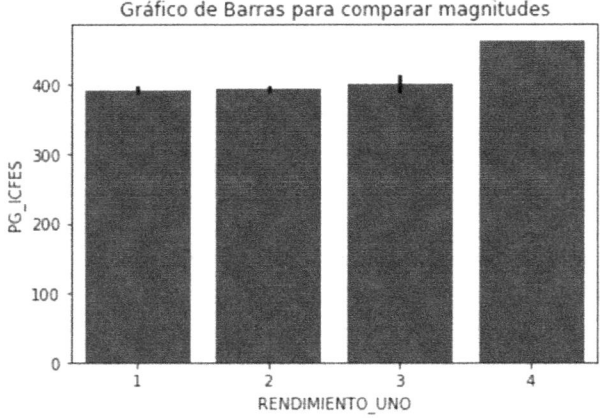

## 4.4.4 Gráfico entre variables

Tal vez se esté preguntando cómo puede identificar las relaciones entre cada una de las variables independientes (x) y cómo estas se relacionan con la variable dependiente (Y). En el análisis de datos, es esencial comprender la relación entre las variables independientes y la variable dependiente. Esto puede ayudarte a identificar qué variables tienen un impacto significativo en la variable de interés y cuáles pueden no ser relevantes. Al explorar estas relaciones, es posible obtener una comprensión más profunda de los factores que influyen en el resultado que se está estudiando. A continuación, se presentan algunos métodos comunes para investigar estas relaciones y cómo implementarlos en Python utilizando bibliotecas como Pandas, NumPy y Scikit-learn.

▼ sns.heatmap(df.corr(), annot=True, cmap='coolwarm'): función en Python con Seaborn que permite representar la correlación entre variables mediante un mapa de calor. En este primer ejemplo se seleccionan las columnas del datraframe original para el cual se desea hacer el diagrama de calor. En este ejemplo:

- df.corr() calcula la matriz de correlación entre todas las columnas del DataFrame.

- sns.heatmap() se utiliza para visualizar esta matriz de correlación como un mapa de calor.

- annot=True agrega anotaciones que muestran los valores de correlación en cada celda del mapa de calor.

- cmap='coolwarm' ajusta el esquema de color del mapa de calor; puedes seleccionar otros esquemas de color según tus preferencias.

- fmt=".2f" especifica el formato de los números en las anotaciones, en este caso, dos decimales.

```
#cargar los datos
  import matplotlib.pyplot as plt
import numpy as np
import pandas as pd
import seaborn as sns
df = pd.read_csv('R1_ING_IND-copia.csv',header=0)

#Cambiar la cabecera o nombre de algunas columnas
cabecera = cabecera = ["NUMERO", "GENERO", "TIPO_COLEGIO", "LOCALIDAD_
COLEGIO", "CALENDARIO", "MUNICIPIO", "DEPARTAMENTO", "PG_ICFES", "CON_MAT_
ICFES", "APT_MAT_ICFES", "FISICA_ICFES", "QUIMICA_ICFES", "APT_VERB_ICFES",
```

```
"LITERATURA_ICFES", "BIOLOGIA_ICFES", "SOCIALES_ICFES", "FILOSOFIA_ICFES",
"DIOMA_ICFES", "LOCALIDAD", "DISTANCIA", "INSCRIPCION", "ESTRATO", "ANO_
INGRESO", "RENDIMIENTO_UNO"]

#Agregar la cabecera al conjunto de datos original
df.columns=cabecera

# Suponiendo un DataFrame llamado df con varias columnas que deseas
visualizar
data = {'columna_1': df['PG_ICFES'],
        'columna_2': df['TIPO_COLEGIO'],
        'columna_3': df['RENDIMIENTO_UNO'],
        'columna_4': df['QUIMICA_ICFES']}
df = pd.DataFrame(data)

# Calcula la matriz de correlación y utiliza sns.heatmap() para trazar el
mapa de calor
correlation_matrix = df.corr()
sns.heatmap(correlation_matrix, annot=True, cmap='coolwarm', fmt=".2f")
#Ajustar el esquema de color y otros parám. plt.title('Mapa de Calor de
Correlación')
plt.show()
```

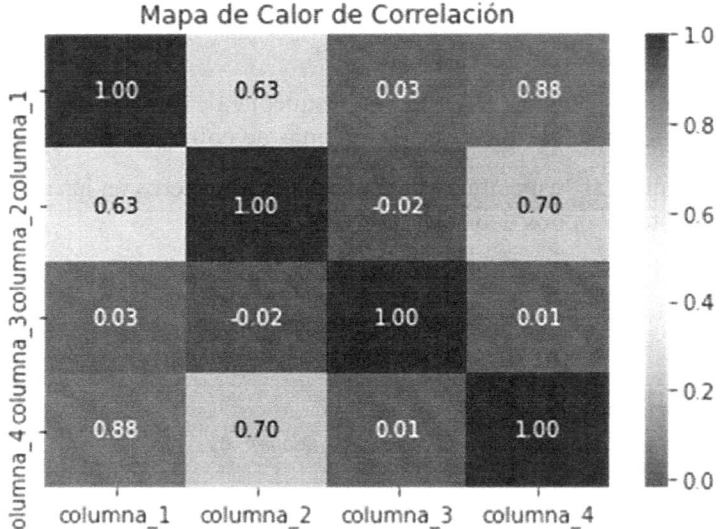

Ahora bien, el mapa de calor mostrado muestra verdaderamente una matriz de correlación entre las variables. La correlación de Pearson es una medida estadística que evalúa la relación lineal entre dos variables continuas. Esta medida varía en un rango de -1 a 1, donde: un valor de 1 indica una correlación positiva perfecta, lo que significa que a medida que una variable aumenta, la otra también aumenta en proporción constante; un valor de -1 indica una correlación negativa perfecta, lo que significa que a medida que una variable aumenta, la otra disminuye en proporción constante; y un valor de 0 indica que no hay correlación lineal entre las variables.

Para obtener la matriz de correlación de Pearson entre todas las columnas del conjunto de datos o dataframe se procede como sigue a continuación.

```python
#cargar los datos
import matplotlib.pyplot as plt
import numpy as np
import pandas as pd
import seaborn as sns
df = pd.read_csv('R1_ING_IND-copia.csv',header=0)

#Cambiar la cabecera o nombre de algunas columnas
cabecera = cabecera = ["NUMERO", "GENERO", "TIPO_COLEGIO", "LOCALIDAD_
COLEGIO", "CALENDARIO", "MUNICIPIO", "DEPARTAMENTO", "PG_ICFES", "CON_MAT_
ICFES",
"APT_MAT_ICFES", "FISICA_ICFES", "QUIMICA_ICFES", "APT_VERB_ICFES",
"LITERATURA_ICFES", "BIOLOGIA_ICFES", "SOCIALES_ICFES", "FILOSOFIA_ICFES",
"DIOMA_ICFES", "LOCALIDAD", "DISTANCIA", "INSCRIPCION",
"ESTRATO", "ANO_INGRESO", "RENDIMIENTO_UNO"]

#Agregar la cabecera al conjunto de datos original
df.columns=cabecera

# Suponiendo un DataFrame original llamado df con varias columnas que
deseas visualizar
# Calcula la matriz de correlación y utiliza sns.heatmap() para trazar el
mapa de calor
plt.figure (figsize = (15,10))  #tamaño de la figura
correlation_matrix = df.corr()
sns.heatmap(correlation_matrix, annot=True, cmap='coolwarm', fmt=".2f") #
Ajustar parámetros
plt.title('Mapa de Calor de Correlación')
plt.show()
```

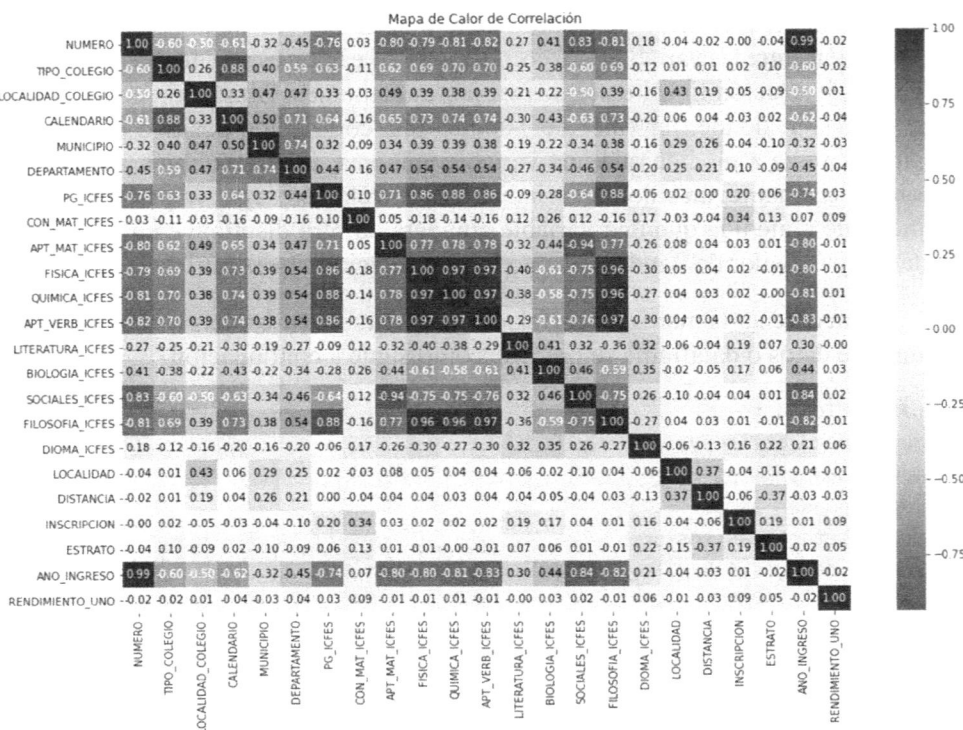

Python también proporciona instrucciones para hallar correlación entre las variables de entrada y la variable de salida mediante una condición especifica de filtrado.

```
# Correlación con la variable de salida de acuerdo con algun valor
especificado
cor = df.corr ()
cor_target = abs (cor["RENDIMIENTO_UNO"]) #Seleccionar variable de salida
relevantes_características = cor_target [cor_target> 0.08] #Seleccionar un
valor de correlación
print('\n Las características más relevantes con correlación > 0.08 son:')
print(relevantes_características)

#Datos de correlación de todas las variables en forma de tabla
df.corr(method="pearson")
```

```
Las características más relevantes con correlación > 0.08 son:
CON_MAT_ICFES        0.091962
INSCRIPCION          0.093314
RENDIMIENTO_UNO      1.000000
```

|  | NUMERO | TIPO_COLEGIO | LOCALIDAD_COLEGIO | CALENDARIO |
|---|---|---|---|---|
| NUMERO | 1.000000 | -0.597862 | -0.503065 | -0.614647 |
| TIPO_COLEGIO | -0.597862 | 1.000000 | 0.260991 | 0.881114 |
| LOCALIDAD_COLEGIO | -0.503065 | 0.260991 | 1.000000 | 0.331335 |
| CALENDARIO | -0.614647 | 0.881114 | 0.331335 | 1.000000 |
| MUNICIPIO | -0.321720 | 0.395274 | 0.467433 | 0.500057 |
| DEPARTAMENTO | -0.448037 | 0.593148 | 0.470987 | 0.707913 |
| PG_ICFES | -0.762650 | 0.634247 | 0.333434 | 0.644779 |

▶ sns.countplot(): es una función de la biblioteca Seaborn en Python que se utiliza para mostrar la distribución de una variable categórica mediante un gráfico de barras. Cuenta el número de ocurrencias de cada categoría y representa estos recuentos en el eje y, mientras que las diferentes categorías se muestran en el eje x. Por ejemplo, en el caso de la columna "Genero" (masculino, femenino), sns.countplot() mostrará cuántas veces aparece cada género en tu conjunto de datos.

```
import seaborn as sns
import matplotlib.pyplot as plt
import pandas as pd

# Utiliza sns.countplot() para trazar el gráfico de barras
sns.countplot(x='GENERO', data=df)
plt.title('Distribución de Género')
plt.xlabel('Género')
plt.ylabel('Cantidad')
plt.show()
```

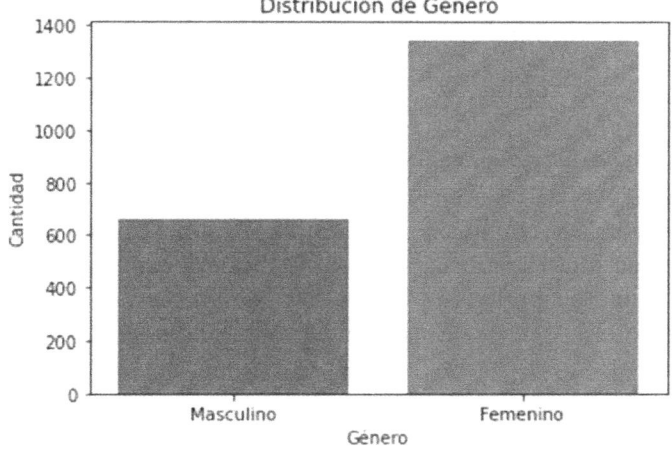

A partir del histograma mostrado previamente, se puede observar que el conjunto de datos presenta una variedad de valores en la columna "PG_ICFES". Es probable que surja la curiosidad de conocer más detalles sobre esta información, como la cantidad de personas que obtuvieron un puntaje superior a 350 puntos en este grupo de datos. Esta información se puede obtener de manera gráfica utilizando la opción "True", que representa la cantidad de personas que cumplen con la condición (df. PG_ICFES >= 350). Sin embargo, para obtener el valor exacto de cuántas personas obtuvieron un puntaje de 350 puntos, es necesario realizar un conteo preciso.

```
#visualizar información de una columna en especial (PG_ICFES>= 350)
import seaborn as sns
sns.countplot(df.PG_ICFES>= 350)
plt.show()

#como saber cuántas personas tienen puntaje de ICFES superior a 350 puntos
Per_mayor_ICFES = df[df.PG_ICFES>350]["PG_ICFES"].count()
print( 'cantidad personas > 350:',Per_mayor_ICFES)
```

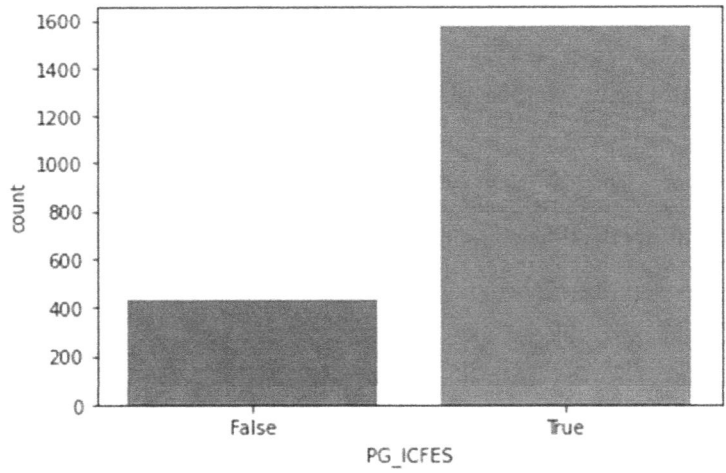

▶ pd.crosstab() es una función de la biblioteca Pandas en Python que se utiliza para calcular una tabla de frecuencias cruzadas (también conocida como tabla de contingencia) a partir de uno o más factores categóricos. Esta función es útil para analizar la relación entre dos o más variables categóricas mediante la agrupación y conteo de las ocurrencias de cada combinación de categorías. Algunos de los parámetros de pd.crosstab() son:

● index: la columna o lista de columnas que se utilizarán como índices de fila en la tabla de frecuencias cruzadas.

- columns: la columna o lista de columnas que se utilizarán como índices de columna en la tabla de frecuencias cruzadas.

- values: opcionalmente, la columna que contiene los valores a ser agregados en la tabla. Si se proporciona, pd.crosstab() calculará la suma de estos valores para cada combinación de categorías.

- aggfunc: la función de agregación a aplicar si se proporciona el parámetro values. Por defecto, se utiliza la función de conteo (len), pero también puedes especificar otras funciones como sum, mean, min, max, etc.

En este ejemplo inicial las dos variables que se desean analizar son variables independientes. La columna df['GENERO'] se utiliza como el índice de fila y df['TIPO_COLEGIO'] como el índice de columna. La tabla de frecuencias cruzadas resultante mostrará el recuento de ocurrencias para cada combinación de género y el tipo de colegio en el DataFrame.

```
#cargar los datos
import matplotlib.pyplot as plt
import numpy as np
import pandas as pd
df = pd.read_csv('R1_ING_IND-copia.csv',header=0)

#Cambiar la cabecera o nombre de algunas columnas
cabecera = ["NUMERO", "GENERO", "TIPO_COLEGIO", "LOCALIDAD_COLEGIO",
"CALENDARIO", "MUNICIPIO", "DEPARTAMENTO", "PG_ICFES", "CON_MAT_ICFES",
"APT_MAT_ICFES", "FISICA_ICFES", "QUIMICA_ICFES", "APT_VERB_ICFES",
"LITERATURA_ICFES", "BIOLOGIA_ICFES", "SOCIALES_ICFES", "FILOSOFIA_ICFES",
"DIOMA_ICFES", "LOCALIDAD", "DISTANCIA", "INSCRIPCION", "ESTRATO", "ANO_
INGRESO", "RENDIMIENTO_UNO"]

#Agregar la cabecera al conjunto de datos original
df.columns=cabecera

# Utiliza pd.crosstab() para calcular la tabla de frecuencias cruzadas
tabla_frecuencias = pd.crosstab(index=df['GENERO'], columns=df['TIPO_
COLEGIO'])
display(tabla_frecuencias)
```

| TIPO_COLEGIO | 0.0 | 1.0 | 2.0 |
|---|---|---|---|
| GENERO | | | |
| Femenino | 712 | 308 | 326 |
| Masculino | 340 | 154 | 167 |

Sin embargo, para visualizar de manera más clara la relación entre las variables "GENERO" y "TIPO DE COLEGIO", puede ser preferible utilizar herramientas gráficas. En este caso, se recurrirá a la biblioteca de Python: Seaborn. Seaborn ofrece capacidades avanzadas de visualización que permiten explorar de manera más profunda las relaciones entre variables en los datos. Aunque Matplotlib es una excelente opción para gráficos básicos, Seaborn brinda una gama más amplia de opciones para visualizar datos de manera efectiva y comprensible. Utilizar Seaborn puede ayudar a identificar patrones y tendencias de manera más intuitiva, lo que facilita la interpretación de los resultados y la toma de decisiones basadas en los datos.

```python
#Grafico que muestra la relación entre DOS variables Independientes
import seaborn as sns
plt.figure(figsize=(10,5)) #tamaño del grafico
plt.title("Cantidad de estudiantes según su género discriminados por tipo
de colegio", fontsize='x-large', fontweight="bold")

#Variables del gráfico
sns.countplot(x=df['GENERO'] ,hue=df['TIPO_COLEGIO'],palette="bright",
orient="v")
plt.xlabel('Número de GENEROS')
plt.ylabel('cantidad de estudiantes')
plt.grid()
plt.show()
```

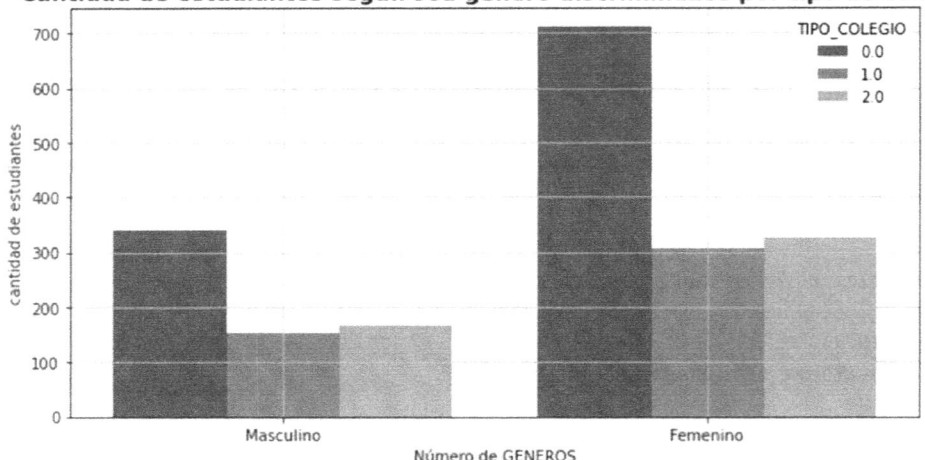

La relación entre dos variables puede ser analizada tanto mediante tablas de frecuencia como a través de gráficos cuando se utiliza la función pd.crosstab(). Esto resulta especialmente útil cuando se trata de una variable independiente y una variable dependiente o de salida. En este contexto, la función permite mostrar de manera efectiva cómo se distribuyen los valores de la variable dependiente en función de los distintos niveles o categorías de la variable independiente. Además, es posible visualizar estas relaciones utilizando diversos tipos de gráficos para obtener una comprensión más completa y clara de los datos. Por ejemplo, considerando el escenario en el que la variable X representa el "GÉNERO" y estamos interesados en medir la cantidad de estudiantes discriminados por su rendimiento académico. Al emplear pd.crosstab(), podemos obtener una tabla que muestre cómo se distribuyen los estudiantes en diferentes niveles de rendimiento académico según su género.

```
#Grafico que muestra la relación entre una variable dependiente y una
Independientes
import seaborn as sns
plt.figure(figsize=(10,5))
plt.title("Cantidad de estudiantes segun género discriminados por
rendimiento académico",
          fontsize='x-large', fontweight="bold")

#Variables del grafico
sns.countplot(x=df['GENERO'] ,hue=df['RENDIMIENTO_UNO'],palette="bright",
orient="v")
plt.xlabel('Número de GENEROS')
plt.ylabel('cantidad de estudiantes')
plt.grid()
plt.show()
```

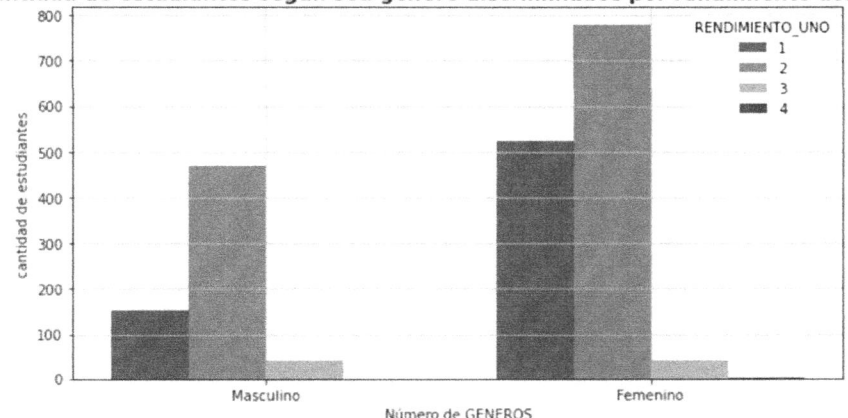

Cantidad de estudiantes segun seu género discriminados por rendimiento académico

La función pd.crosstab() y el uso de gráficos también son herramientas efectivas para evidenciar relaciones entre una variable independiente de tipo numérico y otra dependiente. En este caso, consideremos que la variable X representa "DISTANCIA", que refleja la distancia desde el lugar de residencia del estudiante hasta la universidad, y deseamos analizar cómo esta variable se relaciona con la cantidad de estudiantes discriminados por su género.

Al aplicar pd.crosstab(), es posible generar una tabla que resume la distribución de los estudiantes según diferentes categorías de distancia y género. Esta tabla proporciona una visión clara de cómo se distribuyen los estudiantes en función de la distancia y el género, lo que puede ayudar a identificar patrones o tendencias significativas en los datos.

Además, para una comprensión más intuitiva de estas relaciones, los resultados de pd.crosstab() pueden ser visualizados a través de diversos tipos de gráficos, como gráficos de barras o diagramas de dispersión.

```python
#Grafico que muestra la relación entre DOS variables Independientes
import seaborn as sns
plt.figure(figsize=(10,5))
plt.title("Cantidad de estudiantes segun la distancia discriminados por su género",
          fontsize='x-large',
          fontweight="bold")

#Variables del grafico
sns.countplot(x=df['DISTANCIA'] ,hue=df['GENERO'],palette="bright",
orient="v")
plt.xlabel('Distancia desde su hogar a la Universidad')
plt.ylabel('cantidad de estudiantes')
plt.grid()
plt.show()
```

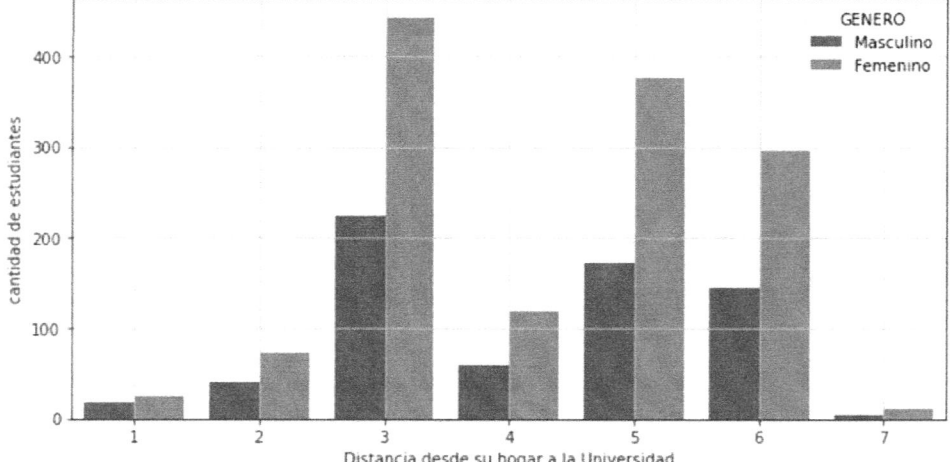

**Cantidad de estudiantes segun la distancia discriminados por su género**

Surge entonces la inquietud sobre cómo generar gráficos que representen la relación entre tres o más variables dependientes de tipo categórico, dado que hasta el momento no se ha explorado esta posibilidad. La visualización de estas variables puede proporcionar una comprensión más profunda de la distribución y las relaciones entre diferentes categorías, lo que es crucial en el análisis exploratorio de datos.

```
#cantidad de personas discriminadas por género ,distancia y calendario del
colegio
display(pd.crosstab(df.GENERO, [df.CALENDARIO, df.DISTANCIA]))
```

| CALENDARIO | 0 | | | | | | | 1 | | | | | | | 2 | | 3 | | | |
|---|---|---|---|---|---|---|---|---|---|---|---|---|---|---|---|---|---|---|---|---|
| DISTANCIA | 1 | 2 | 3 | 4 | 5 | 6 | 7 | 1 | 2 | 3 | 4 | 5 | 6 | 7 | 3 | 6 | 2 | 3 | 5 | 6 |
| GENERO | | | | | | | | | | | | | | | | | | | | |
| Femenino | 15 | 38 | 241 | 65 | 202 | 151 | 1 | 11 | 36 | 199 | 55 | 173 | 137 | 10 | 0 | 6 | 0 | 3 | 1 | 2 |
| Masculino | 10 | 24 | 118 | 23 | 93 | 72 | 1 | 8 | 15 | 105 | 36 | 78 | 68 | 3 | 1 | 5 | 1 | 0 | 1 | 0 |

▼ groupby(): como se mencionó, es una función fundamental en análisis de datos, ya que permite realizar operaciones de agrupación basadas en los valores de una o más columnas. En este contexto, no solo se agrupan variables, sino que también se exploran las distintas formas de calcular estadísticas resumidas, como el promedio, sobre los datos agrupados. Además, se muestra cómo generar gráficos que ilustren estas relaciones entre variables. Un ejemplo claro de esto es el análisis de la variable "AÑO de INGRESO", que es categórica, y la variable "Puntaje del ICFES", que es numérica.

Al utilizar groupby() en este caso, podemos dividir los datos en grupos según el año de ingreso y calcular estadísticas resumidas, como el promedio del puntaje del ICFES para cada grupo. Posteriormente, podemos visualizar estos resultados mediante gráficos adecuados, como gráficos de barras o diagramas de caja, que nos permiten comprender mejor la distribución de los puntajes del ICFES en función del año de ingreso de los estudiantes.

```
#Promedio de VALOR de PUntaje ICfes discriminadas por año de cohorte
y=df.groupby(["ANO_INGRESO"]).mean()['PG_ICFES']
print("Los valores promedios de PUNTAJE ICFES para cada año de ingreso:",y)
type(y)

#Gráfico del promedio de VALOR de PUntaje ICfes discriminadas por año de
```

```
cohorte
import seaborn as sns
plt.figure(figsize=(4,5))
plt.title("Valores promedios de PUNTAJE ICFES para cada año de ingreso ",
fontsize='x-large',fontweight="bold")
sns.barplot(x=df["ANO_INGRESO"], y=df['PG_ICFES'],palette="bright")
plt.show()
```

Los valores promedios de PUNTAJE ICFES para cada año de ingreso: ANO_INGRESO

| | |
|---|---|
| 2011 | 448.806167 |
| 2012 | 427.015873 |
| 2013 | 423.135458 |
| 2014 | 430.478261 |
| 2015 | 370.534884 |
| 2016 | 362.223938 |
| 2017 | 350.186508 |
| 2018 | 347.388235 |

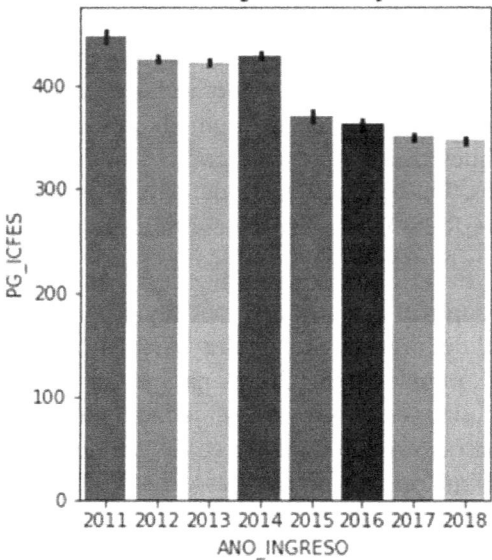

**Valores promedios de PUNTAJE ICFES para cada año de ingreso**

Por último, otra funcionalidad relevante es la capacidad de cruzar un conjunto de filas de una característica o columna con otra. Por ejemplo, si deseamos determinar el año promedio en que ingresaron los estudiantes que obtuvieron un puntaje ICFES de 300 puntos, podemos utilizar técnicas de agrupación y filtrado para obtener esta información.

Este tipo de análisis permite profundizar aún más en los datos y entender mejor las relaciones entre diferentes variables. En este caso específico, nos ayuda a comprender la dinámica de ingreso de los estudiantes en función de su desempeño en el examen ICFES.

```python
prom_PG_300 = df[df["PG_ICFES"] == 300]['ANO_INGRESO'].mean()
print ("En promedio los ESTUDIANTES con Puntaje ICfes de 300, tienen por
AÑO de INGRESO promedio de:", prom_PG_300)
```

En promedio los ESTUDIANTES con Puntaje ICfes de 300, tienen por un AÑO de INGRESO promedio de: 2017.5

# 5

# EXPLORANDO MÉTODOS PARA TRANSFORMACIÓN DE LOS DATOS

Es frecuente encontrarse con conjuntos de datos donde las variables están representadas en diferentes escalas de medida. Por ejemplo, algunas variables pueden estar expresadas en kilogramos, kilómetros o segundos. Esta disparidad en las escalas puede tener un impacto significativo en las variables de respuesta y, en consecuencia, influir negativamente en ciertos algoritmos de aprendizaje automático, como la regresión lineal, la regresión logística, los k vecinos más cercanos o las máquinas de vectores de soporte (SVM) [61]. Para abordar este problema, una práctica común en el preprocesamiento de datos es llevar a cabo una transformación de escala de las variables de entrada. Este proceso implica ajustar las escalas de las variables para que tengan un rango similar, lo que ayuda a mejorar la precisión y la estabilidad de los modelos de aprendizaje automático. Al estandarizar o normalizar las variables, se facilita la comparación entre ellas y se evita que las diferencias en las escalas dominen la contribución de ciertas variables sobre otras en el proceso de modelado. En resumen, la transformación de escala es una técnica esencial para garantizar un análisis de datos preciso y robusto, especialmente cuando se trabaja con algoritmos sensibles a las diferencias de escala entre las variables [62].

Entre las técnicas más populares para transformar datos numéricos antes de aplicar algoritmos de predicción se encuentran el reescalado, la estandarización y la normalización [63]. En Python, existen diversos métodos para llevar a cabo estas transformaciones, como MinMaxScaler, StandardScaler y Normalizer. La Figura 19 proporciona una visión general de las técnicas de transformación de datos disponibles. Se recomienda probar varias de estas técnicas para determinar cuál de ellas logra que los datos se asemejen más a una distribución cuasi-gaussiana, ya que esto también influirá en las métricas de rendimiento de los modelos de *Machine*

*Learning* futuros, ya sean supervisados, no supervisados, de ensamble o de redes profundas. La elección de la técnica de escalamiento más adecuada dependerá del conjunto de datos y del algoritmo de aprendizaje automático que se esté utilizando, así como de las características específicas del problema que se esté abordando. Es importante explorar diferentes opciones y evaluar el impacto de cada técnica en el rendimiento del modelo para obtener los mejores resultados posibles.

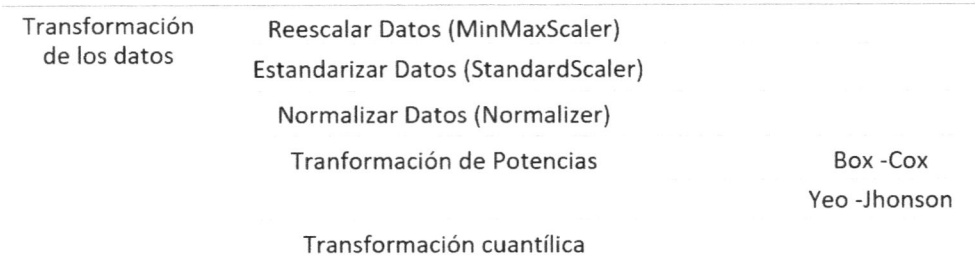

**Figura 29.** Métodos de transformación de los datos

La transformación de datos es un paso crucial en el proceso de análisis de datos por varias razones importantes a parte de las ya mencionadas:

- ☛ Creación de características: la transformación de datos también puede implicar la creación de nuevas características derivadas de las características existentes. Esto puede ayudar a capturar mejor la información relevante en los datos y mejorar la capacidad predictiva de los modelos.

- ☛ Codificación de variables categóricas: las variables categóricas deben ser codificadas de alguna manera antes de que puedan ser utilizadas en muchos algoritmos de aprendizaje automático. La transformación de datos puede implicar la codificación de variables categóricas en variables numéricas o en variables binarias.

En resumen, la transformación de datos es esencial para garantizar que los datos estén en un formato adecuado para su análisis posterior y para garantizar la precisión y la eficacia de los modelos de aprendizaje automático. En esta parte del libro se procede a utilizar el conjunto de datos de los estudiantes para predecir el rendimiento académico de los estudiantes a partir de diversos factores como académico, sociodemográfico, etc.

 El conjunto de datos que se usará ya ha sufrido un proceso de limpieza. La variable de salida denominada "RENDIMIENTO_UNO" es una variable con cuatro opciones de clase. Inicialmente se carga el conjunto de datos "R1_ING_IND.csv" mediante la librería pandas. Disponible como material complementario al libro, en el código QR.

```
# Configuración warnings
import warnings
warnings.filterwarnings('ignore')

#Importar las librerías básicas y cargar los datos
 import matplotlib.pyplot as plt
import numpy as np
import pandas as pd
df = pd.read_csv('R1_ING_IND.csv',header=0)
df.head(3)
```

|   | NUMERO | GENERO | TIPO_COLEGIO | LOCALIDAD_COLEGIO | CALENDARIO |
|---|--------|--------|--------------|-------------------|------------|
| 0 | 1 | 1 | 0 | 20 | 0 |
| 1 | 2 | 1 | 2 | 2 | 1 |
| 2 | 3 | 0 | 2 | 20 | 1 |

Después de cargar los datos, es crucial realizar una división adecuada entre las variables independientes (X) y las variables dependientes (Y), independientemente del tipo de transformación que se desee aplicar. Esta división es fundamental para asegurar que los datos se utilicen de manera apropiada en el análisis posterior o en la implementación de modelos predictivos.

Esta tarea de división puede llevarse a cabo utilizando bibliotecas como Pandas o Numpy en Python, que ofrecen herramientas robustas para la manipulación de datos. Por ejemplo, en el caso de un DataFrame de Pandas, las columnas que representan las variables independientes pueden seleccionarse y asignarse a una variable X, mientras que la columna que representa la variable dependiente puede asignarse a una variable Y.

La correcta división de los datos en variables independientes y dependientes es esencial para garantizar que el modelo de aprendizaje automático se entrene de manera efectiva y produzca resultados precisos.

```
#División de variables independientes (X) y dependiente (Y) usando PANDAS
print (df.shape)

#Tamaño de la matriz original
X = df.drop(['RENDIMIENTO_UNO'], axis=1) #Matriz variable independiente
Y = df[['RENDIMIENTO_UNO']] #Matriz variable dependiente
REND_UNO = df[['RENDIMIENTO_UNO']]

#Matriz variable dependiente
print("Separación de datos usando Pandas") print(X.shape, Y.shape)
print(" ")

#División de variables independientes (X) y dependiente (Y) usando NUMPY
x = df.iloc[:,:-1].values
y = df.iloc[:,-1].values
print("Separación de datos usando NumPy")
print(x.shape, y.shape)
```

```
(2008, 24)

Separación de datos usando Pandas
(2008, 23) (2008, 1)

Separación de datos usando NumPy
(2008, 23) (2008,)
```

Para facilitar la visualización de cómo cada uno de los métodos de transformación actúa en Python, es común realizar varias copias del conjunto de datos, centrándose en las variables independientes X. Este enfoque permite aplicar diferentes técnicas de transformación a cada copia del conjunto de datos y comparar los resultados de manera eficiente.

Al generar múltiples copias del conjunto de datos para las variables independientes X, se crea un entorno de trabajo donde es posible experimentar con diversas técnicas de transformación, como reescalado, estandarización o normalización, sin afectar los datos originales.

```
# Hay que asegurar que las entradas sean flotantes y la salida sea una
etiqueta de número entero
from sklearn.preprocessing import LabelEncoder
X = X.astype('float32')
#convierte todo el conjunto de datos X en valores numéricos.
Y = LabelEncoder().fit_transform(Y.astype('str'))   #Asegura que la salida
sea una etiqueta de número entero
```

```
print(X.shape, Y.shape)

#Copia del conjunto de datos Original para experimentar los métodos de
Transformación
X_R = X.copy(deep=True)                      #Copia del Conjunto de datos
para Reescalar
X_E = X.copy(deep=True)                      #Copia del Conjunto de datos
para Estandarizar
X_N = X.copy(deep=True)                      #Copia del Conjunto de datos
para Normalizar
X_ROB = X.copy(deep=True)                  #Copia del Conjunto de datos
para la estandarización Robusta
X_T_BOX = X.copy(deep=True)                 #Copia del Conjunto de datos para
Transformación Box -Cox
X_T_JOHNSON = X.copy(deep=True)    #Copia del Conjunto de datos para
transformación DE Johnson
X_T_JOHNSON.head(2)
```

| | NUMERO | GENERO | TIPO_COLEGIO | LOCALIDAD_COLEGIO |
|---|---|---|---|---|
| 0 | 1.0 | 1.0 | 0.0 | 20.0 |
| 1 | 2.0 | 1.0 | 2.0 | 2.0 |

## 5.1 REESCALA DE DATOS

Reescalar un conjunto de datos en Python consiste en ajustar las escalas de las variables para que tengan un rango específico, generalmente entre 0 y 1 o -1 y 1. Este proceso se realiza con el fin de mejorar el rendimiento de los modelos de aprendizaje automático y facilitar la comparación entre diferentes variables.

El método de Reescalar requiere que se conozcan los valores mínimos y máximos para cada una de las variables de entrada del conjunto de datos (variables independientes). La reescala se realiza mediante técnicas como Min-Max Scaler, que transforma los datos de manera lineal para que el valor más bajo se corresponda con 0 y el valor más alto se corresponda con 1, utilizando la fórmula [50]:

$$X\ nuevo = \frac{X - Xmin}{Xmax - Xmin}$$

Donde, donde *Xnuevo* es el valor reescalado, X es el valor original, *Xmin*es el valor mínimo en el conjunto de datos de la columna y Xmax es el valor máximo en el conjunto de datos.

La reescala se hace para evitar que las diferencias en las escalas dominen la contribución de ciertas variables sobre otras en el proceso de modelado. Esto es importante porque muchos algoritmos de aprendizaje automático, como la regresión lineal, KNN, la regresión logística y las máquinas de vectores de soporte, son sensibles a las diferencias en las escalas de las variables [52]. Al reescalar los datos, se asegura que todas las variables contribuyan de manera equitativa al modelo, lo que puede mejorar la precisión y la estabilidad de este.

En este fragmento de código, primero se carga la técnica de transformación y se establece el rango de los datos de salida (0, 1) utilizando MinMaxScaler. Luego, se utiliza la función fit() para ajustar el transformador a los datos, lo que significa estimar los valores mínimo y máximo de cada columna del conjunto de datos. Posteriormente, se aplica la escala definida a los datos utilizando la función transform().

```python
from numpy import set_printoptions
from sklearn.preprocessing import MinMaxScaler

# Reescalado de datos (entre 0 y 1)
transformador = MinMaxScaler(feature_range=(0, 1)).fit(X_R)

# Transformación de los datos y conversión a matriz NumPy
datos_reescalados = transformador.transform(X_R)

# Establecer el formato de salida para mostrar solo tres decimales
set_printoptions(precision=3)

# Resumen de los datos reescalados como matriz NumPy
print(datos_reescalados[0:5, :])

# Convertir los datos reescalados de NumPy a un DataFrame de pandas
datos_pandas_reescalados = pd.DataFrame(data=datos_reescalados, columns=X.columns) datos_pandas_reescalados.head(2)
```

```
[[0.000e+00 1.000e+00 0.000e+00 9.524e-01 0.000e+00 0.000e+00 0.000e+00
  8.250e-01 3.421e-01 5.690e-01 7.374e-01 7.282e-01 6.667e-01 4.333e-01
  3.968e-01 0.000e+00 7.738e-01 7.900e-01 9.500e-01 8.333e-01 7.778e-01
  6.000e-01 0.000e+00]

 [... .... .... .... .... .... .... .... .... .... .... ]
```

[1.993e-03 0.000e+00 1.000e+00 3.810e-01 3.333e-01 8.407e-02 1.613e-01
8.350e-01 5.000e-01 6.724e-01 7.071e-01 6.408e-01 6.961e-01 4.833e-01
5.238e-01 0.000e+00 7.143e-01 7.000e-01 3.500e-01 3.333e-01 7.778e-01
6.000e-01 0.000e+00]]

| | NUMERO | GENERO | TIPO_COLEGIO | LOCALIDAD_COLEGIO | CALENDARIO | MUNICIPIO |
|---|---|---|---|---|---|---|
| 0 | 0.000000 | 1.0 | 0.0 | 0.952381 | 0.000000 | 0.000000 |
| 1 | 0.000498 | 1.0 | 1.0 | 0.095238 | 0.333333 | 0.084071 |

## 5.2 ESTANDARIZACIÓN DE DATOS

La estandarización es una técnica útil para transformar atributos con una distribución no gaussiana y diferentes medias y desviaciones estándar. Estandarizar un conjunto de datos en Python consiste en transformar las variables para que tengan una media de 0 y una desviación estándar de 1 [50]. Esto se logra restando la media de cada variable y dividiendo por su desviación estándar.

$$Xstd = \frac{X - \mu}{\sigma}$$

Donde, Xstd es el valor estandarizado, X es el valor original, μ es la media de la variable y σ es la desviación estándar de la variable.

La estandarización se realiza con el propósito de asegurar que todas las variables tengan una escala comparable, lo que puede mejorar el rendimiento de ciertos algoritmos de aprendizaje automático. Al estandarizar los datos, se elimina cualquier sesgo relacionado con la escala de las variables, lo que facilita la comparación entre ellas y evita que una variable domine sobre las demás debido a su magnitud. Así mismo, la estandarización también puede hacer que los datos sean más adecuados para ciertos algoritmos de optimización, como el descenso del gradiente, que pueden converger más rápido cuando las variables tienen una escala similar.

La estandarización y el reescalado son técnicas de escala utilizadas en el preprocesamiento de datos. La estandarización supone que los datos se ajustan a una distribución normal, mientras que el reescalado no asume ninguna distribución específica. En caso de que los datos no se distribuyan normalmente, es recomendable considerar la normalización antes de aplicar un algoritmo de aprendizaje automático [47].

StandardScaler estandariza una característica al restarle la media y luego escalarla para que tenga una varianza de unidad (dividiendo todos los valores por la desviación estándar). Este enfoque es especialmente adecuado para técnicas que presuponen una distribución gaussiana en las variables de entrada, como la regresión lineal, la regresión logística y el análisis de discriminación lineal.

```python
from sklearn.preprocessing import StandardScaler
from numpy import set_printoptions

# Estandarización de los datos (media 0, desviación estándar 1)
transformador = StandardScaler().fit(X_E)

# Aplicar la transformación a los datos y convertirlos en una matriz NumPy
d
atos_estandarizados = transformador.transform(X)

# Establecer el número de decimales para mostrar
set_printoptions(precision=3)

# Imprimir un resumen de la transformación como una matriz NumPy
print(datos_estandarizados[0:5, :])

# Convertir los datos estandarizados de NumPy a un DataFrame de pandas
datos_pandas_estandarizados = pd.DataFrame(data=datos_estandarizados,
columns=X.columns)
datos_pandas_estandarizados.head(2)
```

```
[[-1.731 1.426 -0.867  1.352 -0.915 -0.487 -0.677  1.636 -0.79  0.56
   1.205  1.35  1.112  0.537 -0.763 -0.777  1.264  1.249  1.42  1.281
   0.277  0.915 -1.567]

 [... ... ... ...  ...  ...  ...  ...  ... .... ...  ...  ...  ...  ....]

 [-1.724 -0.701  1.537 -0.31  0.956 -0.085  0.245  1.718  0.608  0.901
   1.111  1.059  1.209  0.946  0.19 -0.777  1.084  0.519 -0.729 -0.881
   0.277  0.915 -1.567]]
```

|   | NUMERO | GENERO | TIPO_COLEGIO | LOCALIDAD_COLEGIO | CALENDARIO |
|---|--------|--------|--------------|-------------------|------------|
| 0 | -1.731188 | 1.425915 | -0.866776 | 1.352224 | -0.914882 |
| 1 | -1.729463 | 1.425915 | 1.537210 | -1.141769 | 0.955874 |

## 5.3 NORMALIZACIÓN DE DATOS

La función Normalizar opera a nivel de filas en lugar de columnas, a diferencia de los transformadores anteriores como Reescalar y Estandarizar. En lugar de ajustar las escalas de las variables, Normalizar recalibra cada observación (fila) para que tenga una longitud de 1, lo que se conoce como norma unitaria o un vector con una longitud de 1. Esto se logra dividiendo cada valor de la observación por su magnitud, lo que resulta en un vector con una longitud constante de 1. Este proceso transforma todas las características de manera que sus valores queden dentro del rango entre -1 y 1 [50].

Este método de preprocesamiento resulta especialmente útil en conjuntos de datos dispersos, caracterizados por tener numerosos ceros y atributos con escalas variables. Es especialmente valioso al trabajar con algoritmos que ponderan los valores de entrada, como las redes neuronales, así como con algoritmos que utilizan medidas de distancia, como KNN (k vecinos más cercanos). La normalización puede ayudar a garantizar que todas las observaciones contribuyan de manera equitativa al modelo, independientemente de sus magnitudes originales, lo que puede mejorar significativamente el rendimiento y la estabilidad de los algoritmos de aprendizaje automático.

```python
from sklearn.preprocessing import Normalizer
from numpy import set_printoptions

# Normalizar los datos (operación a nivel de filas para obtener longitud 1)
normalizador = Normalizer().fit(X_N)

# Aplicar la transformación a los datos y convertirlos en una matriz NumPy
datos_normalizados = normalizador.transform(X_N)

# Establecer el número de decimales para mostrar
set_printoptions(precision=3)

# Mostrar un resumen de la transformación como una matriz NumPy
print(datos_normalizados[:5, :])

# Convertir los datos normalizados de NumPy a un DataFrame de pandas
datos_pandas_normalizados = pd.DataFrame(data=datos_normalizados,
columns=X.columns)
datos_pandas_normalizados.head(2)
```

| | NUMERO | GENERO | TIPO_COLEGIO | LOCALIDAD_COLEGIO | CALENDARIO | MUNICIPIO |
|---|---|---|---|---|---|---|
| 0 | 0.000482 | 0.000482 | 0.000000 | 0.009631 | 0.000000 | 0.000000 |
| 1 | 0.000956 | 0.000478 | 0.000956 | 0.000956 | 0.000478 | 0.009085 |

Ahora que hemos explorado cada uno de los tres métodos utilizados para transformar datos, es esencial visualizar de manera gráfica cómo son las curvas de distribución generadas por cada uno de ellos. Es importante tener en cuenta que la elección del método adecuado depende en gran medida de las necesidades específicas del problema en cuestión. A continuación, se presenta un breve resumen de cada uno de ellos:

▸ Normalización: este método permite ajustar los datos a un rango configurable, como -1 a 1. Es útil cuando se necesita restringir los datos dentro de un intervalo específico, independientemente de su distribución original.

▸ Estandarización: permite ajustar los datos a una distribución con media 0 y desviación estándar 1, o a una extensión configurable, como 1, 2 o más desviaciones estándar de la media. Se utiliza principalmente cuando se desea comparar y analizar variables que pueden tener diferentes escalas de medida.

▸ Reescalado: con este método, los atributos se ajustan nuevamente en un rango entre 0 y 1. Es especialmente útil cuando se requiere que los datos estén en la misma escala para evitar que una variable tenga más peso que otra durante el análisis.

La comprensión de estas diferencias es crucial para seleccionar la transformación más apropiada según las características y requisitos específicos del problema en cuestión. Se muestran a continuación dos formas de visualizar los gráficos haciendo uso de los subplots() explicados previamente para visualizarlos como columnas o como una matriz de gráficos. Se puede observar que para este conjunto de datos las curvas son más cuasi gaussianas cuando se usa la transformación denominada: estandarización.

```python
# Crear subgráficos
import seaborn as sns
import matplotlib.pyplot as plt
fig, (ax1, ax2, ax3, ax4) = plt.subplots(ncols=4, figsize=(15, 6))

# Títulos de los subgráficos
ax1.set_title('Antes de Transformar')
```

```python
ax2.set_title('Después de Reescalar')
ax3.set_title('Después de Estandarizar')
ax4.set_title('Después de Normalizar')

# Gráficos de densidad de kernel antes y después de las transformaciones
sns.kdeplot(df['PG_ICFES'], ax=ax1 , shade = True, color = "Green",
label='PG_ICFES')
sns.kdeplot(df['DEPARTAMENTO'], ax=ax1, shade = True, label='DEPARTAMENTO')
sns.kdeplot(df['DISTANCIA'], ax=ax1)
sns.kdeplot(df['ESTRATO'], ax=ax1)

ax2.set_title('Despues de REESCALAR')
sns.kdeplot(datos_pandas_reescalados['PG_ICFES'], ax=ax2 , shade = True,
color = "Green", label='PG_ICFES')
sns.kdeplot(datos_pandas_reescalados['DEPARTAMENTO'], ax=ax2, shade = True,
label='DEPARTAMENTO')
sns.kdeplot(datos_pandas_reescalados['DISTANCIA'], ax=ax2)
sns.kdeplot(datos_pandas_reescalados['ESTRATO'], ax=ax2)

ax3.set_title('Despues de ESTANDARIZAR')
sns.kdeplot(datos_pandas_estandarizados['PG_ICFES'], ax=ax3, shade = True,
color = "Green", label='PG_ICFES')
sns.kdeplot(datos_pandas_estandarizados['DEPARTAMENTO'], ax=ax3, shade =
True, label='DEPARTAMENTO')
sns.kdeplot(datos_pandas_estandarizados['DISTANCIA'], ax=ax3)
sns.kdeplot(datos_pandas_estandarizados['ESTRATO'], ax=ax3)

ax4.set_title('Despues de NORMALIZAR')
sns.kdeplot(datos_pandas_normalizados['PG_ICFES'], ax=ax4, shade = True,
color = "Green", label='PG_ICFES')
sns.kdeplot(datos_pandas_normalizados['DEPARTAMENTO'], ax=ax4, shade =
True,label='DEPARTAMENTO')
sns.kdeplot(datos_pandas_normalizados['DISTANCIA'], ax=ax4)
sns.kdeplot(datos_pandas_normalizados['ESTRATO'], ax=ax4)

# Mostrar leyendas
ax1.legend()
ax2.legend()
ax3.legend()
ax4.legend()

# Mostrar los subgráficos
plt.tight_layout()
plt.show()
```

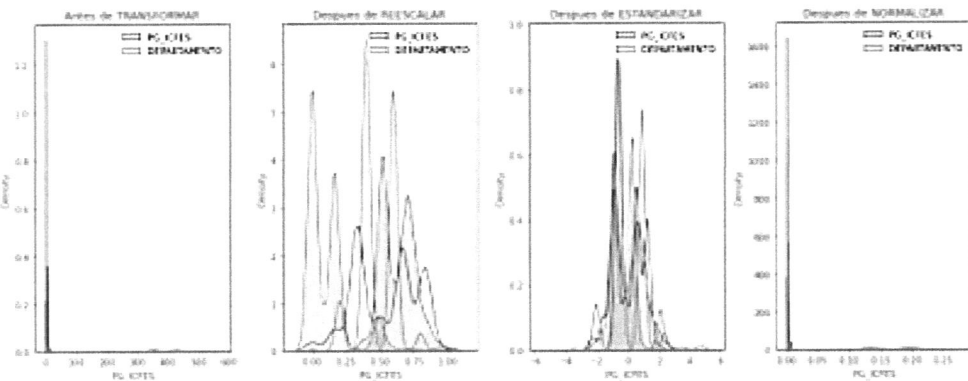

```
import seaborn as sns
import matplotlib.pyplot as plt

# Crear subgráficos
fig, ((ax1, ax2), (ax3, ax4)) = plt.subplots(nrows=2, ncols=2, figsize=(15,
10))

# Títulos de los subgráficos
ax1.set_title('Antes de Transformar')
ax2.set_title('Después de Reescalar')
ax3.set_title('Después de Estandarizar')
ax4.set_title('Después de Normalizar')
# Gráficos de densidad de kernel antes y después de las transformaciones
sns.kdeplot(df['PG_ICFES'], ax=ax1, shade=True, color="Green", label='PG_
ICFES')
sns.kdeplot(df['DEPARTAMENTO'], ax=ax1, shade=True, label='DEPARTAMENTO')
sns.kdeplot(df['DISTANCIA'], ax=ax1, shade=True)
sns.kdeplot(df['ESTRATO'], ax=ax1, shade=True)

sns.kdeplot(datos_pandas_reescalados['PG_ICFES'], ax=ax2 , shade = True,
color = "Green", label='PG_ICFES')
sns.kdeplot(datos_pandas_reescalados['DEPARTAMENTO'], ax=ax2, shade = True,
label='DEPARTAMENTO')
sns.kdeplot(datos_pandas_reescalados['DISTANCIA'], ax=ax2)
sns.kdeplot(datos_pandas_reescalados['ESTRATO'], ax=ax2)

sns.kdeplot(datos_pandas_estandarizados['PG_ICFES'], ax=ax3, shade = True,
color = "Green", label='PG_ICFES')
sns.kdeplot(datos_pandas_estandarizados['DEPARTAMENTO'], ax=ax3, shade =
True, label='DEPARTAMENTO')
sns.kdeplot(datos_pandas_estandarizados['DISTANCIA'], ax=ax3)
```

```
sns.kdeplot(datos_pandas_estandarizados['ESTRATO'], ax=ax3)

sns.kdeplot(datos_pandas_normalizados['PG_ICFES'], ax=ax4, shade = True,
color = "Green", label='PG_ICFES')
sns.kdeplot(datos_pandas_normalizados['DEPARTAMENTO'], ax=ax4, shade =
True,label='DEPARTAMENTO')
sns.kdeplot(datos_pandas_normalizados['DISTANCIA'], ax=ax4)
sns.kdeplot(datos_pandas_normalizados['ESTRATO'], ax=ax4)

# Mostrar leyendas
ax1.legend()
ax2.legend()
ax3.legend()
ax4.legend()

# Mostrar los subgráficos
plt.tight_layout()
plt.show()
```

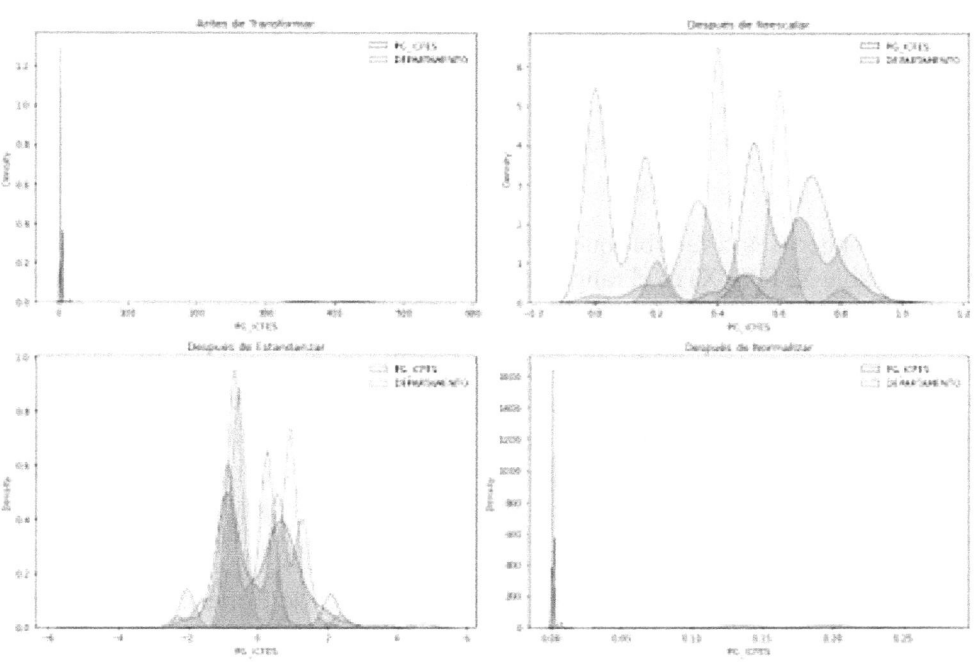

## 5.4 TRANSFORMACIÓN ROBUSTA O ESTANDARIZACIÓN ROBUSTA

La estandarización robusta es una técnica de preprocesamiento de datos que se utiliza para escalar características numéricas, pero a diferencia de la estandarización estándar, esta técnica es menos sensible a los valores atípicos en los datos. Consiste en calcular la media y la desviación estándar utilizando medidas más resistentes a los valores extremos, como la mediana y el rango intercuartílico (IQR). La estandarización robusta es útil cuando se trabaja con conjuntos de datos que contienen valores atípicos o extremos, ya que estos pueden sesgar las estimaciones de la media y la desviación estándar en la estandarización estándar. Esta última puede usarse no solo cuando se tienen datos atípicos, sino cuando la distribución de cada variable no es gaussiana, sino que tienen una distribución sesgada.

Los valores de la variable resultante luego de la transformación robusta se caracterizan por tener no solo la media (estandarización simple) con valor de cero, sino también una mediana de cero y una desviación estándar de 1, aunque no está sesgada por valores atípicos y los valores atípicos siguen presentes con las mismas relaciones relativas con otros valores. La fórmula para la estandarización robusta es la siguiente [50]:

$$\text{Estandarización Robusta} = \frac{X - \text{Mediana}(X)}{IDR(X)}$$

Donde: X es la variable que se está estandarizando; Mediana(X) es la mediana de la variable X; IQR(X) es el rango intercuartílico de la variable X, calculado como la diferencia entre el tercer cuartil (Q3) y el primer cuartil (Q1).

La estandarización robusta se realiza para garantizar que la escala de las características numéricas sea robusta frente a valores atípicos, lo que mejora la capacidad de los modelos de aprendizaje automático para manejar correctamente estos datos. Al utilizar medidas robustas como la mediana y el rango intercuartílico, esta técnica es menos sensible a los valores extremos y proporciona una mejor estimación de la distribución de los datos.

La biblioteca scikit-learn de Python ofrece la clase RobustScaler, diseñada para estandarizar características numéricas utilizando la mediana y el rango intercuartílico (IQR) para calcular una medida resistente a los valores atípicos. Al especificar quantile_range=(25, 75), se asegura que se utilicen los cuartiles 1 y 3 para el cálculo del IQR. Después de aplicar RobustScaler a las variables independientes X, todas las columnas se transforman de manera que la mediana se convierte en cero y los valores de desviación estándar se ajustan para que estén cerca de 1. Esto se logra restando la mediana y dividiendo por el IQR. A continuación, se presenta un ejemplo que ilustra este proceso.

```
from sklearn.preprocessing import RobustScaler
import pandas as pd

# Estandarización Robusta (media 0, mediana 0, desviación estándar 1)
transformador = RobustScaler(quantile_range=(25, 75)).fit(X_ROB)

# Aplicar la transformación y convertir los datos a una matriz NumPy
reescalado_X_ROB = transformador.transform(X_ROB)

# Establecer el formato de los decimales y mostrar un resumen de la
transformación
 pd.set_option('precision', 3)
print(reescalado_X_ROB[0:5, :])

# Convertir los datos estandarizados robustos de NumPy a pandas
X_pandas_ROB = pd.DataFrame(data=reescalado_X_ROB, columns=X.columns)
X_pandas_ROB.head(2)
```

| | NUMERO | GENERO | TIPO_COLEGIO | LOCALIDAD_COLEGIO | CALENDARIO |
|---|---|---|---|---|---|
| 0 | -1.000 | 1.0 | 0.0 | 0.714 | 0.0 |
| 1 | -0.999 | 1.0 | 2.0 | -0.571 | 1.0 |

Por lo general se consideran datos atípicos aquellos que se encuentran por debajo del primer cuartil (25%) o por encima del tercer cuartil (75%). Esto se especificó en el ejemplo anterior por medio de tupla de rango de cuartiles (*quantile_range=(25, 75)*). Estos pueden ser modificados y correr de nuevo el modelo.

Ahora si se desea tomar más datos o menos datos como datos atípicos de una variable, este rango puede variarse. Se pueden especificar otros valores y podrían mejorar el rendimiento del modelo, como un rango más amplio, lo que permite que menos valores se consideren valores atípicos, o un rango más estrecho, lo que permite que más valores se consideren valores atípicos.

```
#mostrar mediana, media y cuartiles
X_pandas_ROB.describe()
```

|       | NUMERO    | GENERO  | TIPO_COLEGIO | LOCALIDAD_COLEGIO |
|-------|-----------|---------|--------------|-------------------|
| count | 2.008e+03 | 2008.00 | 2008.000     | 2008.000          |
| mean  | 5.135e-09 | 0.33    | 0.721        | 0.017             |
| std   | 5.778e-01 | 0.47    | 0.832        | 0.516             |
| min   | -1.000e+00| 0.00    | 0.000        | -0.714            |
| 25%   | -5.000e-01| 0.00    | 0.000        | -0.429            |
| 50%   | 0.000e+00 | 0.00    | 0.000        | 0.000             |
| 75%   | 5.000e-01 | 1.00    | 1.000        | 0.571             |
| max   | 1.000e+00 | 1.00    | 2.000        | 0.786             |

## 5.5 TRANSFORMACIÓN DE BOX – COX

La transformación de Box-Cox es una técnica utilizada en estadística para transformar variables para que se ajusten mejor a una distribución normal o gaussiana. Fue propuesta por los estadísticos George Box y Sir David Cox.

Consiste en aplicar una transformación paramétrica a los datos, que depende de un parámetro $\lambda$. Esta transformación se define como [60]:

$$Box - Cox(y_i, \lambda) = \begin{cases} \dfrac{y_i^{\lambda} - 1}{\lambda} & \text{si } \lambda \neq 0, \\ \ln(y_i) & \text{si } \lambda = 0, \end{cases}$$

Donde $y_i$ son los datos originales y $\lambda$ es el parámetro de la transformación.

La transformación de Box-Cox es una herramienta crucial en análisis estadístico, empleada para estabilizar la varianza y ajustar los datos a una distribución normal. Esta técnica es especialmente útil para mejorar el desempeño de modelos estadísticos que presuponen normalidad en los datos, como la regresión lineal, regresión logística y Naive Bayes. Sin embargo, es importante destacar que algunos conjuntos de datos pueden no seguir una distribución normal, sino presentar distribuciones distintas, como sesgos, distribuciones casi gaussianas con valores atípicos, o distribuciones exponenciales o logarítmicas.

La elección del parámetro $\lambda$ en la transformación de Box-Cox se puede lograr mediante métodos de optimización, como la maximización de la log-verosimilitud. En el ámbito de la analítica de datos, existen diversas técnicas para transformar variables y aproximarse a una distribución gaussiana, como ajustar el tamaño de la muestra o eliminar valores atípicos. Sin embargo, estas técnicas son más efectivas cuando la distribución de datos se acerca a una forma casi gaussiana y está afectada por sesgos o valores atípicos.

Python ofrece una amplia gama de herramientas para modificar la distribución de las variables y mejorar el rendimiento de los algoritmos de aprendizaje automático. Entre estas herramientas se encuentran las transformaciones de potencia, como la transformación de Box-Cox y la transformación Yeo-Johnson. Estas técnicas utilizan funciones de potencia, como logaritmos o exponenciales, para ajustar la distribución de probabilidad de una variable a una distribución gaussiana o más cercana a ella. Estas transformaciones no solo se aplican a las variables de entrada en tareas de clasificación, sino también a las variables de salida en tareas de regresión, ofreciendo flexibilidad y potencia en el preprocesamiento de datos para análisis y modelado predictivo.

A continuación, se presentan algunos valores comunes para el parámetro $\lambda$ en la transformación de Box-Cox, aunque es importante destacar que Python busca automáticamente el valor de $\lambda$ que maximiza la función de probabilidad:

- Para $\lambda = -1$, se realiza una transformación recíproca.

- Para $\lambda = -0.5$, se efectúa una transformación de raíz cuadrada recíproca.

- Para $\lambda = 0.0$, se aplica una transformación logarítmica.

- Para $\lambda = 0.5$, se realiza una transformación de raíz cuadrada.

- Para $\lambda = 1.0$, no se realiza ninguna transformación.

Estos valores de $\lambda$ proporcionan una guía inicial para comprender cómo la transformación de Box-Cox afecta la distribución de los datos. Sin embargo, es importante recordar que la optimización automática de $\lambda$ por parte de Python garantiza una adaptación precisa a la distribución de los datos, maximizando así la verosimilitud de estos.

La transformación de datos hacia una distribución gaussiana, conocida como Box-Cox, es una técnica poderosa utilizada en análisis estadístico y modelado predictivo. Por tanto, es fundamental reconocer las limitaciones al utilizar la transformación de Box-Cox en conjuntos de datos. Esta transformación solo se puede aplicar a datos cuyos valores de entrada son estrictamente positivos. Esto implica que los datos que contienen valores de 0 o valores negativos no son compatibles con esta técnica, de tal manera que es necesario considerar alternativas o realizar un preprocesamiento adicional para garantizar la validez y eficacia de los análisis estadísticos y modelos predictivos.

Se prosigue con el análisis del conjunto de datos de Rendimiento Académico, sobre el cual se han aplicado diversas transformaciones previas. Esta etapa, se enfoca en determinar si las variables (columnas) de dicho conjunto de datos exhiben una distribución sesgada, dado que este es uno de los criterios para aplicar la transformación Box-Cox. Para ello, se procede inicialmente con la visualización de histogramas de cada una de las variables. Es importante recordar que se considera que una distribución es normal (gaussiana) cuando la representación gráfica de los datos adopta la forma de una campana. Al observar los gráficos generados se identifican varias variables con distribuciones sesgadas, ya sea hacia la izquierda o hacia la derecha.

Este hallazgo indica que el conjunto de datos presenta un potencial candidato para la aplicación de la transformación de potencia Box-Cox, con el objetivo de ajustar las variables hacia una distribución más cercana a la gaussiana. Este procedimiento se propone con la finalidad de mejorar la idoneidad de los datos para su posterior análisis y modelado. En este contexto, la implementación de la transformación Box-Cox se presenta como una estrategia prometedora para mejorar la normalidad de los datos y, por ende, la robustez de los análisis.

```
import matplotlib.pyplot as plt
df.hist(bins=10, fig|size=(10,10), color = "skyblue")
plt.show()
```

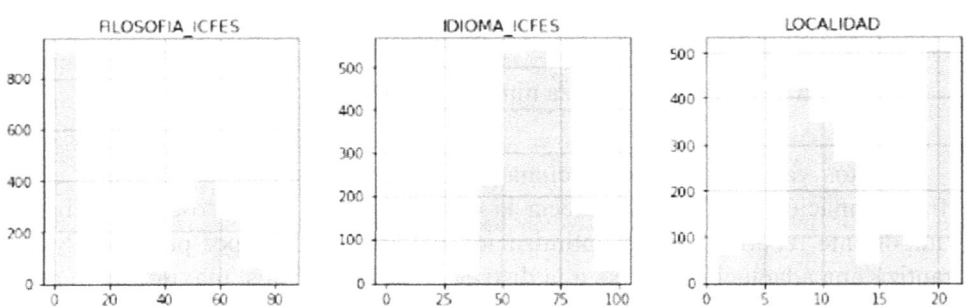

Otro aspecto crucial a considerar es la identificación de la presencia de valores negativos o nulos (igual a cero) en las columnas del conjunto de datos. Python ofrece una herramienta útil para esta tarea a través de la función describe(), que proporciona estadísticas resumidas, incluyendo el valor mínimo para cada columna de datos. Al realizar este análisis, se revela que efectivamente existen valores de cero en algunas columnas del conjunto de datos como se muestra.

```
# Estadísticas generales del conjunto de datos
df.describe()
```

| NUMERO | GENERO | TIPO_COLEGIO | LOCALIDAD_COLEGIO |
|--------|--------|--------------|-------------------|
| count | 2008.00000 | 2008.000000 | 2008.000000 |
| mean | 1004.50000 | 0.329681 | 0.721116 |
| std | 579.80399 | 0.470214 | 0.832159 |
| min | 1.00000 | 0.000000 | 0.000000 |
| 25% | 502.75000 | 0.000000 | 0.000000 |
| 50% | 1004.50000 | 0.000000 | 0.000000 |

Después de identificar el sesgo y la presencia de valores "cero" en el conjunto de datos original, es importante considerar diversas acciones para abordar estos problemas. Una opción, aunque no la más recomendada, sería eliminar las filas que contienen valores "cero" del conjunto de datos, lo que permitiría la implementación de algoritmos de *Machine Learning* sin la interferencia de estos valores. Sin embargo, esta estrategia puede llevar a la pérdida de información potencialmente útil y reducir el tamaño del conjunto de datos, lo que podría afectar la capacidad del modelo para generalizar correctamente. Una alternativa más apropiada sería imputar los valores de "cero" utilizando el promedio de la columna respectiva.

Además, otra opción viable consiste en realizar una reescala inicial del conjunto de datos original entre 1 y 2, en lugar de entre 0 y 1 o entre -1 y 1, como se explicó en el apartado 6.1 sobre reescalado de datos. Esta estrategia tiene como objetivo preservar la información contenida en las columnas y evitar la necesidad de eliminar columnas o valores que podrían ser relevantes para futuras predicciones. Al reescalar los datos de esta manera, se mantiene la integridad del conjunto de datos mientras se ajustan los valores para satisfacer los requisitos de entrada de ciertos algoritmos de *Machine Learning*. Es importante evaluar cuidadosamente estas opciones y seleccionar la que mejor se adapte a las necesidades específicas del análisis y del modelo que se está desarrollando.

```
# Reescalar datos (entre 1 y 2) ya que BOX - cox No funciona von valores de
cero o negativos
from numpy import set_printoptions
from sklearn.preprocessing import MinMaxScaler
Transformacion= MinMaxScaler(feature_range=(1,2)).fit(X_R)

#Transform, es quien transforma los datos y los deja como matriz del tipo
NumPy
Reescalar_X_R = Transformacion.transform(X_R) print(Reescalar_X_R)

# Decimales para cada uno de los valores
set_printoptions(precision=3)

# Resumen de la transformación como matriz del tipo NumPy
```

```
print(Reescalar_X_R[0:5,:])

#Cambio de datos REESCALADOS de Numpy a pandas
Xpandas_R = pd.DataFrame(data=Reescalar_X_R, columns=X.columns)
Xpandas_R.head(2)
```

```
[[1.    2.    1.    ... 1.778 1.6  1.  ]
 [1.    2.    2.    ... 1.778 1.6  1.  ]
 [1.001 1.    2.    ... 1.778 1.6  1.  ]
 ...
 [1.999 1.    1.    ... 1.778 1.4  2.  ]
 [2.    1.    1.    ... 1.778 1.6  2.  ]
 [2.    2.    1.    ... 1.778 1.4  2.  ]]
```

| NÚMERO | GENERO | TIPO_COLEGIO | LOCALIDAD_COLEGIO |
|--------|--------|--------------|-------------------|
| 0 | 1.000000 | 2.0 | 1.0 |
| 1 | 1.000498 | 2.0 | 2.0 |

Una herramienta útil para llevar a cabo las transformaciones de potencia es la clase PowerTransformer de la librería scikit-learn en Python. Esta clase ofrece la flexibilidad de elegir entre dos métodos de transformación, 'yeo-johnson' o 'box-cox', a través del argumento "method". Además, la clase realiza automáticamente la estandarización de los datos después de la transformación, lo que implica que cada variable tendrá una media cero y una varianza unitaria, ofreciendo así una estandarización simple. Es importante destacar que esta funcionalidad puede desactivarse estableciendo el argumento "standardize" en "False". Además de facilitar la transformación de los datos, la clase PowerTransformer también puede utilizarse para mitigar automáticamente el sesgo presente en los datos.

```
import pandas as pd
import numpy as np
import matplotlib.pyplot as plt
from sklearn.preprocessing import PowerTransformer

# Transformación Box-Cox para obtener datos con media 0 y desviación
estándar 1
transformador_boxcox = PowerTransformer(method='box-cox', standardize=True)
X_transformado_boxcox = transformador_boxcox.fit_transform(Xpandas_R)

# Imprimir los primeros cinco registros transformados
np.set_printoptions(precision=3)
print(X_transformado_boxcox[:5, :])
```

```python
# Convertir los datos transformados de numpy a un DataFrame de pandas
X_pandas_transformado_boxcox = pd.DataFrame(data=X_transformado_boxcox,
columns=X.columns)

# Mostrar histogramas de las variables transformadas
X_pandas_transformado_boxcox.hist(bins=10, figsize=(20,20), color="skyblue")
plt.show()
```

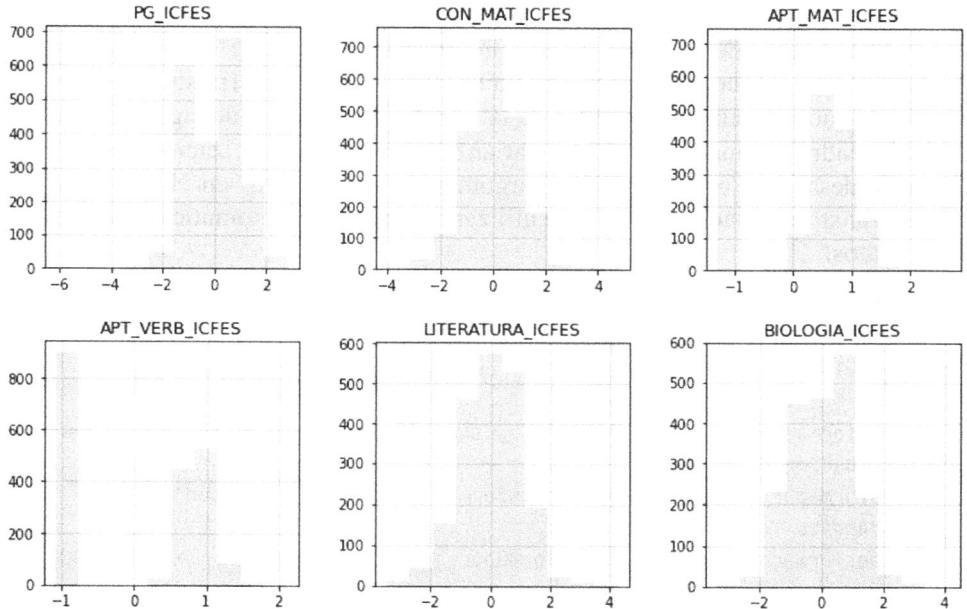

## 5.6 TRANSFORMACIÓN DE YEO-JOHNSON

La transformación Yeo-Johnson es una técnica utilizada en el preprocesamiento de datos que busca corregir asimetrías y hacer que los datos se asemejen más a una distribución normal o gaussiana. Es una extensión de la transformación Box-Cox, que a diferencia de esta última, puede manejar valores negativos y cero en los datos.

La transformación Yeo-Johnson se utiliza comúnmente cuando se trabaja con datos que presentan asimetrías o sesgos en su distribución, ya que puede ayudar a mejorar la precisión y el rendimiento de los modelos predictivos. Al transformar los datos hacia una distribución más simétrica, se reducen los efectos de los valores atípicos y se mejora la capacidad de los modelos para capturar patrones subyacentes en los datos. La transformada de Yeo-Johnson viene dada por [64]:

$$x_i^{(\lambda)} = \begin{cases} [(x_i + 1)^\lambda - 1]/\lambda & \text{if } \lambda \neq 0, x_i \geq 0, \\ \ln(x_i + 1) & \text{if } \lambda = 0, x_i \geq 0 \\ -[(-x_i + 1)^{2-\lambda} - 1]/(2 - \lambda) & \text{if } \lambda \neq 2, x_i < 0, \\ -\ln(-x_i + 1) & \text{if } \lambda = 2, x_i < 0 \end{cases}$$

En Python, la transformación Yeo-Johnson está disponible a través de la clase PowerTransformer del módulo sklearn.preprocessing. La clase toma un argumento llamado "method" que se puede establecer en ' yeo-johnson '. Así mismo estandarizará los datos automáticamente después de la transformación, lo que significa que cada variable tendrá una media cero y una varianza unitaria (estandarización simple). Esto se puede desactivar estableciendo el argumento "standardize" en "False". La clase PowerTransformer también se puede utilizar para eliminar automáticamente el sesgo de los datos.

```
import pandas as pd
import matplotlib.pyplot as plt
from sklearn.preprocessing import PowerTransformer

 Transformación Yeo-Johnson para ajustar datos positivos y negativos a una
distribución Gaussiana
transformador_johnson = PowerTransformer(method='yeo-johnson',
standardize=True)
X_transformado_johnson = transformador_johnson.fit_transform(X_T_JOHNSON)

# Imprimir los primeros cinco registros transformados
print("Registros transformados:")
print(X_transformado_johnson[:5, :])

# Convertir los datos transformados de numpy a un DataFrame de pandas
X_pandas_transformado_johnson = pd.DataFrame(data=X_transformado_johnson,
columns=X.columns)

# Mostrar histogramas de las variables transformadas
X_pandas_transformado_johnson.hist(bins=10, figsize=(20,20),
color="skyblue")
plt.show()
```

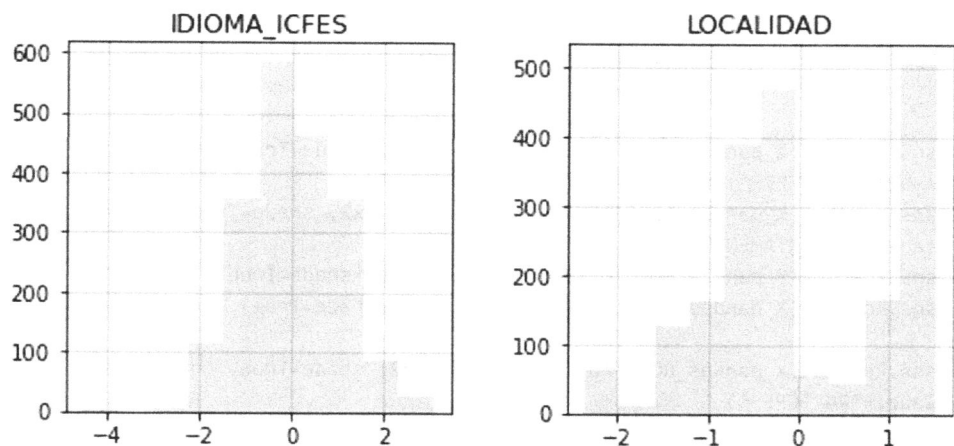

Para comprender mejor el impacto de cada método de transformación de datos, es útil visualizar gráficamente las curvas resultantes que representan las distribuciones transformadas. En este sentido, se han generado comparativas entre las curvas de estandarización robusta, Box-Cox y Yeo-Johnson, en contraste con las curvas originales sin ninguna transformación aplicada. Aunque las diferencias entre estas tres últimas transformaciones no son notables a simple vista, se observa una tendencia hacia curvas más gaussianas. Por consiguiente, surge la idea de aplicar cada una de estas transformaciones a los datos originales y posteriormente evaluar el desempeño de algoritmos supervisados sobre cada conjunto transformado. Este enfoque permitirá analizar los resultados obtenidos y determinar cuál de las transformaciones podría ser más adecuada para el conjunto de datos de rendimiento académico establecido.

```python
import seaborn as sns
import matplotlib.pyplot as plt

# Crear subgráficos
fig, ((ax1, ax2), (ax3, ax4)) = plt.subplots(nrows=2, ncols=2, figsize=(15, 10))

# Títulos de los subgráficos
ax1.set_title('Antes de Transformar')
ax2.set_title('Estandarización Robusta')
ax3.set_title('Transformación Box - Cox')
ax4.set_title('Transformación Yeo - Jhonson')

# Gráficos de densidad de kernel antes y después de las transformaciones
sns.kdeplot(df['PG_ICFES'], ax=ax1, shade=True, color="Green", label='PG_
ICFES')
```

```python
sns.kdeplot(df['DEPARTAMENTO'], ax=ax1, shade=True, label='DEPARTAMENTO')
sns.kdeplot(df['DISTANCIA'], ax=ax1, shade=True)
sns.kdeplot(df['ESTRATO'], ax=ax1, shade=True)


sns.kdeplot(X_pandas_ROB['PG_ICFES'], ax=ax2, shade=True, color="Green",
label='PG_ICFES')
sns.kdeplot(X_pandas_ROB['DEPARTAMENTO'], ax=ax2, shade=True,
label='DEPARTAMENTO')
sns.kdeplot(X_pandas_ROB['DISTANCIA'], ax=ax2, shade=True)
sns.kdeplot(X_pandas_ROB['ESTRATO'], ax=ax2, shade=True)

sns.kdeplot(X_pandas_ROB['PG_ICFES'], ax=ax2, shade=True, color="Green",
label='PG_ICFES')
sns.kdeplot(X_pandas_ROB['DEPARTAMENTO'], ax=ax2, shade=True,
label='DEPARTAMENTO')
sns.kdeplot(X_pandas_ROB['DISTANCIA'], ax=ax2, shade=True)
sns.kdeplot(X_pandas_ROB['ESTRATO'], ax=ax2, shade=True)

sns.kdeplot(X_pandas_transformado_boxcox['PG_ICFES'], ax=ax3, shade=True,
color="Green", label='PG_ICFES')
sns.kdeplot(X_pandas_transformado_boxcox['DEPARTAMENTO'], ax=ax3,
shade=True, label='DEPARTAMENTO')
sns.kdeplot(X_pandas_transformado_boxcox['DISTANCIA'], ax=ax3, shade=True)
sns.kdeplot(X_pandas_transformado_boxcox['ESTRATO'], ax=ax3, shade=True)

sns.kdeplot(X_pandas_transformado_johnson['PG_ICFES'], ax=ax4, shade=True,
color="Green", label='PG_ICFES')
sns.kdeplot(X_pandas_transformado_johnson['DEPARTAMENTO'], ax=ax4,
shade=True, label='DEPARTAMENTO')
sns.kdeplot(X_pandas_transformado_johnson['DISTANCIA'], ax=ax4, shade=True)
sns.kdeplot(X_pandas_transformado_johnson['ESTRATO'], ax=ax4, shade=True)

# Mostrar leyendas
ax1.legend()
ax2.legend()
ax3.legend()
ax4.legend()

# Mostrar los subgráficos
plt.tight_layout()
plt.show()
```

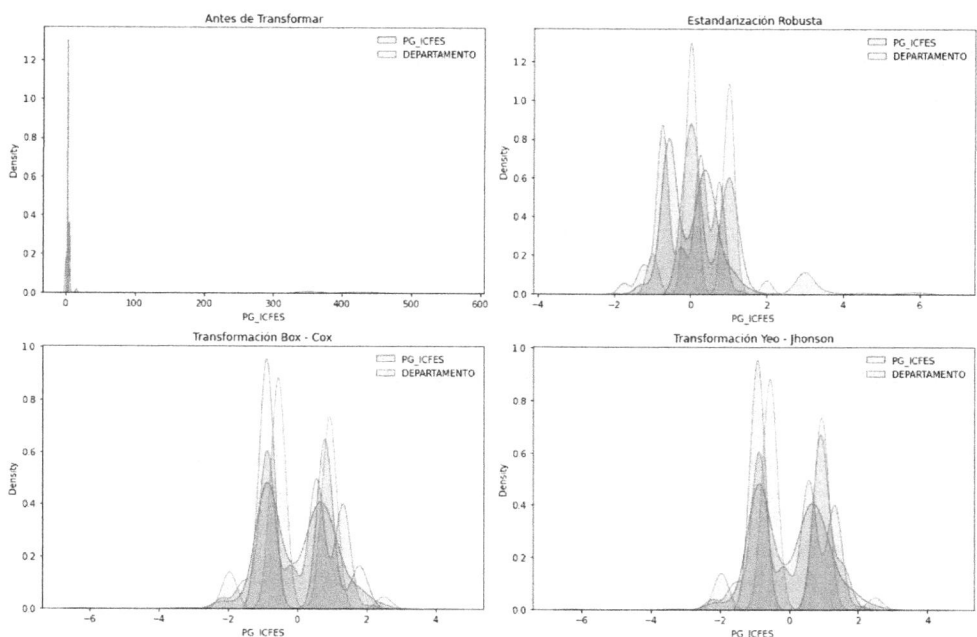

Para verificar si la transformación de los datos hacia una distribución gaussiana influye positivamente en el desempeño del modelo utilizado, previamente se empleó un algoritmo de máquinas de vectores de soporte (SVC) para tareas de clasificación, utilizando una validación cruzada estratificada repetida k-veces (10). La métrica utilizada para evaluar el desempeño del modelo es la exactitud, que representa la proporción de predicciones correctas respecto al total de predicciones realizadas. Los resultados de la métrica de exactitud para las transformaciones robusta y Yeo-Johnson fueron cercanos a 0.622, con valores de desviación estándar de 0.0070 y 0.0069 respectivamente. Estos resultados proporcionan una indicación inicial del rendimiento de los modelos tras la aplicación de las diferentes transformaciones. Posteriormente, el analista de datos procederá a evaluar cuidadosamente estos resultados para determinar la mejor opción de transformación que optimice el desempeño del modelo en función de las características específicas del conjunto de datos y los objetivos del análisis.

```
# Algoritmo a implementar SIN NINGUNA TRANSFORMACIÓN
from sklearn.svm import SVC
modelo = SVC()
# Evaluar el modelo con validacion cruzada
from sklearn.model_selection import RepeatedStratifiedKFold
from sklearn.model_selection import cross_val_score
from numpy import mean
```

```
from numpy import std
cv = RepeatedStratifiedKFold(n_splits=10, n_repeats=3, random_state=1)
n_scores = cross_val_score(modelo, X, Y, scoring='accuracy', cv=cv, n_
jobs=-1, error_score='raise')
# Reporte de la exactitud del modelo
print('La exactitud (Accuracy) del modelo SVC- NO TRANSFORMACIÓN es: %.4f
(%.4f)' % (mean(n_scores), std(n_scores)))


# Algoritmo a implementar CON REESCALAR
from sklearn.svm import SVC
modelo = SVC()
# evaluar el modelo con validacion cruzada
from sklearn.model_selection import RepeatedStratifiedKFold
from sklearn.model_selection import cross_val_score
from numpy import mean
from numpy import std
cv = RepeatedStratifiedKFold(n_splits=10, n_repeats=3, random_state=1)
n_scores = cross_val_score(modelo, datos_pandas_reescalados, Y,
scoring='accuracy', cv=cv, n_jobs=-1, error_score='raise')
# Reporte de la exactitud del modelo
print('La exactitud (Accuracy) del modelo SVC - REESCALAR es: %.4f (%.4f)'
% (mean(n_scores), std(n_scores)))


# Algoritmo a implementar CON ESTANDARIZAR
from sklearn.svm import SVC
modelo = SVC()
# evaluar el modelo con validacion cruzada
from sklearn.model_selection import RepeatedStratifiedKFold
from sklearn.model_selection import cross_val_score
from numpy import mean
from numpy import std
cv = RepeatedStratifiedKFold(n_splits=10, n_repeats=3, random_state=1)
n_scores = cross_val_score(modelo, datos_pandas_estandarizados, Y,
scoring='accuracy', cv=cv, n_jobs=-1, error_score='raise')
# Reporte de la exactitud del modelo
print('La exactitud (Accuracy) del modelo SVC - ESTANDARIZAR es: %.4f
(%.4f)' % (mean(n_scores), std(n_scores)))


# Algoritmo a implementar CON NORMALIZAR
from sklearn.svm import SVC
modelo = SVC()
#evaluar el modelo con validacion cruzada
from sklearn.model_selection import RepeatedStratifiedKFold
from sklearn.model_selection import cross_val_score
from numpy import mean
from numpy import std
cv = RepeatedStratifiedKFold(n_splits=10, n_repeats=3, random_state=1)
n_scores = cross_val_score(modelo, datos_pandas_normalizados, Y,
scoring='accuracy', cv=cv, n_jobs=-1, error_score='raise')
```

```
# Reporte de la exactitud del modelo
print('La exactitud (Accuracy) del modelo SVC - NORMALIZAR es: %.4f (%.4f)'
% (mean(n_scores), std(n_scores)))

#Algoritmo a implementar CON ROBUSTA
from sklearn.svm import SVC
modelo = SVC()
# evaluar el modelo con validacion cruzada
from sklearn.model_selection import RepeatedStratifiedKFold
from sklearn.model_selection import cross_val_score
from numpy import mean
from numpy import std
cv = RepeatedStratifiedKFold(n_splits=10, n_repeats=3, random_state=1)
n_scores = cross_val_score(modelo, X_pandas_ROB, Y, scoring='accuracy',
cv=cv, n_jobs=-1, error_score='raise')
# Reporte de la exactitud del modelo
print('La exactitud (Accuracy) del modelo SVC - ROBUSTA es: %.4f (%.4f)' %
(mean(n_scores), std(n_scores)))

#Algoritmo a implementar CON BOX - COX
from sklearn.svm import SVC
modelo = SVC()
# evaluar el modelo con validacion cruzada
from sklearn.model_selection import RepeatedStratifiedKFold
from sklearn.model_selection import cross_val_score
from numpy import mean
from numpy import std
cv = RepeatedStratifiedKFold(n_splits=10, n_repeats=3, random_state=1)
n_scores = cross_val_score(modelo, X_pandas_transformado_boxcox, Y,
scoring='accuracy', cv=cv, n_jobs=-1, error_score='raise')
# Reporte de la exactitud del modelo
print('La exactitud (Accuracy) del modelo SVC - BOX-COX es: %.4f (%.4f)' %
(mean(n_scores), std(n_scores)))

#Algoritmo a implementar CON YEO - JHONSON
from sklearn.svm import SVC
modelo = SVC()
# evaluar el modelo con validacion cruzada
from sklearn.model_selection import RepeatedStratifiedKFold
from sklearn.model_selection import cross_val_score
from numpy import mean
from numpy import std
cv = RepeatedStratifiedKFold(n_splits=10, n_repeats=3, random_state=1)
n_scores = cross_val_score(modelo, X_pandas_transformado_johnson, Y,
scoring='accuracy', cv=cv, n_jobs=-1, error_score='raise')
# Reporte de la exactitud del modelo print('La exactitud (Accuracy) del
modelo SVC - YEO-JHONSON es: %.4f (%.4f)' % (mean(n_scores), std(n_
scores)))
```

```
#Gráfico de métricas para algoritmo SVC con diferentes transformaciones
import matplotlib.pyplot as plt

#Definir los dos conjuntos de datos
x1 = ['NO_TRANS.', 'REESCAL.','ESTAND.', 'NORM.', 'ROBUSTA', 'BOX-COX',
'YEO-JHON']
y1 = [0.6220, 0.6217, 0.6185, 0.6220, 0.6220, 0.6195, 0.6220]

#Características del gráfico
plt.plot(x1, y1, label = 'Línea 1', linewidth = 4, color = 'orange')
plt.title('Algoritmo SVC con diferentes transformaciones de datos')
plt.ylabel('Exactitud después de transformaciones')
plt.xlabel('Transformaciones (Accuracy)')
plt.legend(('Valores de exactitud (accuracy) cercanos'))
plt.grid()
plt.figure(figsize=(10,6))
plt.show()
```

La exactitud (Accuracy) del modelo SVC- NO TRANSFORMACIÓN es: 0.6220 (0.0011)
La exactitud (Accuracy) del modelo SVC - REESCALAR es: 0.6217 (0.0017)
La exactitud (Accuracy) del modelo SVC - ESTANDARIZAR es: 0.6185 (0.0086)
La exactitud (Accuracy) del modelo SVC - NORMALIZAR es: 0.6220 (0.0011)
La exactitud (Accuracy) del modelo SVC - ROBUSTA es: 0.6220 (0.0070)
La exactitud (Accuracy) del modelo SVC - BOX-COX es: 0.6195 (0.0069)
La exactitud (Accuracy) del modelo SVC - YEO-JHONSON es: 0.6192 (0.0067)

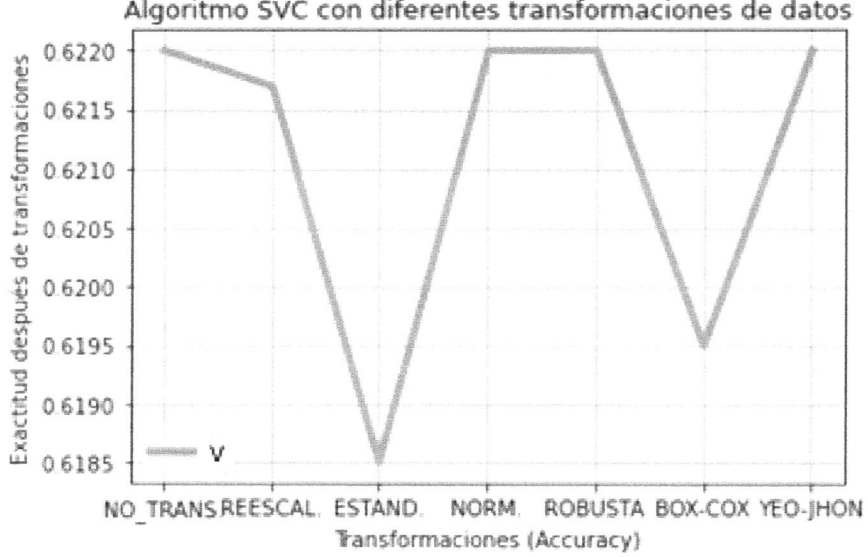

# 6

# EXPLORANDO MÉTODOS PARA SELECCIÓN DE CARACTERÍSTICAS

Al experimentar con conjuntos de datos, es común encontrarse con situaciones donde estos pueden variar ampliamente en tamaño, desde conjuntos de datos pequeños hasta otros enormemente grandes debido al gran número de características que poseen. Esta disparidad de tamaños puede dificultar su procesamiento y análisis. Para obtener los mejores resultados de un modelo predictivo, es crucial maximizar la utilización de la información presente en el conjunto de datos original. Esto implica llevar a cabo una cuidadosa selección de las características que pueden tener la mayor influencia en la variable de respuesta deseada.

La selección de variables influyentes es un aspecto de suma importancia debido a varios factores. Por un lado, el uso excesivo de variables puede ralentizar significativamente los tiempos de entrenamiento de los modelos de *Machine Learning*. Por otro lado, el incluir características adicionales que no son relevantes o importantes para el modelo puede introducir ruido en los datos y disminuir el rendimiento del modelo de manera significativa. Además, el mal uso de recursos para la manipulación de datos puede generar ineficiencias y dificultar la escalabilidad del proceso de análisis. Por lo tanto, es esencial llevar a cabo una selección cuidadosa de características para garantizar la eficacia y eficiencia del modelo predictivo [9].

En el ámbito del aprendizaje automático, no existe un algoritmo universalmente superior, ni tampoco una técnica de selección de características que sea definitivamente la mejor en todos los casos. En su lugar, es crucial determinar qué enfoque funciona de manera óptima para un problema específico a través de una experimentación sistemática y cuidadosa.

Es importante destacar la diferencia entre el uso de métodos de selección de características y de los métodos de reducción de dimensionalidad ya que ambos métodos tienen como objetivo reducir el número de atributos en un conjunto de datos, pero mientras que el método de reducción de dimensionalidad crea nuevas combinaciones de atributos, el método de selección de características implica la inclusión y exclusión de las características más relevantes sin modificarlas [65].

Los métodos de selección de características son herramientas valiosas para identificar y eliminar atributos innecesarios que no contribuyen a la precisión del modelo predictivo, e incluso pueden disminuir su desempeño [66]. Además, estos métodos pueden demostrar que no siempre se requiere una gran cantidad de datos o una optimización exhaustiva de hiperparámetros para lograr un buen rendimiento del modelo.

Las técnicas de selección de características se clasifican principalmente en dos categorías: supervisadas (aquellas que utilizan la variable objetivo) y no supervisadas (aquellas que no utilizan la variable objetivo). En el caso de las técnicas supervisadas, éstas pueden subdividirse en cuatro grupos principales cada uno con enfoques distintos:

> ▼ Métodos de filtro: estos métodos utilizan técnicas estadísticas para evaluar la relación entre cada variable de entrada y la variable objetivo. Se basan en medidas como la correlación, la información mutua o las pruebas estadísticas para determinar la relevancia de cada característica.

> ▼ Métodos de envoltura: en este grupo, se generan múltiples modelos utilizando diferentes subconjuntos de características de entrada. Luego, se evalúa el rendimiento de cada modelo según una métrica de rendimiento específica, seleccionando las características que producen el modelo con el mejor rendimiento.

> ▼ Métodos embebidos: estos algoritmos de aprendizaje automático incorporan la selección de características como parte integral del proceso de aprendizaje del modelo. Un ejemplo común son los modelos de regresión penalizados como Lasso, que penalizan coeficientes grandes, lo que conduce a la selección automática de características importantes.

> ▼ Métodos ensambladores: en este grupo, los modelos contienen una selección de características incorporada, lo que significa que el modelo solo incluirá predictores que contribuyan a maximizar la precisión del modelo. Ejemplos de este grupo incluyen los bosques aleatorios, donde el modelo puede determinar la mejor representación de los datos a partir de las características disponibles.

Cada uno de estos grupos ofrece enfoques únicos para la selección de características, y la elección del método más adecuado dependerá del conjunto de datos específico y de los objetivos del análisis. La Figura 20 proporciona una visión general de estos métodos de selección de características.

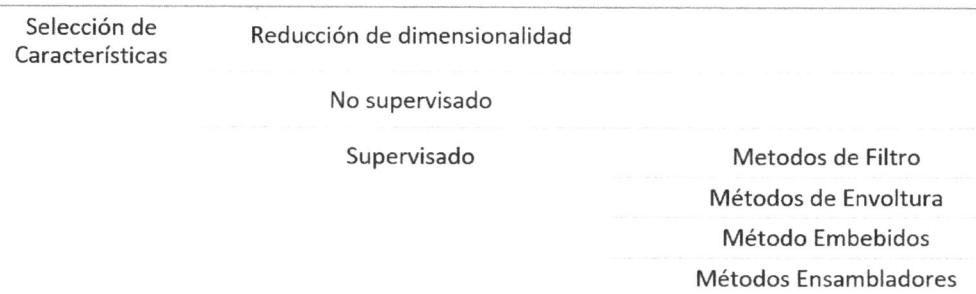

**Figura 30.** Métodos de selección de características. Fuente: Adaptado de [36]

Es importante destacar que, además de las estrategias mencionadas en este libro, existe otra técnica fundamental en el análisis de datos y aprendizaje automático: los métodos de reducción de dimensionalidad. Estos métodos se centran en la disminución del número de características de entrada en un conjunto de datos, lo que equivale a reducir la dimensionalidad de los datos. Esto se logra mediante operaciones matriciales que proyectan los datos en un espacio de dimensiones inferiores, eliminando así variables irrelevantes o redundantes. A diferencia de los métodos de selección de características, en los cuales se conservan las variables originales, en la reducción de dimensionalidad, las nuevas variables proyectadas no están directamente relacionadas con las originales, lo que puede dificultar su interpretación. Ejemplos comunes de este enfoque incluyen el Análisis de Componentes Principales (PCA), la Descomposición de Valores Singulares (SVD) y el Análisis Discriminante Lineal (LDA).

# 6.1 MÉTODOS DE FILTRO

Los métodos de filtro para conjuntos de datos son técnicas de selección de características que se utilizan para evaluar la relevancia de cada variable de entrada en relación con la variable objetivo, sin tener en cuenta el modelo de aprendizaje automático específico que se utilizará. Estos métodos se aplican antes del proceso de entrenamiento del modelo y se basan en medidas estadísticas o heurísticas para evaluar la relación entre las características y la variable objetivo.

El propósito principal de los métodos de filtro es reducir la dimensionalidad del conjunto de datos al eliminar características que no contribuyen significativamente a la tarea de predicción o clasificación. Hecho que puede tener varios beneficios, como la reducción del tiempo de entrenamiento del modelo, la mejora de la interpretabilidad del modelo y la prevención del sobreajuste al reducir el ruido en los datos.

Estos métodos se basan en la aplicación de medidas estadísticas para asignar una puntuación a cada característica, lo que les permite evaluar su relación con la variable objetivo. Esta evaluación puede realizarse mediante diferentes criterios, como la tasa de correlación entre cada atributo y la clase, o mediante pruebas de contraste de hipótesis [67]. Implican la evaluación independiente de cada variable de entrada en relación con la variable objetivo, seleccionando aquellas que exhiben la relación más fuerte. Posteriormente, las características se ordenan según su puntuación y se toman decisiones sobre si conservarlas o eliminarlas del conjunto de datos (Figura 31).

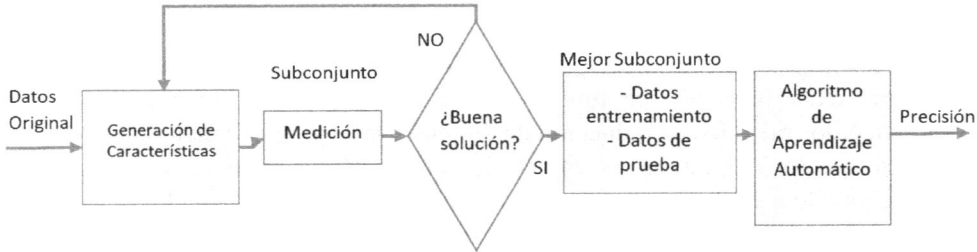

**Figura 31.** Proceso de los Métodos de Filtro. Fuente: Adaptado de [68]

Algunas de las técnicas comunes empleadas en los métodos de filtro son las siguientes:

▸ Correlación: esta técnica evalúa la fuerza y dirección de la relación lineal entre cada par de variables, lo que facilita la identificación de características altamente correlacionadas que podrían ser redundantes en el modelo. Detectar estas correlaciones ayuda a reducir la redundancia y mejorar la eficiencia del modelo al eliminar características innecesarias o duplicadas.

▸ Pruebas estadísticas: estos métodos utilizan pruebas como la prueba t de Student o la prueba ANOVA para determinar si existe una diferencia significativa entre las medias de las variables en distintos grupos. Al identificar las características que muestran diferencias estadísticamente significativas en relación con la variable objetivo, estos métodos ayudan a seleccionar las características más relevantes para el modelo predictivo.

⊮ Información mutua: esta medida evalúa la dependencia entre dos variables y se utiliza para determinar cuánta información proporciona una variable sobre la otra. En el contexto de la selección de características, la información mutua ayuda a identificar aquellas características que son más informativas para predecir la variable objetivo. Al seleccionar características con alta información mutua, se puede mejorar la capacidad predictiva del modelo.

Determinar cuál método de selección de características será más efectivo para un modelo es una tarea desafiante y suele requerir experimentación para llegar a una conclusión. Es importante destacar que, si bien existen métodos específicos para diferentes tipos de variables, no existe una regla fija y hay flexibilidad para adaptarlos según las necesidades del problema. Además, cabe mencionar que las variables categóricas pueden ser convertidas en variables numéricas para su procesamiento con algoritmos de aprendizaje automático, lo que amplía las posibilidades de aplicación de estas técnicas en diversos contextos. La Figura 32 proporciona una visión general de los métodos de filtro para selección de características, teniendo en cuenta el tipo de variable de entrada (categórica o numérica) y el tipo de variable de salida (categórica o numérica).

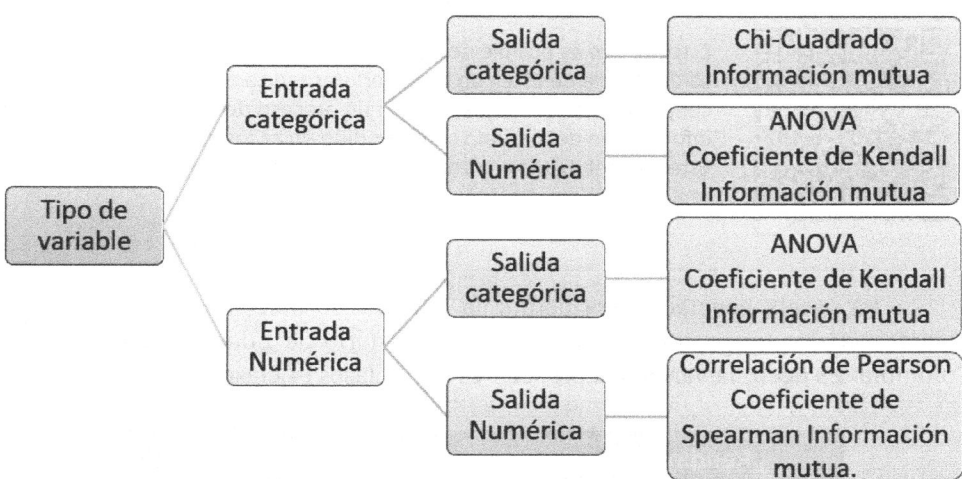

**Figura 32.** Métodos de filtro para selección de características

Para entradas y salida numéricas, se suelen utilizar técnicas como el Coeficiente de correlación de Pearson (lineal), el Coeficiente de rango de Spearman (no lineal) e Información mutua, dado que se trata de problemas de regresión.

En casos de entradas numéricas y salida categórica, las técnicas más comunes incluyen el Coeficiente de correlación ANOVA (lineal), el Coeficiente de rango de Kendall (no lineal) e Información mutua, ya que se trata de problemas de clasificación.

Para entradas categóricas y salida numérica, las técnicas como el Coeficiente de correlación ANOVA (lineal), el Coeficiente de rango de Kendall (no lineal) e Información mutua pueden ser útiles, aunque este escenario no es tan común en el aprendizaje automático y se asocia generalmente con problemas de regresión.

Cuando tanto la entrada como la salida son categóricas, las técnicas más comunes incluyen la Prueba de Chi-Cuadrado (tablas de contingencia) e Información mutua, lo que sugiere problemas de clasificación.

Ahora bien, para continuar con la didáctica de exploración acerca del uso de métodos de selección de características aplicados a un conjunto de datos. Se propone trabajar con el conjunto de datos denominado 'R1_leo_2011-ADELANTE. csv' que contienen al igual que los archivos anteriormente trabajados como ejemplo, las variables influyentes en el rendimiento académico de estudiantes de primer semestre" [37].

Este archivo es posible descargarlo desde en el código QR adjunto. La diferencia de este con los anteriores radica en que este último conjunto de datos ya pasado por un proceso de limpieza y contiene información del periodo comprendido entre los años 2011-2019. Este dataset ayuda a predecir la variable dependiente denominada rendimiento académico.

La escala generada para definir la variable se muestra en la Tabla 3 de acuerdo con los rangos establecidos por el Ministerio de Educación Nacional de Colombia. Es decir, la variable a predecir es multiclases (4 clases).

| Rendimiento | Promedio | Número |
|---|---|---|
| Desempeño Superior | 50 - 45 | 4 |
| Desempeño Alto | 44 - 40 | 3 |
| Desempeño Básico | 39 - 30 | 2 |
| Desempeño Bajo | 29 - 0 | 1 |

**Tabla 3**. Convenciones de la variable de salida denominada rendimiento académico

El archivo *"R1_leo_2011-ADELANTE.csv'"*, que es el conjunto de datos que se desea analizar, debe descargarse en su PC y guardarlo. Posteriormente debe abrir un archivo de Python y ubicarlo dentro de la carpeta donde guardó el archivo anterior. Se utiliza la función pd.read_csv("nombre del archivo.csv") para cargar archivos CSV que contienen los datos a analizar. A continuación, se presenta un ejemplo de cómo utilizar esta función para cargar el archivo. La opción "sep" se establece el separador de datos ue en este caso es " ; ".

```python
# Configuración warnings
import warnings
warnings.filterwarnings('ignore')

#Importar las librerías básicas y cargar los datos
 import matplotlib.pyplot as plt
import numpy as np
import pandas as pd
df = pd.read_csv('R1_leo_2011-ADELANTE.csv', sep= ; )

#Para verificar que si quedo cargado el archivo.
df.head(3)
```

| NUMERO | GENERO | TIPO_COLEGIO | LOCALIDAD_COLEGIO |
|--------|--------|--------------|-------------------|
| 0      | 1      | 1            | 0                 |
| 1      | 2      | 1            | 2                 |
| 2      | 3      | 0            | 2                 |

Después de cargar los datos, se procede a eliminar una columna que no es importante para el conjunto de datos que se analiza (NUMERO). Es crucial realizar una división adecuada entre las variables independientes (X) y las variables dependientes (Y), independientemente del tipo de transformación que se desee aplicar. La correcta división de los datos en variables independientes y dependientes es esencial para garantizar que el modelo de aprendizaje automático se entrene de manera efectiva y produzca resultados precisos.

```python
#Borrar columna de datos "NUMERO"
df=df.drop(['NUMERO'], axis=1)

#Dividir datos de variables independientes (X) y dependientes (Y ó REND_UNO)
print (df.shape)
X = df.drop(['RENDIMIENTO_UNO'], axis=1)

#Matriz variable independiente para transformación
Y = df[['RENDIMIENTO_UNO']]
```

```
#Matriz variable dependiente
REND_UNO = df[['RENDIMIENTO_UNO']]

#Matriz variable dependiente
print("Separación de datos usando Pandas")
print(X.shape, Y.shape)
```

```
(2008, 23)

Separación de datos usando Pandas
(2008, 22) (2008, 1)
```

Al generar múltiples copias del conjunto de datos para las variables independientes X, se crea un entorno de trabajo donde es posible experimentar con diversas técnicas de transformación, como reescalado, estandarización o normalización, sin afectar los datos originales ya que como se mencionó no existe el mejor método de transformación y por tanto se recomienda ensayar algunos de los mencionados u otros.

```
#Asegurar que las entradas sean flotantes y la salida sea una etiqueta de
número entero
from sklearn.preprocessing import LabelEncoder
X = X.astype('float32')

#convertir todos los datos de entrada en valores numéricos.
Y = LabelEncoder().fit_transform(Y.astype('str'))

#salida sea una etiqueta de número entero
print(X.shape, Y.shape)

#Copia del Conjunto de datos original para experimentar los métodos de
transformación
X_R = X.copy(deep=True)         #Copia del Conjunto de datos para Reescalar
X_E = X.copy(deep=True)         #Copia del Conjunto de datos para
Estandarizar
X_N = X.copy(deep=True)         #Copia del Conjunto de datos para Normalizar
X_ROB = X.copy(deep=True)       #Copia del Conjunto de datos para la
estandarización Robusta
X_T_BOX = X.copy(deep=True)     #Copia del Conjunto de datos para
Transformacion Box -Cox
X_T_JOHNSON = X.copy(deep=True) #Copia del Conjunto de datos para
Transformacion DE Johnson
X_T_JOHNSON.head(2)
```

| | NUMERO | GENERO | TIPO_COLEGIO | LOCALIDAD_COLEGIO |
|---|---|---|---|---|
| **0** | 1.0 | 1.0 | 0.0 | 20.0 |
| **1** | 2.0 | 1.0 | 2.0 | 2.0 |

La transformación que se usa en este ejemplo es la de Yeo-Johnson está disponible a través de la clase PowerTransformer del módulo sklearn.preprocessing.

```
from numpy import set_printoptions
from sklearn.preprocessing import PowerTransformer

# Tranformación Yeo_Johnson para ajustar datos positivos y negativos a una
distribución Gaussiana
Transformacion_JOHNSON= PowerTransformer(method='yeo-
johnson',standardize=True).fit(X_T_JOHNSON)
Reescalar_X_T_JOHNSON = Transformacion_JOHNSON.transform(X_T_JOHNSON)

#Imprimir los primeros 5 resgistros transformados
set_printoptions(precision=3)
print(Reescalar_X_T_JOHNSON[0:5,:])

#Convertir los datos transformados de Numpy a un Dataframe de pandas
Xpandas_T_JOHNSON = pd.DataFrame(data=Reescalar_X_T_JOHNSON, columns=X.
columns) Xpandas_T_JOHNSON.head(2)
```

Como pudo observarse en pasos previos, la columna "RED_UNO" fue separada del conjunto de datos original cuando este se dividió en variables X y variables Y. Por tanto la matriz resultado de la transformación de yeo Jhonson (Xpandas_T_JOHNSON) debe unirse con la columna "RED_UNO" para tener nuevamente un conjunto de datos que contiene variables independientes transformadas y la variable dependiente.

```
#Unir la matriz resultado de la tranformación:  Xpandas_T_JOHNSON con la
matriz de la clase:  REND_UNO
REND_UNO.head(2)

df=pd.concat([Xpandas_T_JOHNSON,REND_UNO], axis=1)
df.head(2)
```

| | GENERO | TIPO_COLEGIO | | ESTRATO | ANO_INGRESO | RENDIMIENTO_UNO |
|---|---|---|---|---|---|---|
| **0** | 1.425915 | -0.930628 | | 0.915739 | -1.562593 | 2 |
| **1** | 1.425915 | 1.324087 | | 0.915739 | -1.562593 | 2 |

## 6.1.1 Correlación de Pearson

La correlación de Pearson es una medida estadística que evalúa la relación lineal entre dos variables continuas. Evalúa la relación lineal entre dos variables continuas en un conjunto de datos. Se calcula mediante la fórmula [60]:

$$\rho X, Y = \frac{\sum(Xi - \bar{X})(Yi - \bar{Y})}{\sqrt{\sum(Xi - \bar{X})^2 \sum(Yi - \bar{Y})^2}}$$

Donde:

▶ $\rho X,Y$ es el coeficiente de correlación de Pearson entre las variables X e Y.

▶ $X_i$ e $Y_i$ son los valores individuales de las dos variables.

▶ Son las medias de las dos variables.

El coeficiente de correlación de Pearson proporciona información sobre la dirección (positiva o negativa) y la fuerza de la relación lineal entre las variables. Tiene un rango de valores de -1 a 1:

▶ Un valor de 1 indica una correlación positiva perfecta, lo que significa que a medida que una variable aumenta, la otra también aumenta en proporción constante.

▶ Un valor de -1 indica una correlación negativa perfecta, lo que significa que a medida que una variable aumenta, la otra disminuye en proporción constante.

▶ Un valor de 0 indica que no hay correlación lineal entre las dos variables.

La correlación de Pearson se utiliza para comprender la relación entre variables en un conjunto de datos. Algunos de los usos comunes de la correlación de Pearson incluyen:

▶ Análisis de datos: permite identificar relaciones entre variables, lo que ayuda en la interpretación y el análisis de datos.

▶ Modelado predictivo: ayuda a seleccionar variables predictoras que están altamente correlacionadas con la variable de interés en modelos predictivos.

▶ Diagnóstico de multicolinealidad: en análisis de regresión, la correlación de Pearson ayuda a detectar multicolinealidad, que es cuando dos o más variables independientes están altamente correlacionadas entre sí.

▼ Validación de hipótesis: se puede utilizar para evaluar la fuerza de la relación entre variables en estudios científicos y validar hipótesis.

▼ Control de calidad: en algunos casos, se puede utilizar para evaluar la relación entre variables en procesos de control de calidad.

En resumen, la correlación de Pearson es una herramienta importante en estadística que proporciona información sobre la relación lineal entre variables en un conjunto de datos, lo que ayuda en la interpretación y análisis de estos.

Python ofrece diversas opciones para obtener la matriz de correlación entre variables, entre las que se destacan el uso de las bibliotecas Seaborn y Scikit-learn. Es crucial revisar la correlación entre variables debido a su impacto en la precisión de los algoritmos de aprendizaje automático. La multicolinealidad, que ocurre cuando dos o más variables están estrechamente relacionadas, puede afectar el desempeño de los modelos, especialmente en algoritmos como la regresión lineal. En estos casos, se sugiere eliminar una de las variables correlacionadas para mejorar la capacidad predictiva del modelo. Por ejemplo, al ejecutar el código proporcionado, se observa una fuerte correlación entre el atributo "TIPO DE COLEGIO" y la clase "CALENDARIO". Por lo tanto, antes de aplicar ciertos algoritmos de aprendizaje automático, se recomienda eliminar una de estas variables para evitar problemas de multicolinealidad y garantizar la precisión del modelo.

```python
import seaborn as sns
sns.set(style="white")

# Calcula la matriz de correlación
corr = df.corr()

# Generar una máscara para el triángulo superior
mask = np.zeros_like(corr, dtype=np.bool)
mask[np.triu_indices_from(mask)] = True

# Configurar la figura matplotlib
f, ax = plt.subplots(figsize=(10,10))

# Generar un mapa de colorespersonalizado
cmap = sns.diverging_palette(220, 10, as_cmap=False)

# Dibujar el mapa de calor con la máscara y la relación de aspecto
correcta.
sns.heatmap(corr, mask=mask, cmap=cmap, vmax=0.4, vmin=-0.4, square=True,
linewidths=.5, ax=ax)
plt.show()
```

En el gráfico siguiente, se destacó una clara relación tendiente a 1 entre diversas variables. Sin embargo, para precisar el valor exacto de esta correlación entre las variables, se ha implementado el siguiente código en Python. Este script permite calcular de manera precisa y eficiente los coeficientes de correlación entre las variables de interés. Al ejecutar el código, se obtendrá una salida que proporciona una comprensión más profunda de la relación entre las variables, lo que facilitará su análisis.

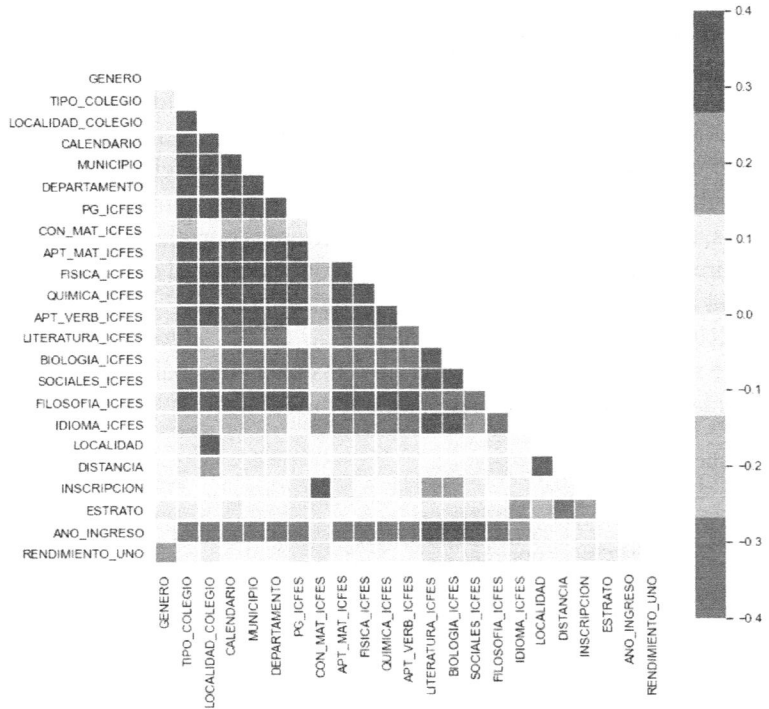

```python
import matplotlib.pyplot as plt
import numpy as np
import pandas as pd
import seaborn as sns

# Calcula la matriz de correlación y utiliza sns.heatmap() para trazar el
mapa de calor
plt.figure (figsize = (15,10))

#Tamaño de la figura
correlation_matrix = df.corr()
```

```
# Puede ajustarse el esquema de color y otros parámetros

sns.heatmap(correlation_matrix, annot=True, cmap='coolwarm', fmt=".2f")
# Puedes ajustar el esquema de color y otros parámetros
plt.title('Mapa de Calor de Correlación')plt.show()
```

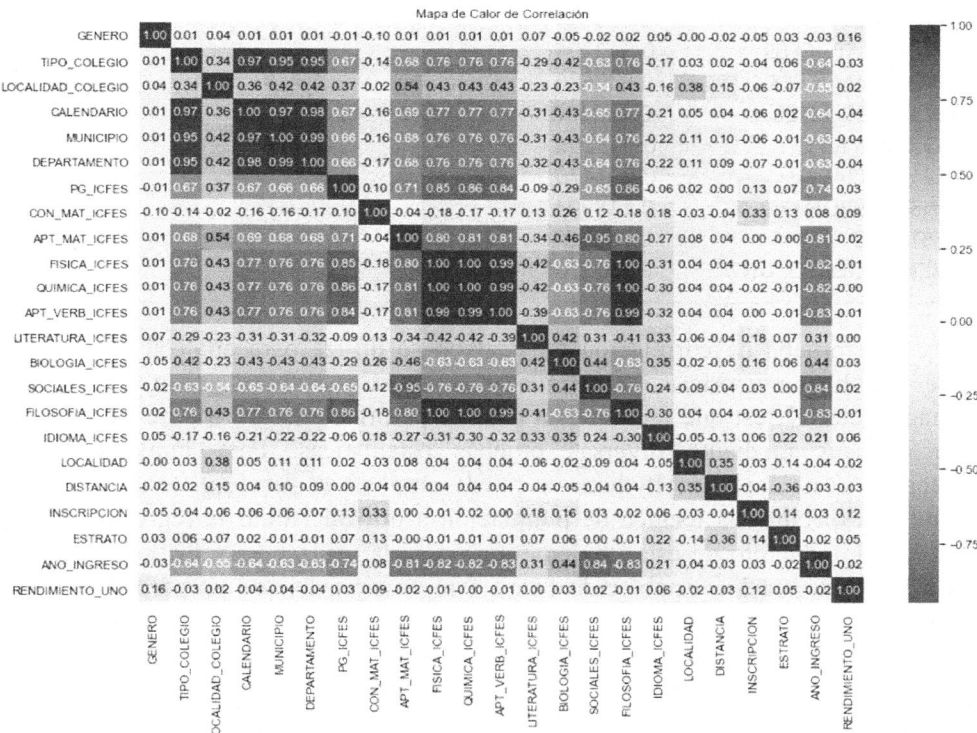

Mapa de Calor de Correlación

Los resultados de correlación entre las diversas variables y una variable en especial que puede ser la variable dependiente puede ser evaluada mediante código Python, permitiendo ser ordenadas.

```
# Ordenar por correlación las características
cor = df.corr ()
cor_target = abs (cor["RENDIMIENTO_UNO"])

#Seleccionar características altamente correlacionadas
características_relevantes = cor_target [cor_target> 0.4]
print('\n Las características más relevantes con correlación >0.4 son:')
print(características_relevantes )
```

Las características más relevantes con correlación > 0.4 (absoluto) son:
| | |
|---|---|
| GENERO | 0.163400 |
| TIPO_COLEGIO | 0.028936 |
| CALENDARIO | 0.039483 |
| MUNICIPIO | 0.042530 |
| DEPARTAMENTO | 0.043362 |
| PG_ICFES | 0.029307 |
| CON_MAT_ICFES | 0.092264 |
| BIOLOGIA_ICFES | 0.033686 |
| SOCIALES_ICFES | 0.022692 |
| IDIOMA_ICFES | 0.063196 |
| DISTANCIA | 0.031470 |
| INSCRIPCION | 0.118904 |
| ESTRATO | 0.051984 |
| RENDIMIENTO_UNO | 1.000000 |

La prueba de correlación de Pearson se utiliza para analizar la relación entre variables numéricas de entrada y salida. En Python, existe un módulo llamado SelectKBest que facilita esta tarea al permitir la selección de las mejores características mediante diversas pruebas estadísticas. Para implementar la prueba de correlación en Python, se puede emplear la función correspondiente, donde se especifica la técnica de puntuación a utilizar, como la regresión lineal. Un ejemplo concreto de esta implementación sería utilizando SelectKBest con la función de puntuación establecida como f_regression, lo que proporcionaría una evaluación basada en este enfoque particular. Esto permite una evaluación objetiva y automatizada de las características más relevantes para un modelo predictivo o de análisis de datos. Por lo tanto, al utilizar SelectKBest con f_regression, se pueden identificar las características más significativas mediante un modelo de regresión lineal univariante lo que contribuye a una mejor comprensión del evento estudiado.

```python
from sklearn.feature_selection import SelectKBest
from sklearn.feature_selection import f_regression
from numpy import set_printoptions
import numpy as np

prueba = SelectKBest (score_func= f_regression, k=5)
#Características del método de prueba
entrenamiento = prueba.fit(Xpandas_T_JOHNSON,REND_UNO)  #Datos para el
modelo (independiente y dependientes) set_printoptions(precision=3)
#Decimales de la respuesta, por ejemplo 3
print(entrenamiento.scores_)
#Puntaje para las características.
caracteristicas_f = entrenamiento.transform(Xpandas_T_JOHNSON)
```

```
# Resumen de características seleccionadas como matriz Numpy
print (caracteristicas_f [0:5,:])

#Convertir los datos transformados de Numpy a un Dataframe de pandas
Xpandas_T_JOHNSON = pd.DataFrame(data=Reescalar_X_T_JOHNSON, columns=X.
columns)
Xpandas_T_JOHNSON.head(2)
```

| | GENERO | TIPO_COLEGIO | LOCALIDAD_COLEGIO | CALENDARIO |
|---|---|---|---|---|
| **0** | | 1.425915 | -0.930628 | 1.226319 |
| **1** | | 1.425915 | 1.324087 | -1.109144 |

La visualización mediante un gráfico permite tal vez identificar con mayor rapidez las variables influyentes según este método de selección de características sobre la variable de respuesta que contribuye a una mejor comprensión del evento estudiado.

```
#Grafico de características según Correlación de Pearson
import matplotlib.pyplot as plt
plt.figure (figsize = (10,5))

#tamaño de la figura
plt.bar([i for i in range(len(prueba.scores_))], prueba.scores_)
plt.title('Graficos de características según Correlación de Pearson')
plt.ylabel('Puntaje el estadistico')
plt.xlabel('Caracteristicas')
plt.show()

#Puntaje para cada característica según la gráfica anterior
for i in range (len (prueba.scores_)):
    print('Caracteristica %d: %f' % (i, prueba.scores_[i]))
```

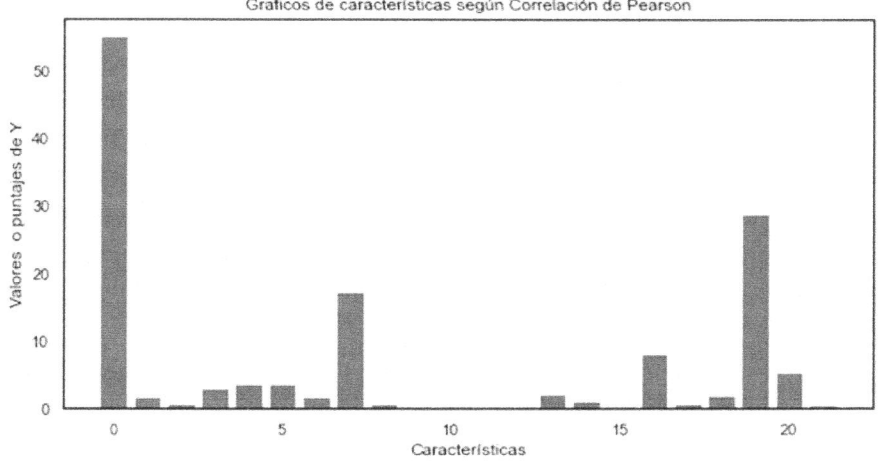

| Caracteristica 0: | 55.028755 |
|---|---|
| Caracteristica 1: | 1.681071 |
| Caracteristica 2: | 0.700123 |
| ....... ......... | ..... |
| Caracteristica 21: | 0.553199 |

## 6.1.2 Anova

El Análisis de la Varianza (ANOVA) es una técnica estadística fundamental que se emplea para comparar las medias de tres o más grupos distintos dentro de un conjunto de datos. Esta metodología se apoya en la premisa de descomponer la variabilidad total observable en el conjunto de datos en componentes atribuibles a diversas fuentes de variación.

En su esencia, el ANOVA tiene como objetivo principal determinar si existen diferencias significativas entre las medias de los grupos en estudio. Este análisis se realiza al contrastar la variabilidad existente entre los distintos grupos con la variabilidad dentro de cada grupo individual. Cuando la variabilidad entre los grupos supera notablemente a la variabilidad dentro de los mismos, se sugiere la presencia de al menos un grupo que difiere de manera significativa de los demás en relación con la variable objeto de estudio.

La fórmula básica del ANOVA se basa en el cálculo del estadístico F, que compara la variabilidad entre grupos con la variabilidad dentro de los grupos. La fórmula para el ANOVA [60] de un factor (también conocido como ANOVA de un solo sentido) es:

$$F = \frac{\text{Varianza entre grupos}}{\text{Varianza dentro de los grupos}}$$

Donde:

▶ La varianza entre grupos es la suma de los cuadrados de las diferencias entre las medias de cada grupo y la media global, dividida por el número de grupos menos uno (k - 1), donde k es el número de grupos.

▶ La varianza dentro de los grupos es la suma de los cuadrados de las diferencias entre cada observación y la media de su grupo respectivo, dividida por el número total de observaciones menos el número de grupos (N - k).

▶ El estadístico F sigue una distribución F de Fisher, y su valor se compara con un valor crítico de la distribución F para determinar si las diferencias entre los grupos son estadísticamente significativas.

El Análisis de Varianza (ANOVA) es un método de filtro ampliamente utilizado para investigar el impacto de uno o más factores, cada uno con dos o más niveles, en la media de una variable continua. Su hipótesis nula postula que la media de la variable en estudio es constante en todos los grupos, en contraposición a la hipótesis alternativa que sugiere diferencias significativas entre al menos dos medias. Así, ANOVA busca determinar si las medias de dos o más muestras de datos provienen de la misma distribución o no, empleando la comparación de varianzas.

Este método utiliza el estadístico F para evaluar la relación entre la varianza de las medias de los grupos y la varianza promedio dentro de los grupos, también conocida como varianza explicada e inexplicada, respectivamente, mediante la prueba F de Fischer. Cuando la hipótesis nula se cumple, el estadístico F adquiere un valor de 1, indicando que la varianza entre grupos es igual a la varianza dentro de los grupos. Valores de F superiores a 1 reflejan mayores diferencias entre las medias de los grupos, lo que sugiere una mayor influencia de las características en la variable de salida, tal como se observa en el aprendizaje automático.

Es importante destacar que las pruebas estadísticas, como ANOVA, pueden utilizarse para seleccionar características que presenten una fuerte relación con la variable de salida. Las puntuaciones de importancia de las características se pueden calcular tanto para problemas de regresión, donde se predice un valor numérico, como para problemas de clasificación, donde se predice una etiqueta de clase. La evaluación de la importancia de características es una herramienta valiosa, especialmente en el análisis de grandes volúmenes de datos.

Al utilizar la función de Python SelectKBest SelectKBest(score_func=f_classif, k=7), se debe especificar el número de características relevantes que se desea obtener para que el siguiente código muestre el grafico de importancia de todas y muestre cual fue el puntaje de importancia para el número de características importantes que se proyectaron que en este caso fueron 7 (k=7).

En este código, después de ajustar el modelo y obtener los puntajes de las características con entrenamiento.scores_, utilizamos prueba.get_support() para obtener un array booleano que indica qué características han sido seleccionadas. Luego, utilizamos este array booleano para obtener los nombres de las características seleccionadas de Xpandas_T_JOHNSON.columns. Finalmente, utilizamos un bucle for para imprimir el nombre y el puntaje de cada característica seleccionada.

```
from sklearn.feature_selection import SelectKBest
from sklearn.feature_selection import f_classif
import matplotlib.pyplot as plt

# Seleccionar las características más importantes (k=7)
```

```
prueba = SelectKBest(score_func=f_classif, k=7)
entrenamiento = prueba.fit(Xpandas_T_JOHNSON, REND_UNO)
print("Puntajes de las características:", entrenamiento.scores_)

# Obtener los nombres de las características seleccionadas
nombres_caracteristicas = Xpandas_T_JOHNSON.columns[prueba.get_support()]

 # Graficar las características según el valor-F de ANOVA
plt.figure(figsize=(10, 5))
plt.bar(range(len(prueba.scores_)), prueba.scores_)
plt.title('Gráfico de características según f-Anova')
plt.ylabel('Puntuación del estadístico F')
plt.xlabel('Características')
plt.show()

# Mostrar el puntaje para cada característica junto con su nombre
 for i, (nombre, puntaje) in enumerate(zip(nombres_caracteristicas, prueba.
scores_[prueba.get_support()])):
     print('Característica {}: {}'.format(nombre, puntaje))
```

Puntajes de las características: [19.11  1.471 1.695 1.743 1.757 1.749 1.384 6.946 0.895 0.364  0.304 0.459 1.165 1.062 1.237 0.375 3.187 2.817 1.509 12.836 1.975 0.812]

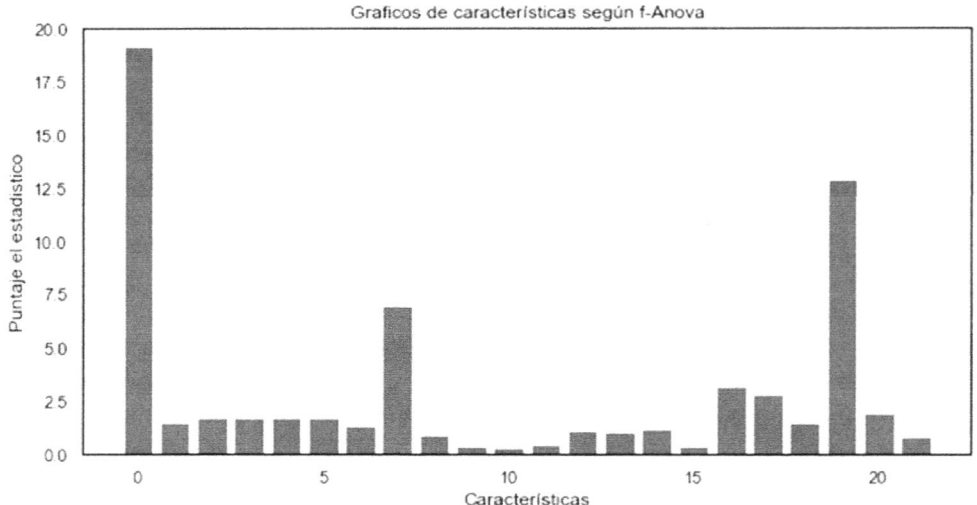

| | |
|---|---|
| Característica GENERO: | 19.110443115234375 |
| Característica MUNICIPIO: | 1.7567764520645142 |
| Característica CON_MAT_ICFES: | 6.946348667144775 |
| Característica IDIOMA_ICFES: | 3.1865932941436768 |
| Característica LOCALIDAD: | 2.8173530101776123 |
| Característica INSCRIPCION: | 12.835593223571777 |
| Característica ESTRATO: | 1.9745420217514038 |

## 6.1.3 Chi-cuadrado

Chi-cuadrado es una prueba estadística utilizada para determinar si hay una relación significativa entre dos variables categóricas en un conjunto de datos. Es especialmente útil cuando las variables son nominales o categóricas, es decir, cuando los datos se dividen en categorías o grupos en lugar de representar cantidades numéricas.

La prueba de Chi-cuadrado se basa en la comparación entre las frecuencias observadas y las frecuencias esperadas de las categorías en una tabla de contingencia. La tabla de contingencia muestra la distribución conjunta de las dos variables categóricas, lo que permite analizar si existe una asociación significativa entre ellas. La fórmula para calcular el estadístico de Chi-cuadrado es [60]:

$$X^2 = \sum \frac{(O_i - E_i)^2}{E_i}$$

Donde:

▸ $\chi 2$ es el estadístico de Chi-cuadrado.

▸ $O_i$ son las frecuencias observadas en cada celda de la tabla de contingencia.

▸ $E_i$ son las frecuencias esperadas en cada celda de la tabla de contingencia.

El cálculo se realiza sumando los cuadrados de las diferencias entre las frecuencias observadas y las frecuencias esperadas, divididas por las frecuencias esperadas. Una vez calculado el estadístico de Chi-cuadrado, se compara con un valor crítico de la distribución de Chi-cuadrado con un cierto número de grados de libertad para determinar si la asociación entre las variables es estadísticamente significativa. Si el estadístico de Chi-cuadrado es mayor que el valor crítico, entonces se rechaza la hipótesis nula y se concluye que existe una asociación significativa entre las variables. Si el estadístico de Chi-cuadrado es menor que el valor crítico, no hay suficiente evidencia para rechazar la hipótesis nula.

222 CIENCIA DE DATOS CON PYTHON

En resumen, la hipótesis nula en la prueba de Chi-cuadrado establece que no hay asociación entre las variables, mientras que la hipótesis alternativa sugiere que hay una asociación significativa entre ellas.

Es importante destacar que el Método de Filtro Chi-cuadrado no es adecuado para tareas de regresión, ni cuando los datos del modelo son negativos. Por ende, se recomienda utilizar datos normalizados, que son exclusivamente positivos, especialmente en tareas de clasificación.

Para ilustrar su aplicación, se llevará a cabo una prueba estadística de Chi-cuadrado en características "no negativas" con el objetivo de seleccionar las cinco mejores características del conjunto de datos de rendimiento académico. En este escenario, se optará por no utilizar el archivo del conjunto de datos de transformación Yeo_Johnson *"Xpandas_T_JOHNSON"* que se ha venido trabajando en métodos previos, debido a la presencia de valores negativos. En su lugar, se utilizará el conjunto de datos normalizados *"Xpandas_N"*, o también podrían utilizarse un conjunto de datos estandarizados *"Xpandas_E"* lo que garantizará la viabilidad de la prueba y la precisión de los resultados obtenidos, como se muestra en las siguientes líneas de código Python.

```python
#Transformación con Estandarización
from sklearn.preprocessing import StandardScaler
from numpy import set_printoptions

# Estandarizar datos (media 0, Desviación estandar 1)
Transformacion = StandardScaler().fit(X_E)

# transform, es quien transforma los datos y los deja como matriz del tipo
NumPy
Reescalar_X_E = Transformacion.transform(X)

# Decimales de los datos
set_printoptions(precision=3)

#Resumen de la transformación y mostrar matriz del tipo NumPy
print(Reescalar_X_E[0:5,:])

#Cambio de datos ESTANDARIZADOS de Numpy a pandas
Xpandas_E = pd.DataFrame(data=Reescalar_X_E, columns=X.columns)
Xpandas_E.head(2)
```

| GENERO | TIPO_COLEGIO | LOCALIDAD_COLEGIO | CALENDARIO |
|--------|--------------|-------------------|------------|
| 0 | 1.425915 | -0.866776 | 1.352224 |
| 1 | 1.425915 | 1.537210 | -1.141769 |

```
#Transformación con Normalización
 from sklearn.preprocessing import Normalizer
from numpy import set_printoptions

# Normalizar datos (Trabajo sobre filas para conseguir longitud 1)
Transformacion= Normalizer().fit(X_N)
# fit.transform, es quien transforma los datos y los deja como matriz del
tipo NumPy
Reescalar_X_N = Transformacion.transform(X_N)

# Decimales
set_printoptions(precision=3)
# Resumen de la transformación y mostrar matriz del tipo NumPy
print(Reescalar_X_N[0:5,:])

#Cambio de datos NORMALIZADOS de Numpy a pandas
Xpandas_N = pd.DataFrame(data=Reescalar_X_N, columns=X.columns)
Xpandas_N.head(2)
```

| GENERO | TIPO_COLEGIO | LOCALIDAD_COLEGIO | CALENDARIO |
|--------|--------------|-------------------|------------|
| 0      | 0.000482     | 0.000000          | 0.009631   |
| 1      | 0.000478     | 0.000956          | 0.000956   |

En Python, mediante el módulo llamado SelectKBest se facilita esta tarea al permitir la selección de las mejores características mediante diversas pruebas estadísticas. Para implementarla, se puede emplear la función correspondiente, donde se especifica la técnica de puntuación a utilizar, como la "chi2".

Un ejemplo concreto de esta implementación utilizando SelectKBest se muestra a continuación en la cual se usan datos normalizados.

En este código, se utiliza prueba.get_support() para obtener un booleano que indica qué características han sido seleccionadas. Con esta información, se pueden obtener los nombres de las características originales. Luego, al graficar, se utiliza nombres_caracteristicas como etiquetas para el eje x. Además, en el bucle for, se itera sobre los nombres de las características seleccionadas para imprimir tanto el nombre como su puntaje asociado.

```
from sklearn.feature_selection import SelectKBest
from sklearn.feature_selection import chi2
import numpy as np

# Seleccionar características utilizando Chi cuadrado
prueba = SelectKBest(score_func=chi2, k=21)            # Características
del método de prueba (k=21)
entrenamiento = prueba.fit(Xpandas_N, REND_UNO)   #Se cambia a Xpandas_N
porque chi2 NO funciona con negativo set_printoptions(precision=5)
```

```
#Decimales de la respuesta =5
print(entrenamiento.scores_)
#Puntaje para las características caracteristicas_chi = entrenamiento.
transform(Xpandas_N)

# Obtener nombres de las características seleccionadas
nombres_caracteristicas = Xpandas_N.columns[prueba.get_support()]

# Graficar características según Chi2
import matplotlib.pyplot as plt
plt.figure(figsize=(12, 5))

# Tamaño de la figura
plt.bar(nombres_caracteristicas, prueba.scores_[prueba.get_support()])
plt.title('Gráficos de características según Chi2')
plt.ylabel('Puntaje del estadístico')
plt.xlabel('Características')
plt.xticks(rotation=45)          # Rotar etiquetas del eje x para mayor
legibilidad
plt.show()

# Puntaje para cada característica según la gráfica anterior
for i, nombre in enumerate(nombres_caracteristicas):
    print('Caracteristica {}: {}'.format(nombre, prueba.scores_[i]))
```

```
[0.01813   0.00171   0.01015   0.00152   0.09941   0.01822   0.01152   0.00992
0.02438
 0.01547   0.01628   0.03333   0.00149   0.00153   0.08357   0.01422   0.01069
0.00864
 0.00101   0.00116   0.00055   0.00011]
```

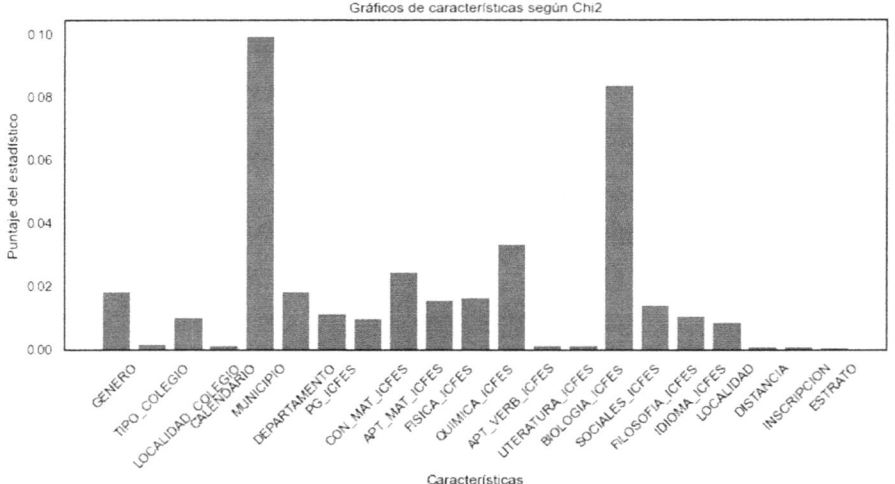

```
Caracteristica GENERO:            0.018132658849930584
Caracteristica TIPO_COLEGIO:      0.0017097039050875842
Caracteristica LOCALIDAD_COLEGIO: 0.01015414351326568

.....        ......        ........        ......
Caracteristica LOCALIDAD:    0.00864408921085031
Caracteristica DISTANCIA:    0.001006517109255247
Caracteristica INSCRIPCION:        0.0011613578571390932
Caracteristica ESTRATO:      0.0005481144561963739
```

Otras variaciones de métodos estadísticos para seleccionar características se pueden consultar en: *https://scikit-learn.org/stable/modules/classes.html#module-sklearn.feature_selection*

## 6.1.4 Información mutua

La información mutua es una medida de la dependencia o relación entre dos variables en un conjunto de datos. En particular, cuantifica cuánta información (bits) proporciona una variable sobre la otra. Es decir, cuantifica la reducción de la incertidumbre para una variable dado un valor conocido de la otra variable. Se basa en conceptos de teoría de la información y es ampliamente utilizada en aprendizaje automático y minería de datos.

La información mutua se calcula utilizando la entropía de las variables individuales y la entropía conjunta de las dos variables. La entropía mide la incertidumbre en una variable aleatoria, y la información mutua mide cuánta de esta incertidumbre se reduce cuando se conoce la otra variable.

En esencia, la información mutua se utiliza para encontrar relaciones significativas entre variables en un conjunto de datos. Esto puede ser útil para identificar características relevantes en tareas como la selección de características, donde se desean elegir las variables más informativas para construir modelos predictivos. También puede utilizarse en problemas de *clustering* para medir la similitud entre diferentes características o entre puntos de datos.

La fórmula para calcular la información mutua entre dos variables X e Y se basa en la entropía de las variables individuales y la entropía conjunta de las dos variables [60]. La fórmula general es la siguiente:

$$I(X;Y) = H(X) + H(Y) - H(X,Y)$$

Donde:

- ▶ I(X;Y) es la información mutua entre las variables X e Y.

- ▶ H(X) es la entropía de la variable X.

- ▶ H(Y) es la entropía de la variable Y.

- ▶ H(X,Y) es la entropía conjunta de las variables X e Y.

La entropía de una variable aleatoria mide la incertidumbre asociada con dicha variable. Se calcula como:

$$H(X) = -\sum i P(xi) \log 2 P(xi)$$

Donde P(xi) es la probabilidad de que la variable X tome el valor xi.

La entropía conjunta de dos variables aleatorias mide la incertidumbre conjunta asociada con ambas variables. Se calcula de manera similar a la entropía individual, pero teniendo en cuenta las probabilidades conjuntas:

$$H(X,Y) = -\sum_i \sum_j P(x_i, y_i) \log_2 P(x_i, y_i)$$

Una vez calculada la información mutua, se puede usar como una medida de la dependencia o relación entre las dos variables. Valores más altos de información mutua indican una mayor dependencia o relación entre las variables, mientras que valores más bajos indican una menor dependencia.

Como se ha mencionado, en el contexto de la teoría de la información, la información mutua mide cuánta información sobre una variable aleatoria se puede obtener a partir de otra variable aleatoria. Partiendo de la ecuación inicial y teniendo en cuenta las fórmulas anteriores, la fórmula básica de la información mutua entre dos variables aleatorias X e Y se puede expresar como:

$$I(X,Y) = \sum_{x \in X} \sum_{y \in Y} P(x,y) \log_2 \left(\frac{p(x,y)}{p(x)p(y)}\right)$$

Donde:

▸ I(X;Y) es la información mutua entre las variables X e Y.

▸ p(x,y) es la probabilidad conjunta de que X=x e Y=y.

▸ p(x) y p(y) son las probabilidades marginales de X e Y, respectivamente.

La interpretación de esta fórmula es que estamos calculando la diferencia entre la cantidad de información que obtenemos al observar X e Y juntas, y la cantidad de información que obtendríamos si X e Y fueran independientes. La información mutua cuantifica la reducción en la incertidumbre de una variable aleatoria dada la observación de la otra variable aleatoria. Si la información mutua es alta, las variables están altamente correlacionadas, mientras que, si es baja, están poco correlacionadas.

Para entender cómo se usa la información mutua, consideremos un ejemplo sencillo. Supongamos que tenemos dos variables aleatorias X e Y que representan el clima (soleado, nublado, lluvioso) y si una persona lleva un paraguas o no (sí, no). Podemos recopilar datos sobre el clima y si la persona lleva un paraguas para calcular la información mutua entre estas dos variables.

Digamos que tenemos los siguientes datos:

▸ Probabilidad de días soleados: *p(X=soleado)=0.4*

▸ Probabilidad de días nublados: *p(X=nublado)=0.3*

▸ Probabilidad de días lluviosos: *p(X=lluvioso)=0.3*

▸ Probabilidad de llevar un paraguas un día soleado: *p(Y=si | X=soleado)=0.2*

▸ Probabilidad de llevar un paraguas un día nublado: *p(Y=si | X=nublado)=0.1*

▸ Probabilidad de llevar un paraguas un día lluvioso: *p(Y=si | X=lluvioso)=0.8*

Usando estos datos, podemos calcular la información mutua entre el clima y si la persona lleva un paraguas utilizando la fórmula de información mutua.

Una vez que tenemos la información mutua calculada, podemos interpretarla para entender la relación entre el clima y llevar un paraguas. Si la información mutua es alta, significa que el clima y llevar un paraguas están altamente correlacionados. Si es baja, significa que no hay mucha dependencia entre estas dos variables. Esto puede ser útil en diversos campos, como en el análisis de datos, el aprendizaje automático y la teoría de la información, para comprender las relaciones entre diferentes variables.

Por tanto, puede ser implementada mediante el módulo llamado SelectKBest donde se especifica la técnica de puntuación a utilizar, como la "mutual_info_classif".

Para obtener el nombre de cada una de las variables importantes al utilizar la función SelectKBest con el método de puntuación mutual_info_classif, se necesita primero obtener los nombres de las características seleccionadas. Esto puede hacerse utilizando el atributo get_support() de la instancia del objeto SelectKBest.

Este código primero entrena el modelo y selecciona las características con la función fit() de SelectKBest. Luego, obtiene los índices de las características seleccionadas mediante el método get_support(), y con esos índices, obtiene los nombres de las características del DataFrame original Xpandas_T_JOHNSON. Finalmente, imprime los nombres de las características seleccionadas junto con el puntaje de la estadística y grafica el puntaje de la estadística para cada característica.

```python
from sklearn.feature_selection import SelectKBest
from sklearn.feature_selection import mutual_info_classif
import matplotlib.pyplot as plt

# Seleccionar las características más importantes (k=7)
prueba = SelectKBest(score_func= mutual_info_classif, k=7)
entrenamiento = prueba.fit(Xpandas_T_JOHNSON, REND_UNO)
print("Puntajes de las características:", entrenamiento.scores_)

# Obtener los nombres de las características seleccionadas
nombres_caracteristicas = Xpandas_T_JOHNSON.columns[prueba.get_support()]

 # Graficar las características según su importancia
plt.figure(figsize=(10, 5))
plt.bar(range(len(prueba.scores_)), prueba.scores_)
plt.title('Gráfico de características según f-Anova')
plt.ylabel('Puntuación del estadístico F')
plt.xlabel('Características')
plt.show()

# Mostrar el puntaje para cada característica junto con su nombre
 for i, (nombre, puntaje) in enumerate(zip(nombres_caracteristicas, prueba.
scores_[prueba.get_support()])):
     print('Característica {}: {}'.format(nombre, puntaje))
```

Puntajes de las características: [0.02497 0.    0.    0.00664 0.    0.00408 0.00879 0.
0.01061   0.0048 0.03544 0.    0.    0.    0.    0.    0.0029 0. 0.01909 0.01334
0.01513 0.0083 ]

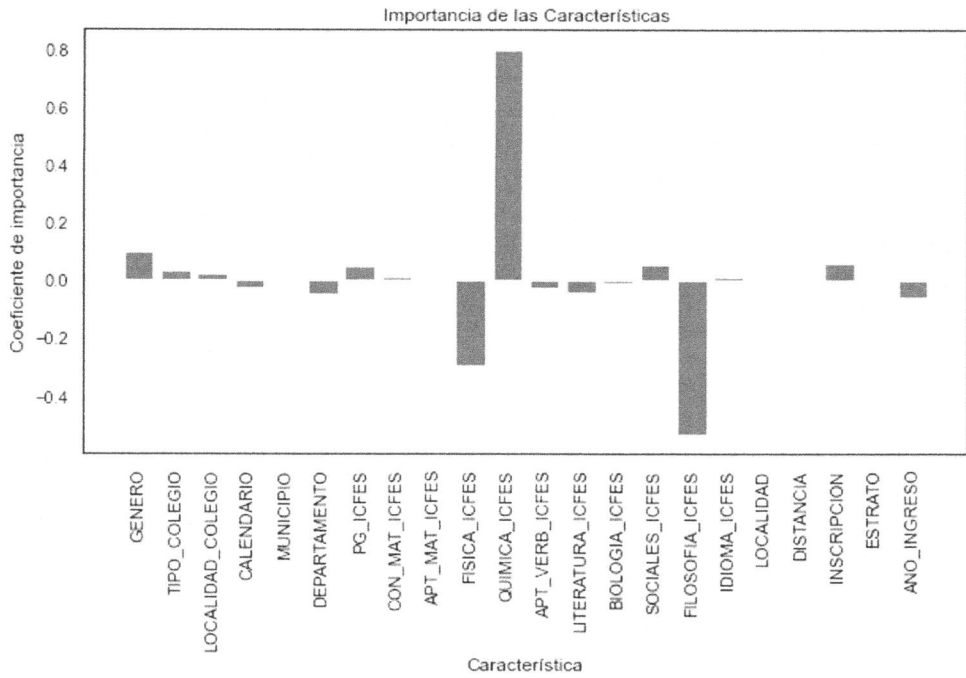

Característica GENERO: 0.024965998961779867
Característica LOCALIDAD_COLEGIO: 0.0
Característica CALENDARIO: 0.006637389992357745
....    .....        .....        ....
Característica ANO_INGRESO: 0.008301455746177133

## 6.2 MÉTODOS DE ENVOLTURA (WRAPPER) O ENVOLVENTES

Los métodos de envoltura (*wrapper methods*) en el contexto del aprendizaje automático son técnicas utilizadas para la selección de características. A diferencia de los métodos de filtro, que evalúan las características (seleccionan características individuales) de forma independiente del modelo utilizado, los métodos de envoltura evalúan subconjuntos de características considerando cómo afectan al rendimiento del modelo de aprendizaje automático en cuestión. Es decir, buscan seleccionar el mejor grupo de características de una cantidad de combinaciones de características posibles [69].

En esencia, los métodos de envoltura "envuelven" al modelo de aprendizaje automático para evaluar diferentes combinaciones de características y determinar cuáles producen el mejor rendimiento predictivo. Esto se hace mediante un proceso iterativo que implica entrenar y evaluar el modelo con diferentes subconjuntos de características. Como puede ver en la (Figura 33), un método de envoltura necesita un algoritmo de aprendizaje automático y utiliza su rendimiento como criterio de evaluación [70]. Este método busca una función que se adapte mejor al algoritmo de aprendizaje automático y tiene como objetivo mejorar el rendimiento del algoritmo. Para evaluar las características, la métrica usada es la precisión para las tareas de clasificación.

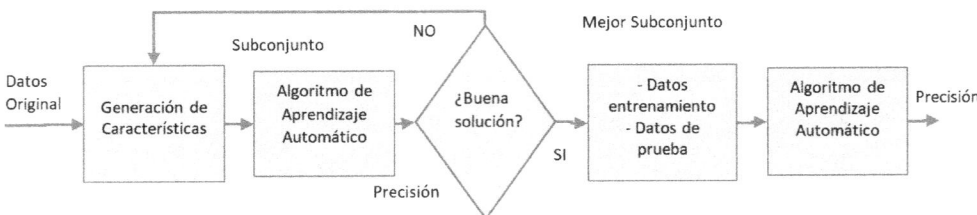

**Figura 33**. Esquema de funcionamiento de métodos de envoltura. Fuente: adaptado de [68]

Dentro de este grupo se encuentran métodos sofisticados computacionalmente costosos usados especialmente para grandes conjuntos de datos de capacitación y modelos sofisticados, tales como: métodos de búsqueda de árboles Tree-Searching Methods (profundidad, profundidad, amplitud, etc.) y búsqueda global estocástica - Stochastic Global Search. También se encuentran dentro de este subgrupo métodos un poco más simples implican agregar o eliminar sistemáticamente características al modelo hasta que no se vean mejoras adicionales en la métrica de resultados. Algunos ejemplos de métodos de envoltura incluyen:

- *Forward Selection*: comienza con un conjunto vacío de características y agrega una a la vez, evaluando el rendimiento del modelo en cada paso y seleccionando la mejor característica para agregar en cada iteración.

- *Backward Elimination*: comienza con todas las características y elimina una a la vez, evaluando el rendimiento del modelo en cada paso y eliminando la característica que produce el menor impacto en el rendimiento.

- *Recursive Feature Elimination* (RFE): similar a la eliminación hacia atrás, pero evalúa múltiples subconjuntos de características en cada paso y elimina aquellas que contribuyen menos al rendimiento del modelo.

## 6.2.1 Eliminación de Características Recursivas (RFE)

El método de Eliminación de Características Recursivas (RFE, por sus siglas en inglés *Recursive Feature Elimination*) es un enfoque de selección de características utilizado en aprendizaje automático para mejorar la precisión y eficiencia de los modelos al seleccionar las características más relevantes.

En términos simples, RFE funciona eliminando recursivamente las características menos importantes de un conjunto de datos hasta que se alcanza el número deseado de características o hasta que se mejora el rendimiento del modelo. Para hacer esto, inicialmente se le entregan todas las características posibles al modelo (todas las características en el conjunto de datos de entrenamiento) y el RFE elimina características con éxito hasta que quede el número deseado. Para establecer cuantas son las mejores características, para el modelo completo, se calcula una medida de importancia de cada variable que clasifica los predictores de más importante a menos importante.

Las características se clasifican según la importancia utilizando el modelo de aprendizaje automático proporcionado (por ejemplo, regresión logística, árbol de decisión, regresión lineal, etc.) o mediante un método estadístico. Al utilizar algoritmos supervisados, el método RFE puede ser usado para selección de características en tareas de clasificación y de regresión.

El método de Eliminación de Características Recursivas (RFE) no tiene una fórmula específica como sucedió con los métodos de filtro, ya que es más un procedimiento iterativo que implica entrenar y evaluar modelos de aprendizaje automático con diferentes subconjuntos de características. Sin embargo, el algoritmo generalmente sigue un proceso iterativo basado en la importancia de las características que se resume en los siguientes pasos [71]:

- ☞ Seleccionar un modelo de aprendizaje automático inicial y ajusta el modelo a todo el conjunto de características.

- ☞ Evaluar la importancia de cada característica utilizando los coeficientes o importancia del modelo (por ejemplo, los coeficientes de una regresión lineal o los puntajes de importancia de árboles de decisión).

- ☞ Eliminar la característica menos importante.

- ☞ Volver a entrenar el modelo con el conjunto de características restante.

- ☞ Repetir los pasos del segundo al cuarto hasta que se alcance un criterio de parada predefinido (por ejemplo, un número específico de características seleccionadas) o hasta que el rendimiento del modelo no mejore significativamente.

Python proporciona una implementación de Recursive Feature Elimination (RFE) para el aprendizaje automático a través de la biblioteca sklearn.feature_ selection. Esta implementación ofrece dos opciones de configuración cruciales: la selección de la cantidad de características a ser seleccionadas y la elección del algoritmo utilizado para identificar las características más influyentes. Es importante destacar que el algoritmo utilizado en el método RFE no necesariamente debe ser el que mejor se adapte al conjunto de datos, ya que se pueden probar diversos algoritmos, como se discutirá más adelante. Una vez que se ha configurado el algoritmo, se procede a entrenarlo con los datos de entrenamiento utilizando la función "fit", como se muestra en el siguiente ejemplo: rfecv.fit(Xpandas_T_JOHNSON, REND_UNO).

Para comprender cómo se emplea este método en Python, continuaremos utilizando el conjunto de datos de rendimiento académico. Python, junto con su biblioteca scikit-learn, ofrece el método RFECV (Eliminación de Características Recursivas con validación cruzada), el cual cuenta con dos parámetros principales: estimator y n_features_to_select. El parámetro estimator permite especificar cualquier algoritmo de clasificación, como regresión logística, SVC, regresión lineal, árbol de decisiones, entre otros. También puede ser utilizado para tareas de regresión, empleando algoritmos como DecisionTreeRegressor(). El segundo parámetro, n_ features_to_select, determina la cantidad de características que se desea seleccionar mediante el método RFE.

Ahora bien, ¿qué es la validación cruzada? Este método consiste en dividir el conjunto de entrenamiento en K subconjuntos, utilizando uno como conjunto de prueba y los restantes K-1 como conjuntos de entrenamiento. Este proceso se repite K veces, calculando la media aritmética de las métricas de evaluación en cada división para obtener una estimación del rendimiento del modelo. La validación cruzada ayuda a evitar el sobreajuste y a contrarrestar el sub-ajuste de los datos. Según [45], la validación cruzada es un método de remuestreo para estimar el rendimiento de algoritmos de aprendizaje automático con la "menor varianza posible cuando se utiliza un único conjunto de entrenamiento". Se pueden emplear diversas técnicas de validación cruzada, como RepeatedStratifiedKFold o StratifiedKFold de la biblioteca sklearn.model_selection. En este ejemplo, utilizaremos la segunda opción.

En este primer ejemplo de RFECV, emplearemos el algoritmo de regresión logística como estimador para una tarea de clasificación, donde la variable de salida está agrupada en clases. Se utilizará la validación cruzada definida como cv=StratifiedKFold(10). La métrica que utilizará el algoritmo de regresión logística para determinar qué conjunto de variables predice mejor la variable de respuesta es la exactitud (scoring='accuracy'). La exactitud se define como el número de predicciones correctas realizadas sobre el número total de predicciones. Por lo general, se presenta como un porcentaje, variando desde 0% para la peor precisión posible hasta 100% para la mejor precisión posible.

```
import matplotlib.pyplot as plt
from sklearn.feature_selection import RFECV
from sklearn.linear_model import LogisticRegression
from sklearn.model_selection import StratifiedKFold

#Definición del algoritmo a utilizar como estimador
modelo = LogisticRegression()

#Creación de un objeto RFECV para selección de características con
validación cruzada
rfecv = RFECV(estimator=modelo, step=1, cv=StratifiedKFold(10),
scoring='accuracy')
rfecv.fit(Xpandas_T_JOHNSON, REND_UNO)

#Visualización de la puntuación de la validación cruzada en función del
número de características
plt.figure()
plt.title('Puntuación de validación cruzada con Regresión Logística vs
Número características')
plt.xlabel("Número de características seleccionadas")
plt.ylabel("Puntuación de validación cruzada")
plt.plot(range(1, len(rfecv.grid_scores_) + 1), rfecv.grid_scores_)
plt.show()

# Impresión del número óptimo de características seleccionadas
print('Número óptimo de características: {}'.format(rfecv.n_features_))

# Obtención de las características seleccionadas
cols = list(Xpandas_T_JOHNSON.columns)
temp = pd.Series(rfecv.support_, index=cols)
selected_features_rfecv = temp[temp == True].index
print(selected_features_rfecv)
```

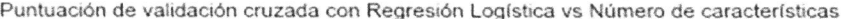

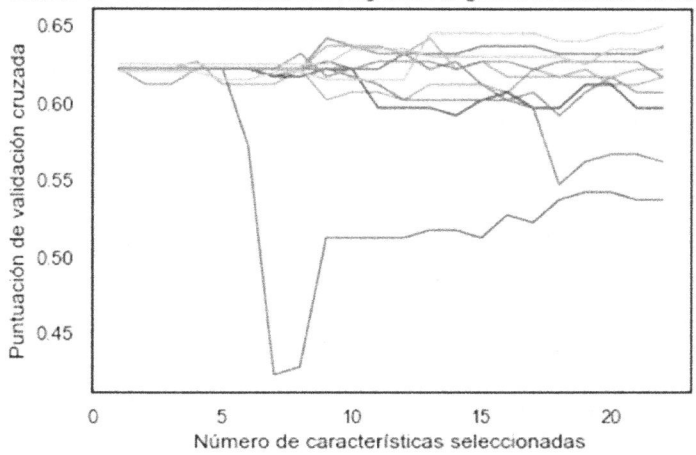

Puntuación de validación cruzada con Regresión Logística vs Número de características

Número óptimo de características: 4
['PG_ICFES', 'QUIMICA_ICFES', 'FILOSOFIA_ICFES', 'LOCALIDAD']

En el ejemplo anterior, se suministró el algoritmo de regresión logística como parámetro al método RFECV, y el método definió automáticamente el número de características más relevantes con respecto a la variable de salida, que en este caso fueron 4. A continuación, se prueba el mismo código, pero esta vez se utiliza otro algoritmo, las Máquinas de Vectores de Soporte (SVC), que pueden emplearse tanto para tareas de clasificación como de regresión. El propósito es evidenciar si el tipo de algoritmo puede ser relevante en el método de eliminación de características recursivas RFECV.

Es importante tener en cuenta que este método también puede ser utilizado en conjuntos de datos para tareas de regresión, en cuyo caso se debe emplear el algoritmo SVR (Support Vector Regressor) en lugar de SVC. Una vez configurado el algoritmo, se procede a entrenarlo con los datos de entrenamiento utilizando la función "fit", como se muestra en el siguiente ejemplo: rfecv.fit(Xpandas_T_ JOHNSON, REND_UNO).

```python
import matplotlib.pyplot as plt
from sklearn.feature_selection import RFECV
from sklearn.svm import SVC
from sklearn.model_selection import StratifiedKFold

#Definición del algoritmo a utilizar como estimador
modelo = SVC(kernel="linear", C=1)
#Creación de un objeto RFECV para selección de características con
validación cruzada
rfecv = RFECV(estimator=modelo, step=1, cv=StratifiedKFold(10),
scoring='accuracy')
rfecv.fit(Xpandas_T_JOHNSON, REND_UNO)
#Visualización de la puntuación de la validación cruzada en función del
número de características
plt.figure()
plt.title('Puntuación de validación cruzada con SVC vs Número
características')
plt.xlabel("Número de características seleccionadas")
plt.ylabel("Puntuación de validación cruzada")
plt.plot(range(1, len(rfecv.grid_scores_) + 1), rfecv.grid_scores_)
plt.show()

# Impresión del número óptimo de características seleccionadas
print('Número óptimo de características: {}'.format(rfecv.n_features_))

# Obtención de las características seleccionadas
cols = list(Xpandas_T_JOHNSON.columns)
```

```
temp = pd.Series(rfecv.support_, index=cols)
selected_features_rfecv = temp[temp == True].index
print(selected_features_rfecv)
```

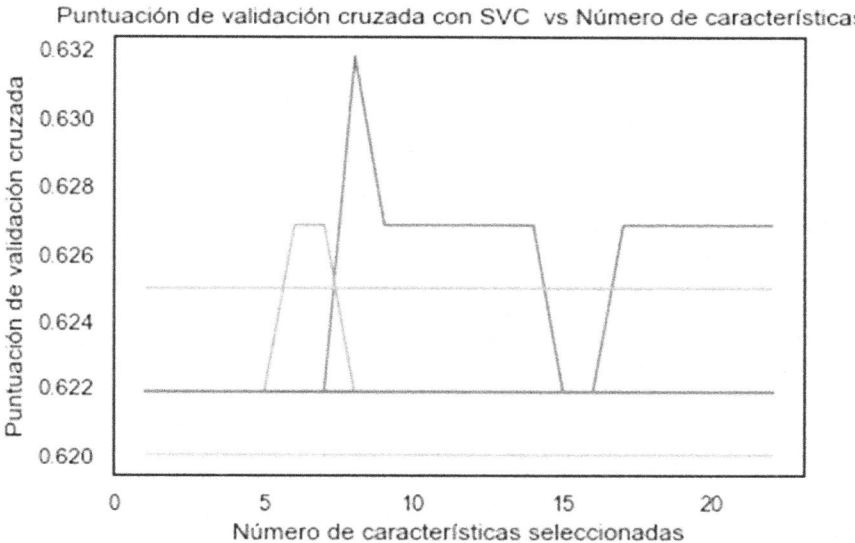

Puntuación de validación cruzada con SVC vs Número de características

Número óptimo de características: 8
['GENERO', 'LOCALIDAD_COLEGIO', 'PG_ICFES', 'CON_MAT_ICFES',
  'LITERATURA_ICFES', 'IDIOMA_ICFES', 'LOCALIDAD', 'INSCRIPCION']

A continuación, se prueba la selección de características con el método RFE usando el algoritmo regresión lineal con el fin de ejemplificar su uso en futuras tareas. Al igual que en los casos anteriores, es posible usar el método RFECV (eliminación de características recursivas con validación cruzada) con el fin de establecer una gráfica para evidenciar cual es el mejor valor o cantidad de características que ofrecen un mejor resultado de la variable de salida. Según la gráfica la cantidad de características optimas seria 11. Esto evidencia que a pesar de estar el utilizando un mismo método, el hecho de utilizar cada vez un algoritmo diferente como elemento que permite definir que también están contribuyendo el grupo de variables a una mejor respuesta es importante y arroja resultados diferentes; esto puede deberse a la dinámica propia de cómo actúa cada algoritmo (SVC, regresión logística, lineal, etc.).

```
import matplotlib.pyplot as plt
from sklearn.feature_selection import RFECV
from sklearn.linear_model import LinearRegression
from sklearn.model_selection import StratifiedKFold
```

```
#Definición del algoritmo a utilizar como estimador
modelo = LinearRegression()
#Creación de un objeto RFECV para selección de características con
validación cruzada
rfecv = RFECV(estimator=modelo, step=1, cv=StratifiedKFold(10),
scoring='r2')
rfecv.fit(Xpandas_T_JOHNSON, REND_UNO)

#Visualización de la puntuación de la validación cruzada en función del
número de características
plt.figure()
plt.title('Puntuación de validación cruzada con Regresión Lienal vs Número
características')
plt.xlabel("Número de características seleccionadas")
plt.ylabel("Puntuación de validación cruzada")
plt.plot(range(1, len(rfecv.grid_scores_) + 1), rfecv.grid_scores_)
plt.show()

# Impresión del número óptimo de características seleccionadas
print('Número óptimo de características: {}'.format(rfecv.n_features_))

# Obtención de las características seleccionadas
cols = list(Xpandas_T_JOHNSON.columns)
temp = pd.Series(rfecv.support_, index=cols)
selected_features_rfecv = temp[temp == True].index
print(selected_features_rfecv)
```

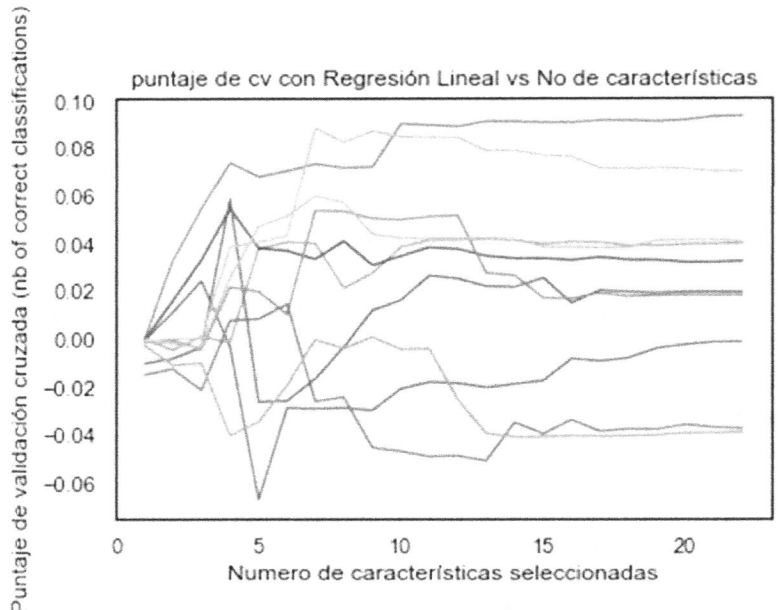

```
Número óptimo de características: 11
['GENERO', 'TIPO_COLEGIO', 'DEPARTAMENTO', 'PG_ICFES', 'FISICA_ICFES',
'QUIMICA_ICFES', 'LITERATURA_ICFES', 'SOCIALES_ICFES', 'FILOSOFIA_ICFES',
'INSCRIPCION', 'ANO_INGRESO']
```

El método RFE puede aplicarse eficazmente con el algoritmo de árbol de decisión para la selección de características en futuras tareas de clasificación. Hasta ahora, este enfoque del RFE ha demostrado su utilidad en la selección de características para tareas de clasificación. Sin embargo, exploraremos cómo se puede emplear el método RFE con otros algoritmos supervisados de regresión, como el árbol de decisión que por supuesto también sirve para clasificación.

En este ejemplo, emplearemos el conjunto de datos publicitarios proporcionado en ISLR, denominado "Advertising Data", disponible en Kaggle: **https://www.kaggle.com/ashydv/advertising-dataset**. Este conjunto de datos analiza la relación entre diversos medios de publicidad (televisión, periódicos y radio) y las ventas, tratando las ventas como una variable de salida (un problema de regresión). Los datos se cargarán, transformarán y se importarán las diferentes librerías necesarias para analizarlos.

```python
import matplotlib.pyplot as plt
import numpy as np
import pandas as pd
df = pd.read_csv("Advertising.csv")
df.head(3)


#Dividir los datos en grupos X y en NUMPY
X = df.drop(['Sales'], axis=1) #forma de hacerlo, como PANDAS
Y = df[['Sales']] X.head(2)


#Copia del Conjunto de datos original, ahora para Estandarizar
X_E = X.copy(deep=True)


# Estandarizar datos (media 0, desv. standard 1)
from sklearn.preprocessing import StandardScaler
from numpy import set_printoptions
Transformacion = StandardScaler().fit(X_E)
Reescalar_X_E = Transformacion.transform(X)
set_printoptions(precision=3)


#Cambio de datos ESTANDARIZADOS de Numpy a pandas
```

```
Xpandas_E = pd.DataFrame(data=Reescalar_X_E, columns=X.columns)
Xpandas_E.head(2)
```

| TV | Radio | Newspaper | |
|----|-------|-----------|--|
| 0 | 0.969852 | 0.981522 | 1.778945 |
| 1 | -1.197376 | 1.082808 | 0.669579 |

Ahora que hemos cargado los datos, podemos emplear el método RFE junto con el algoritmo de árbol de decisión para seleccionar las características más relevantes dentro de un conjunto de datos, es decir, las variables que consideramos importantes para aplicar algoritmos de regresión. Aunque la esencia del proceso sigue siendo la misma, hay pequeñas modificaciones en la implementación, especialmente en lo que respecta a la selección del módulo del algoritmo y la validación cruzada.

Es importante tener en cuenta que, dado que nuestra tarea implica regresión, se debe utilizar el módulo *DecisionTreeRegressor* de la biblioteca sklearn. Sin embargo, si estuviéramos trabajando en una tarea de clasificación, necesitaríamos importar *DecisionTreeClassifier* para usar RFE con árboles de decisión en ese contexto.

Es crucial asegurarse de que el algoritmo utilizado sea apropiado para la naturaleza específica de nuestro problema de aprendizaje automático. Además, al emplear el método REFCV en tareas de clasificación y regresión, es necesario ajustar la configuración de validación cruzada en Python. Esto implica cambiar el parámetro 'Cv', como se detalla en la documentación de la librería scikit-learn (se puede encontrar más información en: **https://scikit-learn.org/stable/modules/generated/sklearn.feature_selection.RFECV.html**

> ► Si la variable de salida 'Y' es binaria o multiclase, se debe utilizar 'sklearn.model_selection.StratifiedKFolds' para la validación cruzada.

> ► Si la variable de salida 'Y' no es binaria o multiclase, entonces se debe emplear 'sklearn.model_selection.KFold' como método de validación cruzada.

En resumen, al utilizar RFE para tareas de clasificación y regresión, es fundamental tener en cuenta las indicaciones presentadas en la siguiente Tabla:

| Algoritmo | Tarea de Clasificación | | Tarea de Regresión | |
|---|---|---|---|---|
| | Cambio del módulo del algoritmo | Cambio del parametric CV | Cambio del módulo del algoritmo | Cambio del parámetro CV |
| ARBOL DE DECISION | from sklearn.tree import DecisionTreeClassifier | from sklearn.model_selection import StratifiedKFolds | from sklearn.tree import DecisionTreeRegressor | from sklearn.model_selection import KFold |
| REGRESIÓN LOGÍSTICA | from sklearn.linear_model import LogisticRegression | | No aplica | |
| SVM | from sklearn.svm import SVC | | from sklearn.svm import SVR | |
| REGRESIÓN LINEAL | from sklearn.linear_model import LinearRegression | | from sklearn.linear_model import LinearRegression | |

Continuando con el ejercicio, al igual que en casos anteriores de clasificación, es posible emplear el método RFECV (Recursive Feature Elimination with Cross-Validation) para crear una gráfica que muestre el impacto de la cantidad de características en el rendimiento de la variable de salida. El siguiente código refleja estos cambios, donde se ha modificado el algoritmo (modelo = DecisionTreeRegressor) y se ha ajustado la validación cruzada (cv = KFold).

```python
import matplotlib.pyplot as plt
from sklearn.feature_selection import RFECV
from sklearn.tree import DecisionTreeRegressor
from sklearn.model_selection import StratifiedKFold
from sklearn.model_selection import KFold


# Definición del algoritmo a utilizar como estimador
modelo = DecisionTreeRegressor()


# Creación de un objeto RFECV para selección de características con
validación cruzada
rfecv = RFECV(estimator=modelo, step=1, cv=KFold(10), scoring='neg_mean_
absolute_error') rfecv.fit(Xpandas_E, Y)


# Visualización de la puntuación de la validación cruzada en función del
número de características
plt.figure()
plt.title('puntaje de cv con Arbol de decisión vs No de características')
plt.xlabel("Numero de características seleccionadas")
plt.ylabel("Puntaje de validación cruzada (nb of correct classifications)")
```

```
plt.plot(range(1, len(rfecv.grid_scores_) + 1), rfecv.grid_scores_)
plt.show()

# Impresión del número óptimo de características seleccionadas
print('Número óptimo de características: {}'.format(rfecv.n_features_))

# Obtención de las características seleccionadas
cols = list (Xpandas_E.columns)
temp = pd.Series (rfecv.support_, index = cols)
selected_features_rfecv = temp [temp == True].index
print (selected_features_rfecv)
```

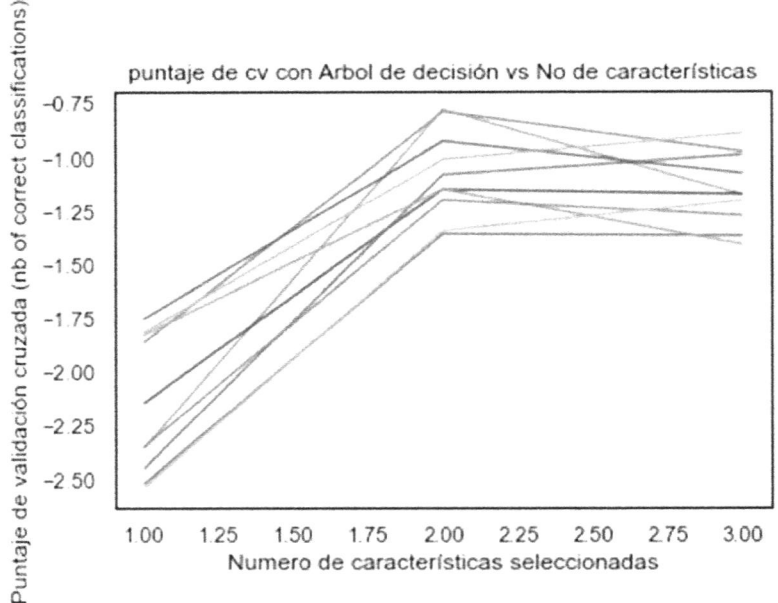

Número óptimo de características: 2   ['TV',  'Radio']

Cuando se utilizó RFE tanto para tareas de clasificación como para tareas de regresión se autorizó al método para que seleccionara el mismo cual era la cantidad óptima de variables influyentes en la variable de respuesta o de salida. Pero también es posible suministrar al algoritmo un número mediante el cual se le establezca que seleccione las n mejores variables influyentes. Es recomendable establecer el cambio en el módulo del algoritmo dependiendo de la tera y el cambio de CV. Se muestra el ejemplo realizado para una tarea de regresión.

```
from sklearn.feature_selection import RFE
from sklearn.tree import DecisionTreeRegressor
import pandas as pd

# Definir el modelo de aprendizaje automático
modelo = DecisionTreeRegressor()

# Iniciar el modelo RFE: Seleccionar número de características que se
desea. Por ejemplo: 2 más importantes
selector = RFE(modelo, n_features_to_select=2, step=1)

# Entrenar el modelo con datos transformados y variable de salida
entrenamiento = selector.fit(Xpandas_E, Y)

# Imprimir el número de características seleccionadas
print("Número de características seleccionadas: {}".format(entrenamiento.n_
features_))

# Imprimir las características seleccionadas (en formato booleano)
print("Características seleccionadas (booleanas): {}".format(entrenamiento.
support_))

# Imprimir el ranking de características
print("Clasificación de características: {}".format(entrenamiento.ranking_))

# Obtener los nombres de las columnas
cols = list(Xpandas_E.columns)

# Crear una serie con las características seleccionadas
caracteristicas_seleccionadas = pd.Series(entrenamiento.support_,
index=cols)[entrenamiento.support_].index

# Imprimir las características más importantes
print("LAS CARACTERISTICAS MAS IMPORTANTES SON:")
print(caracteristicas_seleccionadas)
```

---

Número de características seleccionadas: 2
Características seleccionadas (booleanas): [ True True False]

Clasificación de características: [1 1 2]

LAS CARACTERISTICAS MAS IMPORTANTES SON:   ['TV',   'Radio']

## 6.2.2 Eliminación hacia atrás (Backward selection)

La eliminación hacia atrás es un método utilizado en el proceso de selección de características en aprendizaje automático y estadísticas. Este método implica comenzar con un modelo que incluye todas las características disponibles y, de manera iterativa, eliminar una característica a la vez hasta que se alcanza un criterio de parada predefinido.

El objetivo principal de la eliminación hacia atrás es mejorar el rendimiento del modelo eliminando características irrelevantes o redundantes que podrían estar introduciendo ruido en el modelo o afectando negativamente su capacidad de generalización. Inicialmente, se le pasan todas las características al modelo y se determina el rendimiento del modelo. Luego se eliminan iterativamente las características de peor rendimiento una por una hasta que el rendimiento general del modelo se encuentre en un rango aceptable, es decir, hasta que no se observe ninguna mejora en la eliminación de características.

El proceso de eliminación hacia atrás generalmente se realiza siguiendo siete sencillos pasos que son explicados mediante el siguiente ejemplo: supongamos que tenemos un conjunto de datos que contiene información sobre diferentes características de casas (como el área de la casa, el número de habitaciones, la ubicación, etc.) y queremos predecir el precio de venta de las casas. Nuestro objetivo es seleccionar las características más importantes para predecir con precisión el precio de venta.

1. Inicialización: comenzamos con un modelo que incluye todas las características disponibles.

2. Entrenamiento inicial del modelo: entrenamos un modelo de regresión (por ejemplo, regresión lineal) utilizando todas las características del conjunto de datos.

3. Evaluación del rendimiento inicial: evaluamos el rendimiento del modelo utilizando una métrica adecuada para la regresión, como el error cuadrático medio (MSE) o el coeficiente de determinación (R-cuadrado).

4. Eliminación de características menos importantes: identificamos la característica que menos contribuye al rendimiento del modelo. Esto puede hacerse de varias formas, como examinar los coeficientes en un modelo lineal o utilizando técnicas específicas de evaluación de características. Supongamos que determinamos que la característica "ubicación" es la menos importante.

5. Eliminación de la característica menos importante: eliminamos la característica "ubicación" de nuestro conjunto de datos y volvemos a entrenar el modelo con las características restantes.

6. Iteración: repetimos los pasos 3-5 hasta que se cumpla algún criterio de parada. Por ejemplo, podríamos detener el proceso cuando solo quede un número predeterminado de características o cuando ya no se observe una mejora significativa en el rendimiento del modelo después de eliminar características.

7. Finalización: al finalizar el proceso, tendremos un modelo entrenado utilizando solo las características más importantes para predecir el precio de venta de las casas.

En resumen, la eliminación hacia atrás es un enfoque iterativo que simplifica y mejora la generalización de los modelos de aprendizaje automático al eliminar gradualmente las características menos importantes del conjunto de datos.

Ahora bien, surge entonces la pregunta de cómo realizar la selección de características por medio del método de eliminación de características recursivas de una forma más rápida. Es importante tener en cuenta que ya se debe tener instalada una librería necesaria para realizar el método en Python. Para hacer esto inicialmente se debe instalar el módulo denominado mlxtend. Esto se realiza instalándolo por consola. Solo hay que buscar en el sistema del PC: ' Anaconda Prompt '. Cuando se abra el entorno, escribir: pip install mlxtend, y esperar que se instale la librería. La librería mlxted, contiene una implementación integrada para la mayoría de las técnicas de selección de características basadas en métodos de envoltura.

```
■ Anaconda Prompt (anaconda3)
(base) C:\Users\Leonardo>pip install mlxtend
Collecting mlxtend
Installing collected packages: mlxtend
Successfully installed mlxtend-0.17.2

(base) C:\Users\Leonardo>_
```

Para iniciar, es necesario configurar el selector de características (Sequential FeatureSelector - SFS) en mlxtend, el cual cuenta con varios parámetros personalizables:

▸ Modelo: se debe especificar el nombre de un clasificador como regresión lineal, Bosque aleatorio, entre otros.

- ☞ k_features: define el número de características que se desean seleccionar del conjunto de datos original.

- ☞ *Forward*: este argumento determina el enfoque de selección, donde forward=True implica selección hacia adelante, mientras que forward=False indica selección hacia atrás.

- ☞ *Floating*: este parámetro permite un paso adicional de inclusión o exclusión para eliminar características una vez que se han incluido (o excluido), lo que facilita la exploración de un mayor número de combinaciones de subconjuntos de características. Es comúnmente utilizado en eliminación bidireccional.

- ☞ *Scoring*: define la métrica o criterio de evaluación que se utilizará para medir el rendimiento del modelo. Por ejemplo, para problemas de clasificación con RandomForestClassifier, podría ser precisión ('accuracy'), precisión, recuperación, puntaje F1, etc. Mientras que para problemas de regresión con LinearRegression, la opción disponible es r2 (coeficiente de determinación).

- ☞ Cv: este argumento determina el número de pliegues para la validación cruzada (k-fold). El selector de características en mlxtend utiliza la validación cruzada internamente, y aquí se establece el número de pliegues, siendo 10 en este caso.

Con el fin de comprender como se llevan a cabo los pasos anteriormente mencionados, se procede a explicar cómo se realizaría en lenguaje Python. Inicialmente se cargan los datos, se realiza la limpieza de estos. Luego de cargar los datos e independientemente del tipo de transformación que se desee usar se deben dividir los datos en variables independientes (X) y variables dependientes (Y). Esto se puede realizar con la librería Pandas o Numpy (Código no mostrado, pero que fue realizado pasos atrás en este mismo item). Se realiza el proceso de transformación. En este caso es el método de estandarizar (media 0, desv. standard 1).

```
#Configuración warnings # ==================================================
=======
 import warnings warnings.filterwarnings('ignore')
# ==========================================================================
===

#cargar los datos
 import matplotlib.pyplot as
plt import numpy as np
import pandas as pd
```

```
df = pd.read_csv('R1_leo_2011-ADELANTE.csv',sep=';')

#Borrar columna de datos "NUMERO"
df=df.drop(['NUMERO'], axis=1)

#Dividir datos de variables independientes (X) y dependientes (Y ó REND_
UNO)
X = df.drop(['RENDIMIENTO_UNO'], axis=1)        #Matriz variable
independiente para transformación
Y = df[['RENDIMIENTO_UNO']]                               #Matriz variable
dependiente
REND_UNO = df[['RENDIMIENTO_UNO']]

#Matriz variable dependiente #Asegurar que las entradas sean flotantes y la
salida sea una etiqueta de número entero
 from sklearn.preprocessing import LabelEncoder
X = X.astype('float32')
#convertir todos los datos de entrada en valores numéricos.
Y = LabelEncoder().fit_transform(Y.astype('str'))        #salida sea una
etiqueta de número entero


 #Copia del Conjunto de datos para Transformacion Yeo_Jhohnson
X_T_JOHNSON = X.copy(deep=True)

from numpy import set_printoptions
from sklearn.preprocessing import PowerTransformer

# Transformación Yeo_Johnson para ajustar datos positivos y negativos a una
distribución Gaussiana
Transformacion_JOHNSON= PowerTransformer(method='yeo-
johnson',standardize=True).fit(X_T_JOHNSON)
Reescalar_X_T_JOHNSON = Transformacion_JOHNSON.transform(X_T_JOHNSON)

#Imprimir los primeros 5 registros transformados
set_printoptions(precision=3)

#Convertir los datos transformados de Numpy a un Dataframe de pandas
Xpandas_T_JOHNSON = pd.DataFrame(data=Reescalar_X_T_JOHNSON, columns=X.
columns)

#Unir la matriz resultado de la tranformación: Xpandas_T_JOHNSON con la
matriz de la clase: REND_UNO
 df=pd.concat([Xpandas_T_JOHNSON,REND_UNO], axis=1)
df.head(2)
```

| GENERO | TIPO_ COLEGIO | LOCALIDAD_ COLEGIO | CALENDARIO | MUNICIPIO |
|--------|---------------|--------------------|------------|-----------|
| 0 | 1.425915 | -0.930628 | 1.226319 | -0.946521 |
| 1 | 1.425915 | 1.324087 | -1.109144 | 1.024853 |

Después de realizar la transformación de los datos (según la elección específica), es necesario dividirlos en conjuntos de entrenamiento y prueba. Esta división, un paso fundamental en el proceso de implementación de algoritmos de predicción, se detallará más adelante en el presente documento. Por lo general, se sigue una práctica estándar que implica asignar el 70% de los datos para el entrenamiento del modelo y el 30% restante para su evaluación, lo cual se lleva a cabo mediante la función train_test_split().

Dado que no se conoce de antemano la cantidad óptima de características que influyen en la variable de respuesta, resulta útil visualizar cómo varían los resultados del modelo a medida que se incrementa el número de características consideradas. Para este fin, se emplea la biblioteca matplotlib para graficar este comportamiento. Se inicia la exploración con 8 características y se examina cómo evolucionan los resultados. Según la información obtenida de la gráfica, se determina que el valor óptimo para el número de características es de 10.

```python
from mlxtend.feature_selection import SequentialFeatureSelector as SFS
from sklearn.linear_model import LinearRegression
from sklearn.model_selection import train_test_split
from mlxtend.plotting import plot_sequential_feature_selection as plot_sfs
import matplotlib.pyplot as plt

# División de datos en entrenamiento y prueba (test_size=0.3)
 X_train, X_test, Y_train, Y_test = train_test_split(Xpandas_T_JOHNSON,
REND_UNO, test_size=0.3, random_state=2)

# Inicialización de Sequential Feature Selector (SFS)
sfs1 = SFS(LinearRegression(), k_features=(1, 8), forward=False,
floating=False, scoring='r2', cv=10)

# Entrenamiento del Sequential Feature Selector
sfs1.fit(X_train, Y_train)

# Visualización de resultados
fig1 = plot_sfs(sfs1.get_metric_dict(), kind='std_dev')
plt.title('Eliminación hacia atrás - (Backward Selection)')
plt.xlabel("Numero de características seleccionadas")
plt.ylabel("Puntaje de Rendimiento")
plt.grid()
plt.show()
```

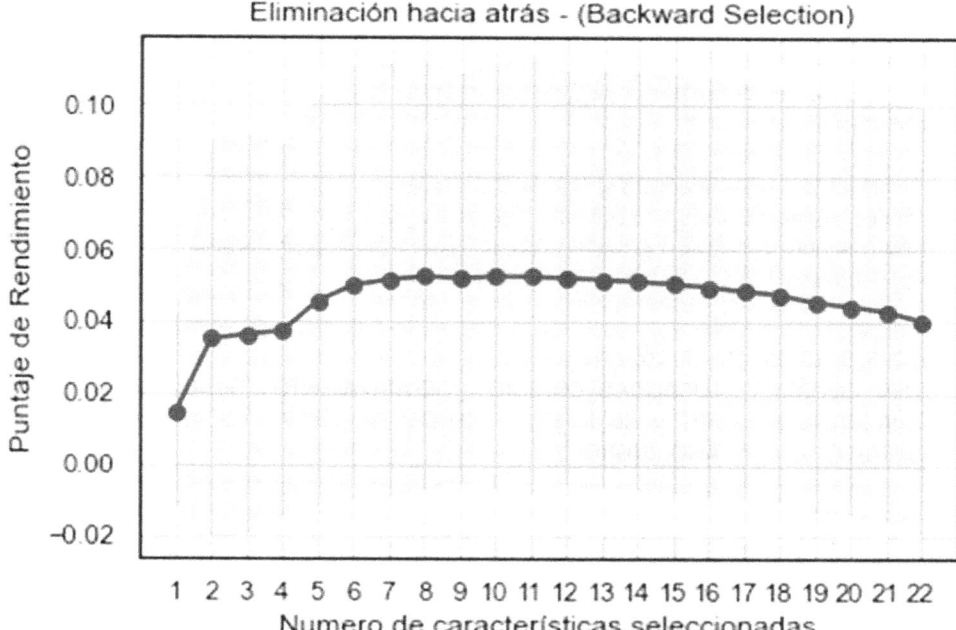

Con base en este análisis, se concluye que el conjunto óptimo de características que influyen en la variable de respuesta consta de 10 elementos. A partir de este punto, se procede a identificar cuáles son exactamente esas 10 características más influyentes en la variable de respuesta mediante la aplicación del método de selección de características correspondiente. Este proceso puede tener un alto costo computacional.

```python
from mlxtend.feature_selection import SequentialFeatureSelector as SFS
from sklearn.linear_model import LinearRegression

# Parámetros para Sequential Feature Selector (SFS)
modelo = LinearRegression()
sbs = SFS(estimator=modelo,
          k_features=10, # Número de características a seleccionar
          forward=False, # Selección hacia atrás
          floating=False,
          scoring='r2', # Métrica de evaluación
          cv=10)      # Validación cruzada con 10 pliegues


# Entrenamiento del Sequential Feature Selector
sbs.fit(X_train, Y_train)
```

```
# Índices de columna de las características seleccionadas
columnas_seleccionadas = list(sbs.k_feature_idx_)
print("Índices de columna de las características seleccionadas:", columnas_
seleccionadas)

# Nombres de las características seleccionadas
nombres_seleccionados = list(sbs.k_feature_names_)
print("Nombres de las características seleccionadas:", nombres_
seleccionados)
```

```
[1, 2, 5, 9, 10, 11, 15, 17, 20, 21]
['TIPO_COLEGIO',  'LOCALIDAD_COLEGIO',  'DEPARTAMENTO',  'FISICA_ICFES',
'QUIMICA_ICFES',  'APT_VERB_ICFES',  'FILOSOFIA_ICFES',  'LOCALIDAD',
'ESTRATO',  'ANO_INGRESO']
```

## 6.2.3 Selección hacia adelante (Forward Selection)

La Selección hacia adelante, también conocida como *Forward Selection* en inglés, es una técnica de selección de características utilizada en el aprendizaje automático y la minería de datos. Este enfoque comienza con un conjunto vacío de características y, en cada paso, agrega una característica nueva que mejora el rendimiento del modelo hasta que se alcanza un criterio de detención predefinido.

A continuación, se explica cómo se realiza la Selección hacia adelante en un conjunto de datos mediante un ejemplo sencillo:

Supongamos que tenemos un conjunto de datos que contiene información sobre diferentes características de vehículos, como la marca, el modelo, el año de fabricación, la potencia del motor y el consumo de combustible. Nuestro objetivo es predecir el precio de venta de los vehículos.

1. Inicialización: comenzamos con un conjunto vacío de características.

2. Selección de la mejor característica: evaluamos el rendimiento del modelo utilizando cada característica individualmente y seleccionamos la que proporciona el mejor rendimiento según una métrica predefinida, como la precisión, el error cuadrático medio, etc. Supongamos que determinamos que la potencia del motor es la característica más informativa.

3. Adición de la característica seleccionada: agregamos la característica de potencia del motor al conjunto de características.

4. Iteración: repetimos los pasos 2 y 3 hasta que se cumpla algún criterio de parada. Esto puede ser un número máximo de características seleccionadas, una mejora marginal en el rendimiento del modelo o cualquier otro criterio específico del problema.

5. Finalización: al finalizar el proceso, tendremos un conjunto de características seleccionadas que han demostrado ser las más informativas para predecir el precio de venta de los vehículos.

En resumen, la Selección hacia adelante es un enfoque iterativo que permite construir gradualmente un conjunto de características óptimo para mejorar el rendimiento del modelo en la tarea de predicción. Este método es útil cuando el conjunto de características es grande y se desea una selección automática de las características más relevantes.

Otro aspecto importante a tener en cuenta es que ya se debe tener instalada una librería necesaria para realizar el método en Python. Para hacer esto inicialmente se debe instalar el módulo denominado mlxtend. Esto se realiza instalándolo por consola. Solo hay que buscar en el sistema del PC: ' *Anaconda Prompt* '. Cuando se abra el entorno, escribir: *pip install mlxtend,* y esperar que se instale la librería. La librería mlxted, contiene una implementación integrada para la mayoría de las técnicas de selección de características basadas en métodos de envoltura.

Luego de cargar los datos e independientemente del tipo de transformación que se desee usar se deben dividir los datos en variables independientes (X) y variables dependientes (Y). Los datos preprocesados, se procede a dividirlos entre datos de entrenamiento y datos de prueba. Para poder implementar este método debemos configurar el selector de funciones (SequentialFeature Selector – SFS) en mlxtend, el cual tiene algunos parámetros que podemos definir:

▸ Modelo: debemos incluir el nombre de un clasificador como regresión lineal, Bosque aleatorio, etc.

▶ k_features: define el número de características que se desean seleccionar del conjunto de datos original.

▶ *Forward*: argumentos para diferentes métodos de envoltura. La opción forward =True quiere decir selección hacia adelante. La opción forward =False quiere decir selección hacia atrás.

▶ *Floating*: la opción *floating* hace que el algoritmo usado tenga un paso adicional de exclusión o inclusión para eliminar características una vez que se incluyeron (o excluyeron), de modo que se pueda muestrear un mayor número de combinaciones de subconjuntos de características.

▶ *Scoring*: define la métrica o criterio de evaluación que se utilizará. Para problemas de clasificación por ejemplo si se usase el algoritmo bosques aleatorios (RandomForestClassifier), puede ser precisión ('accuracy'), precisión, recuperación, puntaje f1, etc. Para problemas de regresión, si se usa por ejemplo regresión lineal (LinearRegression) solo se tiene la opción r2 (r cuadrado) 'r2'.

▶ Cv: es el argumento para la validación cruzada (k-fold). El selector de funciones (mlxtend feature selector) utiliza la validación cruzada internamente, por eso se establecen el número de pliegues que en este caso es 10.

En este ejemplo se asignan varios valores de K (de 1 hasta 15), quiere decir que como no se conoce cuál es la cantidad optima de características que influyen en la variable de respuesta, entonces será el valor a determinar. Esto se realiza con el siguiente código de Python. El mejor valor puede ser de K=10.

```python
from mlxtend.feature_selection import SequentialFeatureSelector as SFS
from sklearn.linear_model import LinearRegression

# División de datos en entrenamiento y prueba (test_size=0.3)
from sklearn.model_selection import train_test_split
X_trn, X_tst, Y_trn, Y_tst = train_test_split(Xpandas_T_JOHNSON,REND_
UNO,test_size=0.3, random_state=int(2))

# Inicialización de Sequential Feature Selector (SFS)
sfs = SFS(modelo,
                k_features=(1,15),
                forward=True,
                floating=False,
                scoring = 'r2',
                cv = 10)
```

```
# Entrenamiento del Sequential Feature Selector
 sfs.fit(X_trn, Y_trn)

# Visualización de resultados
fig1 = plot_sfs(sfs1.get_metric_dict(), kind='std_dev')
plt.title('Eliminación hacia adelante - (Forward Selection)')
plt.xlabel("Numero de características seleccionadas")
plt.ylabel("Puntaje de Rendimiento")
plt.grid()
plt.show()
```

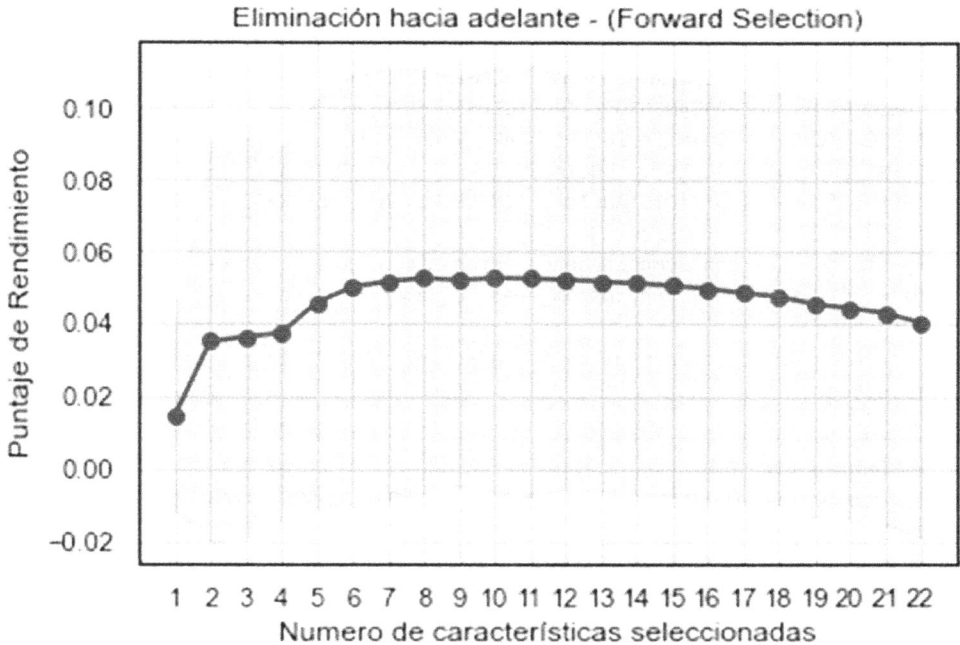

Con base en este análisis, se concluye que el conjunto óptimo de características que influyen en la variable de respuesta consta de 10 elementos. A partir de este punto, se procede a identificar cuáles son exactamente esas 10 características más influyentes en la variable de respuesta mediante la aplicación del método de selección de características correspondiente. Este procede puede tener un alto costo computacional.

```
from mlxtend.feature_selection import SequentialFeatureSelector as SFS
from sklearn.linear_model import LinearR#ados)
```

Índices de columna de las características seleccionadas: [0, 6, 7, 11, 12, 14, 16, 17, 19, 21]

Nombres de las características seleccionadas: ['GENERO', 'PG_ICFES', 'CON_MAT_ ICFES', 'APT_VERB_ICFES', 'LITERATURA_ICFES', 'SOCIALES_ICFES', 'IDIOMA_ICFES', 'LOCALIDAD', 'INSCRIPCION', 'ANO_INGRESO']

Con el fin de conocer cómo se van agregando cada una de las características al conjunto de datos paso a paso, se procede mediante la instrucción siguiente: sfs. subsets_. Se aprecia según los resultados mostrados como se agregan características según el valor de p encontrado para cada uno de los atributos individuales. Deberá asignarse a feature_names = () los nombres de cada una de las columnas si se quiere tener mejor forma de identificación de las mismas en el paso a paso.

```
feature_names = ('GENERO', 'TIPO_COLEGIO', 'LOCALIDAD_COLEGIO','CALENDARIO',
'MUNICIPIO', 'DEPARTAMENTO', 'PG_ICFES', 'CON_MAT_ICFES','APT_MAT_ICFES',
'FISICA_ICFES', 'QUIMICA_ICFES', 'APT_VERB_ICFES', 'LITERATURA_
ICFES','BIOLOGIA_ICFES', 'SOCIALES_ICFES', 'FILOSOFIA_ICFES', 'IDIOMA_
ICFES', 'LOCALIDAD','DISTANCIA', 'INSCRIPCION', 'ESTRATO', 'ANO_INGRESO')

#Ajuste del SFS con nombres de características seleccionadas
sfs = sfs.fit(X_trn,Y_trn,custom_feature_names=feature_names)

#Obtención de los subconjuntos de características seleccionadas
sfs.subsets_
```

{1: {'feature_idx': (0,),
 'cv_scores': array([ 0.031, 0.014, 0.047, 0. , 0.013, 0.006, 0.038, -0.031, 0.051, -0.022]),
 'avg_score': 0.014777039835088612,
 'feature_names': ('GENERO',)},

 2: {'feature_idx': (0, 19),
 'cv_scores': array([ 0.03 , 0.058, 0.026, 0.014, -0.001, 0.027, 0.121, -0.036, 0.141, -0.029]),
 'avg_score': 0.03513172119938056,
 'feature_names': ('GENERO', 'INSCRIPCION')},

 3: {'feature_idx': (0, 7, 19),
 'cv_scores': array([ 0.043, 0.088, 0.034, 0.023, 0.007, 0.033, 0.124, -0.039, 0.136, -0.034]),
 'avg_score': 0.04141995670961025,
 'feature_names': ('GENERO', 'CON_MAT_ICFES', 'INSCRIPCION')},

```
4: {'feature_idx': (0, 7, 12, 19),
 'cv_scores': array([ 0.047, 0.073, 0.039, 0.026, 0.014, 0.042, 0.125, -0.032, 0.15
, -0.056]),
 'avg_score': 0.042791651410777176,
 'feature_names': ('GENERO',   'CON_MAT_ICFES',   'LITERATURA_ICFES',
 'INSCRIPCION')},

5: {'feature_idx': (0, 7, 12, 16, 19),
 'cv_scores': array([ 0.057, 0.071, 0.033, 0.021, 0.014, 0.043, 0.131, -0.023, 0.147,
-0.053]),
 'avg_score': 0.04414985099818759,
 'feature_names': ('GENERO',   'CON_MAT_ICFES',   'LITERATURA_ICFES',
 'IDIOMA_ICFES',   'INSCRIPCION')},

6: {'feature_idx': (0, 7, 12, 16, 19, 21),
 'cv_scores': array([ 0.05 , 0.064, 0.036, 0.021, 0.019, 0.046, 0.129, -0.024, 0.152,
-0.047]),
 'avg_score': 0.04449759088272877,
 'feature_names': ('GENERO',   'CON_MAT_ICFES',   'LITERATURA_ICFES',
 'IDIOMA_ICFES',   'INSCRIPCION',   'ANO_INGRESO')},
```

## 6.2.4 Eliminación bidireccional (Bi-directional elimination)

La eliminación bidireccional, también conocida como "Stepwise Regression", es un método de selección de características que combina la Eliminación Hacia Atrás (*Backward Elimination*) con la Eliminación Hacia Adelante (*Forward Elimination*) de manera iterativa. El objetivo de este enfoque es encontrar un conjunto óptimo de características que maximice el rendimiento del modelo predictivo.

El proceso de Eliminación Bidireccional comienza con un modelo que incluye todas las características disponibles. Luego, de manera iterativa, se eliminan características una a una o se agregan nuevas características, dependiendo de si su inclusión mejora o empeora el rendimiento del modelo.

El proceso se lleva a cabo en las siguientes etapas:

☞ Eliminación Hacia Atrás (*Backward Elimination*): en esta etapa, se comienza con un modelo que incluye todas las características disponibles y se evalúa el rendimiento del modelo al eliminar una característica a la vez. Se elimina la característica que cause la menor disminución en el rendimiento del modelo.

☞ Eliminación Hacia Adelante (*Forward Elimination*): una vez que se ha realizado la Eliminación Hacia Atrás y se ha obtenido un conjunto reducido de características, se comienza con un modelo que incluye solo estas características y se evalúa el rendimiento del modelo al agregar una característica a la vez. Se agrega la característica que produzca el mayor aumento en el rendimiento del modelo.

▶ Iteración: se repiten los pasos de eliminación hacia atrás y hacia adelante hasta que no se observe una mejora significativa en el rendimiento del modelo o se cumpla algún otro criterio de detención predefinido.

▶ La Eliminación Bidireccional se utiliza para mejorar el rendimiento del modelo al reducir el sobreajuste y mejorar la interpretabilidad al seleccionar solo las características más relevantes. También puede ayudar a reducir la complejidad del modelo al eliminar características redundantes o poco informativas. Sin embargo, es importante tener en cuenta que este enfoque puede ser computacionalmente costoso y no siempre garantiza la selección del conjunto óptimo de características, por lo que es importante validar los resultados obtenidos.

En resumen, en Python, la función *SequentialFeatureSelector()* ofrece la flexibilidad de realizar tanto la eliminación hacia adelante como la eliminación hacia atrás. Al configurar el parámetro forward=True se activa la eliminación hacia adelante, mientras que floating=True permite la exploración bidireccional. Además, se establece un nivel de significancia del 0.05 para la inclusión y exclusión de características del modelo, proporcionando un intervalo de confianza del 95%.

```python
from mlxtend.feature_selection import SequentialFeatureSelector as SFS
from sklearn.linear_model import LinearRegression

# Parámetros para Sequential Feature Selector (SFS)
modelo = LinearRegression()
sbs = SFS(estimator=modelo,
                k_features=10, # Número de características a seleccionar
                forward=True, # Selección hacia atrás
                floating=True,
                 scoring='r2', # Métrica de evaluación
                 cv=10) # Validación cruzada con 10 pliegues

# Entrenamiento del Sequential Feature Selector
sbs.fit(X_train, Y_train)

# Índices de columna de las características seleccionadas
columnas_seleccionadas = list(sbs.k_feature_idx_)
print("Índices de columna de las características seleccionadas:", columnas_
seleccionadas)
```

```
# Nombres de las características seleccionadas
nombres_seleccionados = list(sbs.k_feature_names_)
print("Nombres de las características seleccionadas:", nombres_
seleccionados)
```

Índices de columna de las características seleccionadas: [0, 2, 6, 7, 11, 12, 14, 17, 19, 21]

Nombres de las características seleccionadas:
  ['GENERO', 'LOCALIDAD_COLEGIO', 'PG_ICFES', 'CON_MAT_ICFES', 'APT_VERB_ICFES', 'LITERATURA_ICFES', 'SOCIALES_ICFES', 'LOCALIDAD', 'INSCRIPCION', 'ANO_INGRESO']

## 6.3 MÉTODOS EMBEBIDOS

Los métodos embebidos, en el contexto de la selección de características en conjuntos de datos, son algoritmos de aprendizaje automático que incorporan la selección de características como parte del proceso de entrenamiento del modelo. En lugar de tratar la selección de características como una etapa independiente, los métodos embebidos la integran directamente en el proceso de construcción del modelo, permitiendo que el modelo mismo identifique las características más relevantes durante su entrenamiento [72].

Este conjunto de técnicas que se exponen a continuación son aplicables a algoritmos lineales de aprendizaje automático en los que la predicción es la suma ponderada de los valores de entrada. Se caracterizan porque las variables o atributos son seleccionados a medida que se genera el modelo [73]. Es decir, no se sabe cuáles son las mejores características inicialmente, sino que los métodos aprenden qué características contribuyen mejor a la precisión del modelo mientras se crea el modelo. Estos métodos basan su trabajo de puntuación y selección de características en la búsqueda de un conjunto de coeficientes para usar en la suma ponderada y así poder tener una predicción. Por ejemplo, algunos algoritmos de aprendizaje automático aplican una penalización a los coeficientes de las características menos importantes, lo que efectivamente reduce su influencia en la predicción final. Otros algoritmos, como los árboles de decisión, utilizan criterios de impureza para seleccionar las características más importantes en cada división del árbol. Algunas de estas técnicas permiten asignar restricciones adicionales en la optimización de un algoritmo predictivo (como un algoritmo de regresión) que sesga el modelo hacia una menor complejidad (menos coeficientes).

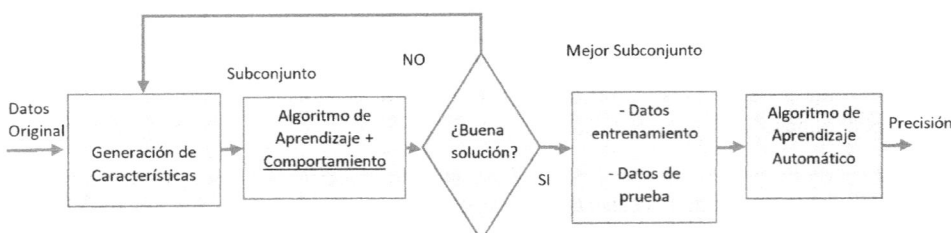

**Figura 34.** Esquema de funcionamiento de métodos de embebidos, Fuente: Adaptado de [68]

Los métodos embebidos son valiosos porque pueden mejorar la eficiencia del modelo al evitar la necesidad de realizar una selección de características por separado, lo que reduce el riesgo de sobreajuste y simplifica el proceso de desarrollo del modelo. Además, al integrar la selección de características en el propio proceso de entrenamiento del modelo, los métodos embebidos pueden adaptarse mejor a la complejidad y las características específicas del conjunto de datos, lo que puede resultar en modelos más robustos y precisos.

Estos métodos son específicos de cada algoritmo y, por lo tanto, dependen del algoritmo de aprendizaje utilizado. Algunos ejemplos de métodos embebidos son: regresión lineal, regresión logística y extensiones que agregan regularización, como la regresión Lasso y regresión Ridge.

En resumen, los métodos embebidos son útiles porque:

▶ Reducen la dimensionalidad del conjunto de datos al seleccionar automáticamente las características más importantes.

▶ Ayudan a evitar el sobreajuste al considerar la relevancia de las características durante el proceso de entrenamiento.

▶ Son eficientes computacionalmente, ya que la selección de características se realiza durante el proceso de entrenamiento del modelo.

## 6.3.1 Regresión lineal

La regresión lineal es un método estadístico utilizado en el análisis de datos para modelar la relación entre una variable dependiente (también conocida como variable respuesta o variable objetivo) y una o más variables independientes (también conocidas como variables predictoras o variables explicativas). Se utiliza principalmente para comprender y predecir cómo cambia la variable dependiente cuando cambian las variables independientes.

En esencia, la regresión lineal busca encontrar la mejor línea recta que se ajuste a los datos [60]. Esta línea recta se representa mediante una ecuación de la forma:

$$Y = \beta0 + \beta1X1 + \beta2X2 + \ldots + \beta nXn + \epsilon$$

Donde:

▸ Y es la variable dependiente que se está prediciendo.

▸ X1,X2,...,Xn son las variables independientes.

▸ β0,β1,β2,...,βn son los coeficientes que representan la relación entre las variables independientes y la variable dependiente.

▸ ε es el término de error, que representa la diferencia entre el valor predicho y el valor observado.

El objetivo de la regresión lineal es estimar los valores óptimos de los coeficientes β0,β1, β2,...,βn de manera que minimicen la suma de los cuadrados de los errores (la diferencia entre los valores observados y los valores predichos). Este proceso se realiza mediante técnicas de optimización, como el método de mínimos cuadrados.

La regresión lineal se utiliza para varios propósitos [51], entre ellos:

1. Predicción: se puede utilizar para predecir el valor de la variable dependiente para nuevas observaciones basadas en los valores de las variables independientes.

2. Análisis de la relación entre variables: permite comprender la relación y la fuerza de la asociación entre las variables independientes y la variable dependiente.

3. Inferencia estadística: proporciona información sobre la significancia estadística de las variables independientes en relación con la variable dependiente.

Ahora bien, ya que se ha explicado en qué consiste la regresión lineal, es bueno mencionar que este método puede usarse para determinar características para problemas que involucran la predicción de un valor numérico, llamado regresión, y también para aquellos problemas que involucran predecir una etiqueta de clase, llamado clasificación.

Como frecuentemente sucede el paso inicial es la carga, limpieza y transformación de datos (en este caso Yeo- Johnson) para posteriormente dividirlos en variables independientes X y dependientes Y (código mostrado previamente). El paso ahora consiste en identificar cuáles son los coeficientes del modelo de regresión lineal para cada una de las variables. En Python esto se puede realizar mediante la propiedad coeff\_. Cuando por este método los puntajes o coeficientes son cercanos a cero indica que las características no son relevantes, esencialmente eliminándolas del modelo. Los resultados de la ecuación mostrada sugieren que de las 21 variables de entrada, son en el mejor de los casos relevantes solo 3 (aquellas con puntajes alejados del valor cero).

En este código, después de determinar los coeficientes de importancia, obtenemos los nombres de las características mediante Xpandas\_T\_JOHNSON. columns. Luego, utilizamos estos nombres para imprimir la importancia de cada característica en el bucle for. Además, en la visualización, utilizamos tick\_label=nombres\_caracteristicas para etiquetar cada barra con el nombre de la característica correspondiente. Esto permite una mejor interpretación de la importancia de cada característica en el modelo de regresión lineal.

```python
# Importar librerias necesarias
from sklearn.linear_model import LinearRegression
import matplotlib.pyplot as plt

# Crear instancia del modelo de regresión lineal
modelo = LinearRegression()

# Entrenar el modelo con los datos
modelo.fit(Xpandas_T_JOHNSON, REND_UNO)

# Determinar los coeficientes de importancia de las características
coeficientes_importancia = modelo.coef_[0]
# Obtener nombres de las características
nombres_caracteristicas = Xpandas_T_JOHNSON.columns

# Mostrar resumen de la importancia de las características
for nombre, coef in zip(nombres_caracteristicas, coeficientes_importancia):
    print('Característica "{}": Score: {:.5f}'.format(nombre, coef))
# Graficar la importancia de las características
plt.figure(figsize=(10, 5))
plt.bar(range(len(coeficientes_importancia)), coeficientes_importancia, tick_
label=nombres_caracteristicas)
plt.xlabel('Característica')
plt.ylabel('Coeficiente de importancia')
plt.title('Importancia de las Características')
plt.xticks(rotation=90) # Rotar etiquetas del eje x para mayor legibilidad
plt.show()

# Imprimir la ecuación de regresión
```

```
print("Ecuación de regresión lineal:")
print("Y =", end=" ")
for i, coef in enumerate(modelo.coef_[0]):
    print("{:.5f} * X{} + ".format(coef, i), end="")
b=modelo.intercept_print('El valor de la variable independiente "B" es', b)
```

Característica "GENERO": Score: 0.09722
Característica "TIPO_COLEGIO": Score: 0.03365
Característica "LOCALIDAD_COLEGIO": Score: 0.02391
.....        .......        .......
Característica "ANO_INGRESO": Score: -0.05774

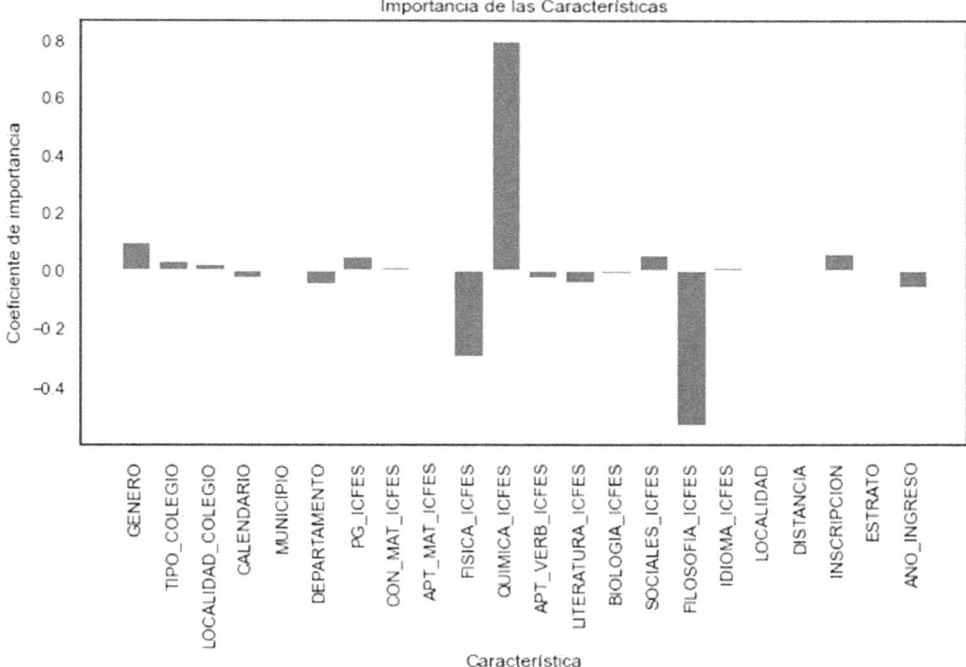

Ecuación de regresión lineal:
Y = 0.09722 * X0 + 0.03365 * X1 + 0.02391 * X2 + -0.02373 * X3 + -0.00072 * X4 + -0.04472 * X5 + 0.05075 * X6 + 0.01489 * X7 + -0.00570 * X8 + -0.29407 * X9 + 0.80117 * X10 + -0.02284 * X11 + -0.03969 * X12 + -0.00775 * X13 + 0.05559 * X14 + -0.52993 * X15 + 0.01337 * X16 + -0.00553 * X17 + -0.00359 * X18 + 0.06065 * X19 + 0.00652 * X20 + -0.05774 * X21 + El valor de la variable independiente "B" es [1.706]

## 6.3.2 Regularización Lasso

Los métodos integrados son iterativos en el sentido de que tiene cuidado de cada iteración del proceso de entrenamiento del modelo y extrae cuidadosamente las características que más contribuyen al entrenamiento de una iteración en particular. Los métodos de regularización son los métodos integrados más utilizados que penalizan una característica dado un umbral de coeficiente.

La Regresión Lasso (Least Absolute Shrinkage and Selection Operator) es una técnica de regresión lineal que incorpora regularización L1. La regularización L1 impone una penalización a los coeficientes de las características menos importantes, lo que puede llevar a la selección automática de características al forzar algunos coeficientes a cero. Esto hace que la Regresión Lasso sea útil para la selección de características y la reducción de la dimensionalidad en conjuntos de datos con muchas características.

En esencia, la Regresión Lasso busca minimizar la suma de los errores al ajustar los datos observados, al tiempo que agrega una penalización a la suma de los valores absolutos de los coeficientes de las características. La fórmula de la Regresión Lasso se puede expresar como [51]:

$$L_{\text{Lasso}} = \text{LOLS} + \lambda \sum_{j=1}^{p} |\beta_j| )$$

Donde:

▶ $L_{\text{Lasso}}$ es la función de pérdida con regularización Lasso.

▶ $L_{\text{OLS}}$ es la función de pérdida del modelo de mínimos cuadrados ordinarios (OLS).

▶ $\lambda$ es el parámetro de regularización, que controla la fuerza de la penalización. Cuanto mayor sea $\lambda$, mayor será la penalización y más se reducirán los coeficientes de regresión hacia cero.

▶ $\beta j$ son los coeficientes de regresión.

▶ p es el número de características en el modelo.

Para entender mejor cómo se usa la regularización Ridge, consideremos un ejemplo sencillo de regresión lineal. Supongamos que tenemos un conjunto de datos que contiene información sobre el precio de las casas (y) y algunas características relacionadas con esas casas, como el tamaño ($x_1$), el número de habitaciones ($x_2$), y la edad ($x_3$). Queremos ajustar un modelo de regresión lineal para predecir el precio de una casa en función de estas características. El modelo de regresión lineal sin regularización (OLS) se expresaría de la siguiente manera:

$$\hat{Y} = \beta0 + \beta1X1 + \beta2X2 + \beta3X3$$

Donde ŷ es la predicción, β0,β1,β2,β3 son los coeficientes de regresión y x1 ,x2,x3 son las características.

Para aplicar la regularización Ridge a este modelo, agregamos el término de penalización:

$$LLasso = \sum_{i=1}^{n}(Yi - (\beta0 + \beta1X_{i1} + \beta2X_{i2} + \beta3X_{i3}))^2 - \lambda(|\beta_1| + |\beta_2| + |\beta_3|)$$

Donde n es el número de observaciones en nuestros datos de entrenamiento.

Para usar la regularización Lasso, se necesita ajustar el parámetro de regularización λ (denominado α en Pyhton). Esto se puede hacer mediante técnicas de validación cruzada o métodos de búsqueda de hiperparámetros.

La configuración predeterminada del parámetro de regularización en la regresión Lasso es α = 1. Si reducimos aún más el valor de alfa, por ejemplo, (α = 0.001), se incluirá una mayor cantidad de variables que afectarán a la variable de salida. Esto se debe a que, con alfa = 1, la mayoría de los coeficientes son cero o casi cero, lo que resulta en la eliminación de atributos con valores casi nulos. Sin embargo, este no es el caso cuando alfa = 0.01, ya que aumenta la cantidad de características con coeficientes diferentes de cero. En resumen, la regresión Lasso penaliza los coeficientes de las características irrelevantes y los convierte en cero. Por lo tanto, las características con coeficiente = 0 se eliminan del modelo, mientras que las demás se conservan.

```
from sklearn.linear_model import LassoCV
from sklearn.model_selection import RepeatedStratifiedKFold
import pandas as pd
import matplotlib.pyplot as plt

# Definir el modelo de validación cruzada para evaluación
cv = RepeatedStratifiedKFold(n_splits=10, n_repeats=3, random_state=1)
lasso_reg = LassoCV(cv=cv, alphas=[0.01]) #Se puede modificar alphas=0.1 o
por ejemplo:alphas=arange(0, 1, 0.01)
```

```python
# Entrenar el modelo
lasso_reg.fit(Xpandas_T_JOHNSON, REND_UNO)

# Imprimir los resultados
print("Mejor alfa encontrado usando LassoCV incorporado:", lasso_reg.
alpha_)
print("Mejor puntaje de características encontrado usando LassoCV
incorporado de:",
lasso_reg.score(Xpandas_T_JOHNSON, REND_UNO))

# Obtener los coeficientes de las características
coef = pd.Series(lasso_reg.coef_, index=Xpandas_T_JOHNSON.columns)

# Imprimir resumen de características seleccionadas
non_zero_features = sum(coef != 0)
zero_features = sum(coef == 0)
print(f"Lasso seleccionó {non_zero_features} características con coeficiente
diferente de cero y eliminó {zero_features}características")

# Graficar la importancia de las características
plt.figure(figsize=(10, 5))
coef.sort_values().plot(kind="barh")
plt.title("Importancia de las características usando el modelo Lasso")
plt.xlabel("Coeficiente")
plt.ylabel("Característica")
plt.show()
```

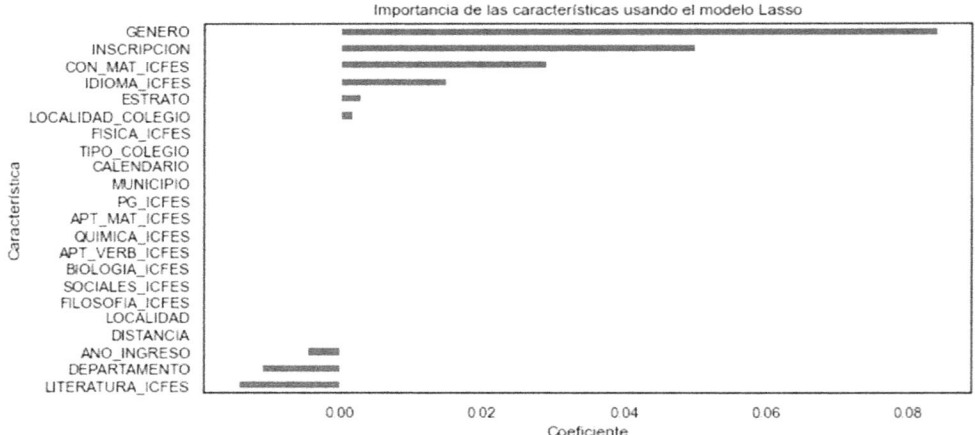

Mejor alfa encontrado usando LassoCV incorporado: 0.01
Mejor puntaje de característica encontrado usando LassoCV incorporado de : 0.05154
Lasso seleccionó 9 características con coeficiente diferente de cero y eliminó 13
características

## 6.3.3 Regularización Ridge

La Regularización Ridge es una técnica utilizada en el aprendizaje automático para reducir el sobreajuste (overfitting) y mejorar la generalización del modelo, especialmente en el contexto de la regresión lineal. Consiste en agregar un término de penalización a la función de pérdida durante el proceso de entrenamiento del modelo.

En el caso de la regresión lineal, la Regularización Ridge modifica la función de pérdida al agregar una penalización que penaliza los valores extremos de los coeficientes de las características (pesos). Esta penalización se controla mediante un parámetro de regularización λ (alfa en Scikit-Learn) que controla la fuerza de la penalización. Cuanto mayor sea el valor de λ, mayor será la penalización y más se reducirán los coeficientes hacia cero. La fórmula básica de la regularización Ridge se añade a la función de pérdida de la regresión lineal ordinaria de la siguiente manera [51]:

$$L_{\text{Ridge}} = L_{\text{OLS}} + \lambda \sum_{j=1}^{p} Bj^2$$

Donde:

☛ $L_{\text{Ridge}}$ es la función de pérdida con regularización Ridge.

☛ $L_{\text{OLS}}$ es la función de pérdida del modelo de mínimos cuadrados ordinarios (OLS).

☛ n es el número de observaciones en los datos.

☛ yi es el valor observado para la i-ésima observación.

☛ y^i es el valor predicho por el modelo para la i-ésima observación.

☛ p es el número de características o variables explicativas en el modelo.

▶ βj es el coeficiente asociado con la j-ésima característica.

▶ λ es un parámetro de regularización que controla la fuerza de la penalización. Cuanto mayor sea λ, mayor será la penalización y más se reducirán los coeficientes.

La Regularización Ridge se hace para evitar que los coeficientes de las características se vuelvan demasiado grandes, lo que puede provocar un sobreajuste del modelo a los datos de entrenamiento y una pérdida de capacidad de generalización a nuevos datos. Al penalizar los coeficientes grandes, la Regularización Ridge fomenta la selección de modelos más simples y estables.

Para entender mejor cómo se usa la regularización Ridge, consideremos un ejemplo sencillo de regresión lineal. Supongamos que tenemos un conjunto de datos que contiene información sobre el precio de las casas (y) y algunas características relacionadas con esas casas, como el tamaño ($x_1$), el número de habitaciones ($x_2$), y la edad ($x_3$). Queremos ajustar un modelo de regresión lineal para predecir el precio de una casa en función de estas características. El modelo de regresión lineal sin regularización (OLS) se expresaría de la siguiente manera [64]:}

$$\hat{Y} = \beta0 + \beta1X1 + \beta2X2 + \beta3X3$$

Donde $\hat{Y}$ es la predicción, β0,β1,β2,β3 son los coeficientes de regresión y x1 ,x2, x3 son las características.

Para aplicar la regularización Ridge a este modelo, agregamos el término de penalización:

$$LRidge = \sum_{i=1}^{n}(Yi - (\beta0 + \beta1X1 + \beta2X2 + \beta3X3))^2 - \lambda(\beta_1^2 + \beta_2^2 + \beta_3^2)$$

Donde n es el número de observaciones en nuestros datos de entrenamiento.

En Python, se puede implementar la Regularización Ridge utilizando la clase Ridge de la biblioteca Scikit-Learn. Esta clase proporciona un parámetro adicional llamado alpha que controla el nivel de regularización. Ajustar este parámetro permite encontrar un equilibrio entre la precisión del modelo en los datos de entrenamiento y su capacidad para generalizar a datos nuevos y no vistos.

En la regresión Ridge usada en Python, el valor de alfaque es el hiperparámetro de penalización de Ridge ($\lambda$), el algoritmo no los aprende automáticamente, sino que debe configurarlos manualmente. Para encontrar el mejor modelo implica realizar una optimización. Python ofrece diversas opciones para optimizar hiperparámetros, una de estas es la ofrecida por la librería sckit-learn que proporciona la opción GridSearchCV. Un valor recomendado es alfa = 0.05.

Continuando con el conjunto de datos tratado en los anteriores ejemplos, se procede a partir de los datos transformados, a la búsqueda del mejor "hiperparámetro "alfa". Hay que tener en cuenta que para poder encontrar el mejor "alfa" es porque se ha probado las variables más influyentes en la variable de salida en algún modelo. En este caso las variables independientes más influyentes son probadas con datos de prueba en el algoritmo Ridge.

```python
# Importar librerías necesarias
import numpy as np
import pandas as pd
from sklearn.model_selection import GridSearchCV, RepeatedKFold
from sklearn.linear_model import Ridge

# Definir el modelo a optimizar
model = Ridge()

# Definir método de validación cruzada
cv = RepeatedKFold(n_splits=10, n_repeats=3, random_state=1)

# Parámetros para GridSearchCV
param_grid = {'alpha': np.arange(0, 1, 0.01)}

# Configurar la búsqueda de hiperparámetros con GridSearchCV
grid_search = GridSearchCV(model, param_grid, scoring='neg_mean_absolute_
error', cv=cv, n_jobs=-1)

# Configurar la búsqueda de hiperparámetros con GridSearchCV
grid_search = GridSearchCV(model, param_grid, scoring='neg_mean_absolute_
error', cv=cv, n_jobs=-1)

# Realizar la búsqueda de hiperparámetros
results = grid_search.fit(Xpandas_T_JOHNSON, REND_UNO)

# Mostrar los mejores resultados
print('Utilizando la métrica MAE, el mejor resultado de Ridge es: %.3f' %
```

```
results.best_score_)
print('El valor de alfa que proporciona el mejor resultado para el método
Ridge es: %s' % results.best_params_['alpha'])
```

---

Utilizando la métrica MAE, el mejor resultado de Ridge es: -0.451
El valor de alfa que proporciona el mejor resultado para el método Ridge es: 0.0

---

Ya conocido cual podría ser un buen alfa que por efecto de la penalización haga que los coeficientes de algunas variables se vuelvan cero (en lo posible), se procede a la búsqueda de los coeficientes. Aquellos coeficientes de las variables que sean cercanos a cero quiere decir que no influyen mucho en la variable de respuesta.

En este código, después de ajustar el modelo de regresión Ridge, obtenemos los nombres de las características a partir de Xpandas_T_JOHNSON.columns. Luego, definimos la función imprimir_coefs para imprimir los coeficientes junto con los nombres de las características correspondientes. Finalmente, imprimimos los coeficientes de regresión junto con los nombres de las características mediante la función imprimir_coefs. Esto te proporcionará una comprensión más clara de qué características tienen la mayor influencia en el modelo de regresión Ridge.

```
# Importar librerías necesarias
from sklearn.linear_model import Ridge
import numpy as np

# Crear instancia del modelo de regresión Ridge
ridge = Ridge(alpha=0.0) ridge.fit(Xpandas_T_JOHNSON, REND_UNO)

# Obtener nombres de las características
nombres_caracteristicas = Xpandas_T_JOHNSON.columns

# Definir función para imprimir los coeficientes de la regresión con nombres
de características
def imprimir_coefs(coefs, names):
    lst = zip(coefs, names)
    lst = sorted(lst, key=lambda x: -np.abs(x[0])) # Ordenar por valor
absoluto de coeficientes
    return " + ".join("%s * %s" % ((coef), name) for coef, name in lst)

# Imprimir los coeficientes de la regresión con nombres de características
print("Coeficientes de la regresión Ridge:")
print(imprimir_coefs(ridge.coef_, nombres_caracteristicas))
```

Coeficientes de la regresión Ridge:
[ 9.72183e-02  3.36868e-02  2.39078e-02 -2.37950e-02 -6.68445e-04
 -4.47431e-02  5.07431e-02  1.48938e-02 -5.71703e-03 -2.93660e-01
  8.00822e-01 -2.29033e-02 -3.96852e-02 -7.74211e-03  5.55783e-02
 -5.29923e-01  1.33671e-02 -5.53367e-03 -3.59617e-03  6.06465e-02
  6.51970e-03 -5.77440e-02]
 * GENERO

## 6.4 METODOS DE ENSAMBLE

Los métodos de ensamble para la selección de características en un conjunto de datos en Python implican el uso de técnicas de ensamble para seleccionar las características más importantes o relevantes para el problema de modelado. Esto se hace generalmente como un paso previo al entrenamiento de un modelo de aprendizaje automático, con el objetivo de mejorar la precisión y la generalización del modelo final.

Este conjunto de técnicas se distingue por evaluar las características de entrada utilizando un modelo y, en función de esta evaluación, clasificarlas según su importancia o contribución a la variable de salida. Dentro de este grupo, se encuentran varios métodos, incluidos los Árboles de Clasificación y Regresión (CART), el Bosque Aleatorio, así como los árboles de decisión en bolsas (Bagging), como Extra Trees y Random Forest, diseñados para estimar la importancia de las características. Además, destacan el Aumento de Gradiente (Gradient Boosting) y XGBoost, entre otros. Estos enfoques ofrecen una puntuación de importancia para cada característica, asignando los valores más altos a aquellas características que se consideran más relevantes. Este análisis de importancia de las características es fundamental para comprender qué aspectos del conjunto de datos son más influyentes en el resultado final del modelo, lo que permite una toma de decisiones más informada y una mejor comprensión del comportamiento del modelo.

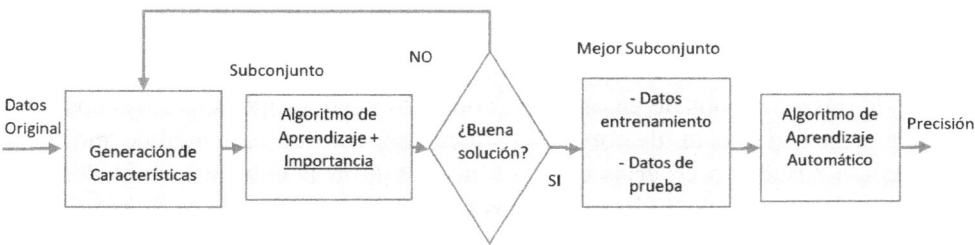

**Figura 35.** Esquema de funcionamiento de métodos de ensamble. Fuente: adaptado de [68]

Los métodos de ensamble para la selección de características se utilizan principalmente por las siguientes razones:

▶ Mejor rendimiento predictivo: al combinar múltiples métodos de selección de características, es posible capturar una mayor diversidad de información relevante en los datos, lo que puede conducir a modelos de aprendizaje automático más precisos y generalizables.

▶ Reducción del riesgo de sobreajuste: la combinación de diferentes métodos de selección de características puede ayudar a reducir el riesgo de sobreajuste al evitar que un solo método sesgue la selección de características. Al mantener un equilibrio entre sesgo y varianza, los modelos resultantes pueden ser más robustos y generalizables.

▶ Mayor estabilidad: los métodos de ensamble pueden mejorar la estabilidad de la selección de características al reducir la sensibilidad a pequeñas variaciones en los datos de entrenamiento o en la configuración de los algoritmos de selección de características.

## 6.4.1 Árboles de decisión (CART)

Los árboles de decisión, también conocidos como árboles de clasificación y regresión (CART por sus siglas en inglés), son un tipo de modelo predictivo utilizado en el aprendizaje supervisado. Consisten en estructuras en forma de árbol donde cada nodo interno representa una "pregunta" sobre una característica de los datos, y cada rama representa una posible respuesta a esa pregunta. Los nodos hoja del árbol contienen la predicción o clasificación final.

El proceso de elaboración de un árbol de decisión implica dividir repetidamente los datos en subconjuntos más pequeños en función de las características de los datos, de manera que se maximice la homogeneidad dentro de cada subconjunto y se maximice la heterogeneidad entre los subconjuntos. Esto se hace utilizando medidas como la ganancia de información, el índice Gini o la entropía, que evalúan la pureza de los subconjuntos resultantes después de una división. Aunque no se trata de un método de ensamblaje en sí mismo, su inclusión en esta sección se justifica por ser la base de otros métodos de ensamblaje, como los bosques aleatorios básicos y los bosques extremadamente aleatorios. El funcionamiento de este método radica en la reducción basada en criterios como el índice Gini o la entropía, utilizados para seleccionar los puntos de división óptimos [74] [75].

Para construir un árbol de decisión (CART) en un conjunto de datos, sigue estos pasos:

▶ Seleccionar la variable de decisión (*target*): identifica la variable que deseas predecir o clasificar. Por ejemplo, en un conjunto de datos sobre clientes de un banco, la variable de decisión podría ser si un cliente compra o no un producto específico.

▶ Seleccionar las características (*features*): identifica las características relevantes que puedan influir en la variable de decisión. Estas características pueden ser edad, género, historial de compras, etc.

▶ Dividir el conjunto de datos: divide tu conjunto de datos en un conjunto de entrenamiento y un conjunto de prueba. El conjunto de entrenamiento se usará para construir el árbol, mientras que el conjunto de prueba se usará para evaluar su rendimiento.

▶ Construir el árbol de decisión: utiliza un algoritmo de aprendizaje de árbol de decisión, como el algoritmo CART, que busca dividir el conjunto de datos en subconjuntos cada vez más puros en términos de la variable de decisión.

▶ Seleccionar la mejor característica de división: para cada nodo del árbol, el algoritmo busca la característica que mejor divide los datos en términos de la variable de decisión. Esto se hace calculando alguna medida de impureza, como el índice Gini o la entropía, y seleccionando la división que minimiza esta impureza.

▶ Repetir el proceso de división: el proceso de división se repite recursivamente en cada subconjunto de datos resultante hasta que se cumpla algún criterio de parada, como alcanzar una profundidad máxima predefinida o no poder realizar más divisiones que mejoren la pureza de los subconjuntos.

▶ Podar el árbol (opcional): después de construir el árbol, puedes aplicar técnicas de poda para eliminar ramas que no aporten mucha información o que puedan estar sobre ajustadas al conjunto de entrenamiento.

Este algoritmo permite crear un árbol invertido dividiendo inicialmente los datos en dos conjuntos teniendo en cuenta el valor del diferenciador más significativo entre todas las variables de entrada; es decir, permite crear un procedimiento para clasificar un concepto. El algoritmo del árbol de decisión es conocido también como CART, que significa árboles de clasificación y regresión. El número de condiciones (nodos) que tenga el árbol dependerá de la cantidad de variables de entrada (independientes) de lo que se pretenda modelar y cada uno de los resultados luego de las particiones son llamadas nodos (Figura 36).

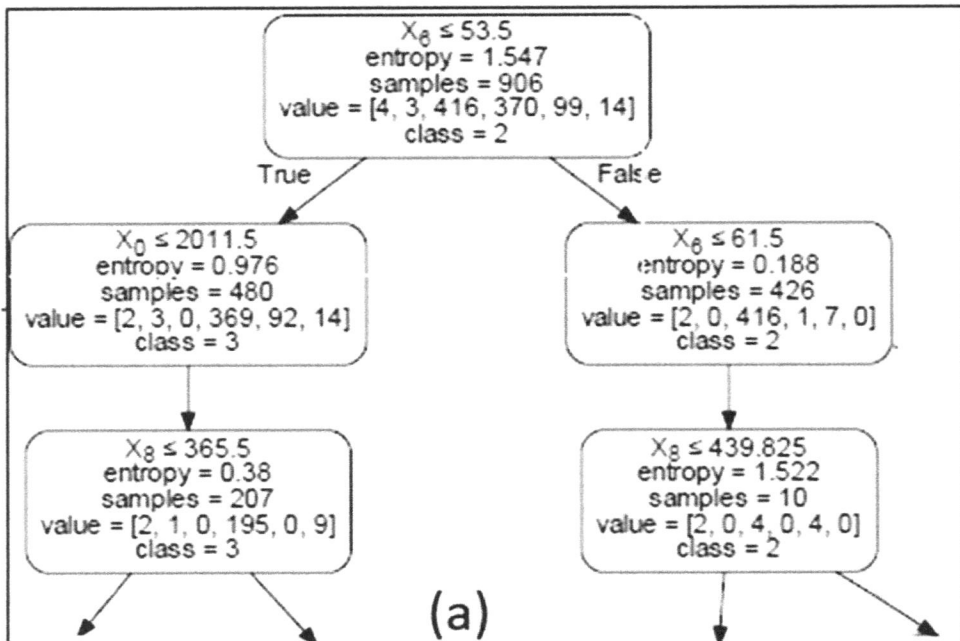

**Figura 36.** Árbol de decisión para clasificación propia

Para ilustrar como función un árbol de decisión, supongamos que se quiere construir un árbol de decisión para que describa diferentes frutas basadas en dos características: color y forma. Las frutas pueden ser manzanas (A) o naranjas (B). Para esto se poseen los siguientes datos:

| Color | Forma | Etiqueta |
|---|---|---|
| Rojo | Redonda | A |
| Rojo | Alargada | B |
| Naranja | Redonda | A |
| Naranja | Redonda | A |
| Rojo | Redonda | A |
| Naranja | Alargada | B |
| Rojo | Redonda | A |
| Naranja | Redonda | A |
| Rojo | Alargada | B |
| Naranja | Alargada | B |

Para construir un árbol de decisión con estos datos, comenzamos dividiendo el conjunto de datos en función de una característica y un valor de umbral. Por ejemplo, podríamos comenzar dividiendo el conjunto de datos en dos subconjuntos basados en el color de la fruta: uno para frutas rojas y otro para frutas naranjas.

Después de esta primera división, tendríamos dos subconjuntos. En cada subconjunto, buscamos la característica que proporciona la mejor división, es decir, la característica que hace que las frutas en cada subconjunto sean lo más homogéneas posible en términos de la etiqueta de clase (manzana o naranja). Continuamos este proceso recursivamente hasta que se cumplan ciertos criterios de parada, como cuando todas las frutas en un subconjunto pertenecen a la misma clase o cuando se alcanza una profundidad máxima predefinida.

En nuestro ejemplo, después de dividir inicialmente por color, podríamos mirar la forma de la fruta. Por ejemplo, para las frutas rojas, podríamos ver si son redondas o alargadas. Para las frutas naranjas, podríamos hacer lo mismo. Este proceso continúa hasta que se cumple el criterio de parada. El árbol resultante puede verse como algo así:

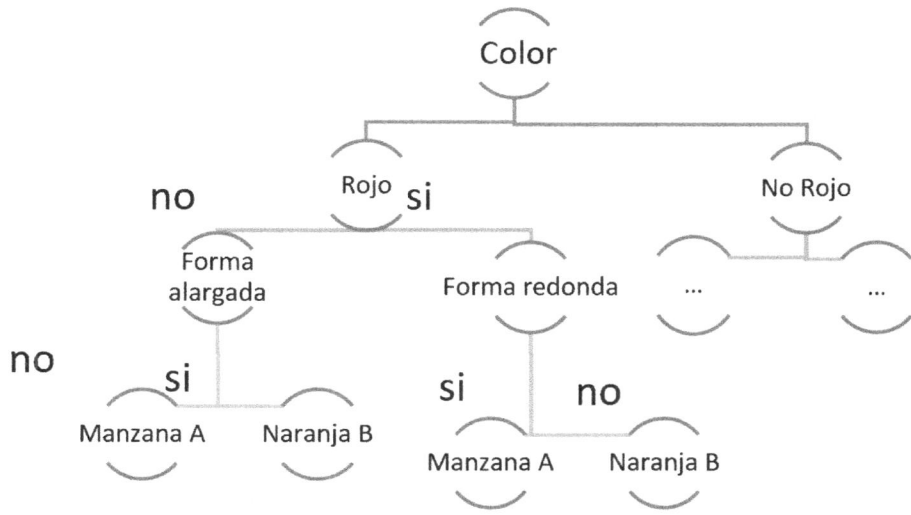

En el contexto de Python, se puede aprovechar esta técnica mediante el uso de las clases DecisionTreeRegressor y DecisionTreeClassifier, empleadas para tareas de regresión y clasificación respectivamente. Estas clases permiten identificar las variables más influyentes en la variable de salida, lo que resulta fundamental en el análisis y modelado de datos. Por tanto, su aplicación dentro de Python facilita el proceso de detección y selección de características relevantes para que los modelos predictivos sean precisos y efectivos.

Con el fin de entender cómo se usa esta técnica en Python para seleccionar las mejores características, se continúa con el conjunto de datos de rendimiento académico ('R1_leo_2011-ADELANTE.csv'). Se cargan los datos, y se realiza algún tipo de transformación para las variables independientes (X) que en este caso fue Yeo-Jhonson. Python ofrece la posibilidad de usar este tipo de algoritmos para detectar las variables más influyentes en la variable de salida por medio de la clase DecisionTreeClassifier. La selección de características se puede realizar mediante la propiedad feature_importances_. Los resultados sugieren las características más influyentes o importantes. En este código, después de ajustar el modelo y obtener los puntajes de las características con entrenamiento.scores_, utilizamos prueba. get_support() para obtener un array booleano que indica qué características han sido seleccionadas. Luego, utilizamos este array booleano para obtener los nombres de las características seleccionadas de Xpandas_T_JOHNSON.columns. Finalmente, utilizamos un bucle for para imprimir el nombre y el puntaje de cada característica seleccionada.

```python
# Importar librerías
from sklearn.tree import DecisionTreeClassifier
import matplotlib.pyplot as plt

# Crear y entrenar el modelo para seleccionar características
modelo = DecisionTreeClassifier()
modelo.fit(Xpandas_T_JOHNSON, REND_UNO)

# Determinar coeficientes importantes
coef_importancia = modelo.feature_importances_

# Obtener nombres de las características
nombres_caracteristicas = Xpandas_T_JOHNSON.columns

# Imprimir resumen de importancia de características
for i, (nombre, importancia) in enumerate(zip(nombres_caracteristicas, coef_importancia)):
    print('Característica: {}, Importancia: {:.5f}'.format(nombre, importancia))

# Graficar importancia de características plt.figure(figsize=(10, 5))
plt.bar(range(len(coef_importancia)), coef_importancia, tick_label=nombres_caracteristicas)
plt.title('Importancia de las Características vs Arbol CART')
plt.ylabel('Puntaje')
plt.xlabel('Características')
plt.xticks(rotation=90) # Rotar etiquetas del eje x para mayor legibilidad
plt.show()
```

Característica: GENERO, Importancia: 0.01900
Característica: TIPO_COLEGIO, Importancia: 0.01780
Característica: LOCALIDAD_COLEGIO, Importancia: 0.05471
Característica: CALENDARIO, Importancia: 0.01164
Característica: MUNICIPIO, Importancia: 0.00780
Característica: DEPARTAMENTO, Importancia: 0.01291
.... ...... ..... ......
Característica: ANO_INGRESO, Importancia: 0.03169

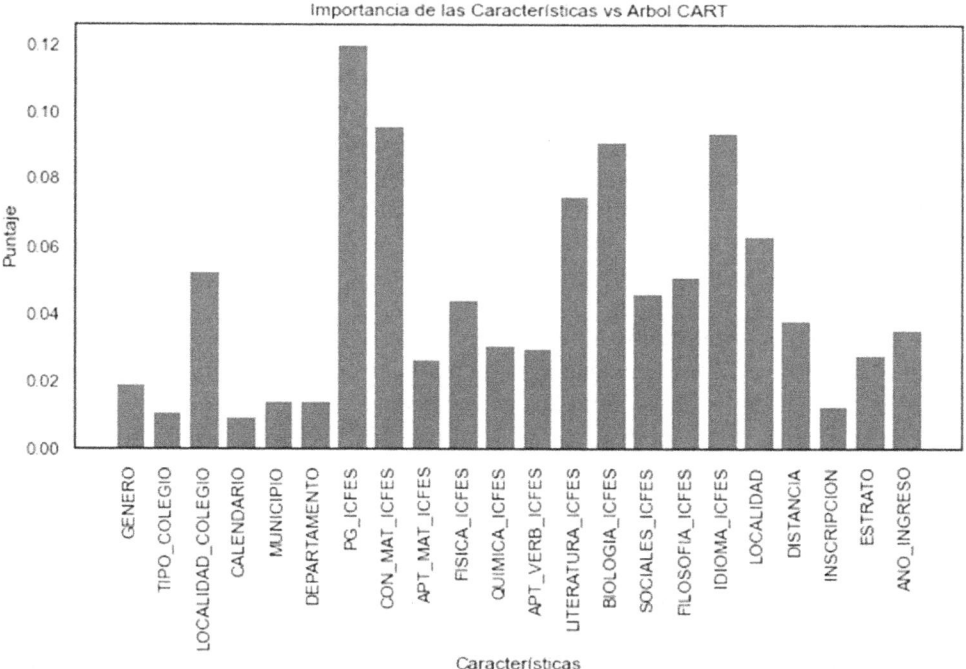

## 6.4.2 Ramdom Forest (Bosque aleatorio)

El Bosque Aleatorio, también conocido como Random Forest en inglés, es un algoritmo de aprendizaje supervisado que se utiliza para limitar las características que se utilizan en la implementación de otros algoritmos, permitiendo así determinar la variable de salida en problemas de clasificación y regresión.

Este algoritmo consta de múltiples árboles de decisión integrados, cuya cantidad es definida por el analista de datos. Es el analista quien determina la cantidad de árboles que se utilizarán para determinar la mejor variable de respuesta en función del conjunto de datos.

Para buscar la mejor respuesta, es necesario establecer el número de características a partir del cual se puede buscar el mejor punto de división (denominado "m") para construir los árboles de decisión. Este valor "m" es un parámetro crucial para el algoritmo del Bosque Aleatorio y debe ser especificado. Según la literatura especializada, se recomienda seleccionar el valor de "m" de la siguiente manera en función del tipo de tarea que se desee realizar. Así por ejemplo para tareas de clasificación y para tareas de regresión [50].

El método Random Forest construye múltiples árboles de decisión y divide los nodos utilizando subconjuntos aleatorios de características. Cada árbol en el bosque emite una clasificación, votando por una clase particular. El resultado final se determina al considerar la clase con el mayor número de votos en todo el bosque [76]. Es decir, para cada subconjunto de datos, se ejecuta el algoritmo de árbol de decisión y cada uno identifica las características más relevantes en esa corrida. Posteriormente, el Random Forest selecciona las características más importantes basándose en el promedio o la mayoría de los votos emitidos por los árboles utilizados.

Además, es importante tener en cuenta que el método Random Forest ofrece ventajas adicionales, como la capacidad de manejar grandes conjuntos de datos con alta dimensionalidad y la reducción del sobreajuste en comparación con un solo árbol de decisión. Esto se debe a la aleatorización inherente en la selección de características y en la construcción de múltiples árboles independientes. Por lo tanto, el Random Forest es ampliamente utilizado en una variedad de aplicaciones, desde la clasificación de imágenes médicas hasta la predicción del rendimiento financiero.

Python ofrece la versatilidad de utilizar algoritmos como RandomForestClassifier y RandomForestRegressor para identificar las variables más influyentes en la variable de salida en problemas de clasificación y regresión, respectivamente. La propiedad feature_importances_ permite la selección de características, facilitando así la identificación de las más relevantes en relación con la variable objetivo. Una vez que los datos están cargados, el siguiente paso implica determinar cuáles características son más importantes mediante esta propiedad. Después de ajustar el modelo RandomForestClassifier, podemos obtener los nombres de las características utilizando Xpandas_T_JOHNSON.columns. Posteriormente, en un bucle for, imprimimos la importancia de cada característica junto con su nombre. Finalmente, en la visualización de los resultados, utilizamos tick_label=nombres_caracteristicas para etiquetar cada barra con el nombre de la característica correspondiente. Esta práctica proporciona una comprensión clara de qué características tienen mayor influencia en el modelo RandomForestClassifier.

```python
from sklearn.ensemble import RandomForestClassifier
import matplotlib.pyplot as plt

# Crear el modelo RandomForestClassifier
modelo = RandomForestClassifier(random_state=100)

# Entrenar el modelo
modelo.fit(Xpandas_T_JOHNSON, REND_UNO)

# Determinar la importancia de las características
importancia_caracteristicas = modelo.feature_importances_

# Obtener nombres de las características
nombres_caracteristicas = Xpandas_T_JOHNSON.columns

# Mostrar resumen de la importancia de las características

for i, importancia in enumerate(importancia_caracteristicas):
      print('Característica "{}": Score: {:.5f}'.format(nombres_
caracteristicas[i], importancia))

# Graficar la importancia de las características
plt.figure(figsize=(10, 5))
plt.bar(range(len(importancia_caracteristicas)), importancia_
caracteristicas, tick_label=nombres_caracteristicas)
plt.title('Importancia de las Características vs RANDOM FOREST')
plt.ylabel('Puntaje')
plt.xlabel('Características')
plt.xticks(rotation=90) # Rotar etiquetas del eje x para mayor legibilidad
plt.show()
```

```
Característica "GENERO": Score: 0.02178
Característica "TIPO_COLEGIO": Score: 0.01344
Característica "LOCALIDAD_COLEGIO": Score: 0.05179
Característica "CALENDARIO": Score: 0.00743
....    .....    .....    .....
Característica "DISTANCIA": Score: 0.03663
Característica "INSCRIPCION": Score: 0.01168
Característica "ESTRATO": Score: 0.03060
Característica "ANO_INGRESO": Score: 0.04167
```

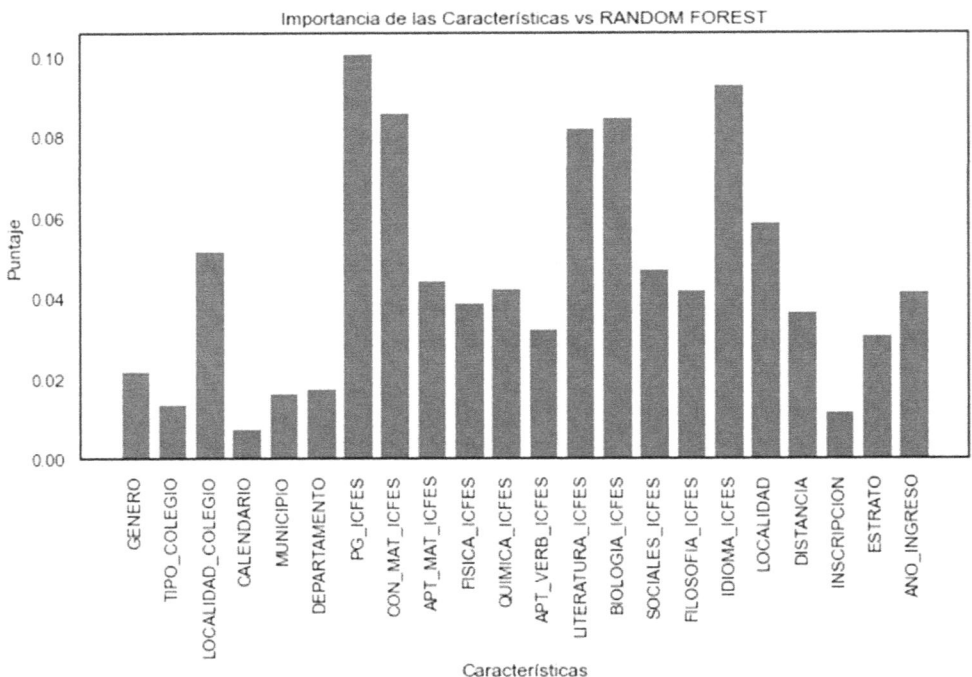

### 6.4.3 ExtraTreesClassifier (Árboles extremadamente aleatorios)

El clasificador de Árboles Extremadamente Aleatorios es una técnica de aprendizaje por conjuntos que combina los resultados de múltiples árboles de decisión des correlacionados, reunidos en un "bosque", para producir su resultado de clasificación. En esencia, comparte similitudes conceptuales con el Clasificador de Bosques Aleatorios, diferenciándose principalmente en la manera en que se construyen los árboles de decisión [62].

Este método pertenece a la categoría de aprendizaje de ensamble o conjunto, centrándose principalmente en árboles de decisión. Los clasificadores ExtraTreesClassifier, conocidos por tener baja varianza, al igual que el Random Forest con su media varianza, implementan técnicas de aleatorización en ciertas decisiones y subconjuntos de datos para mitigar el sobreajuste y la sobre adaptación de los modelos [48]. Consiste en la construcción de múltiples árboles mediante la técnica de bootstrap, dividiendo nodos con subconjuntos aleatorios de características. A diferencia del Random Forest, el método ExtraTreesClassifier toma muestras sin reemplazo y divide los nodos en divisiones aleatorias en lugar de buscar las mejores divisiones.

Es importante destacar que la elección entre el uso de un Random Forest o un ExtraTreesClassifier puede depender de las características específicas del problema y de la naturaleza de los datos disponibles. Ambos enfoques ofrecen herramientas valiosas para abordar problemas de clasificación y regresión en aprendizaje automático, cada uno con sus propias ventajas y consideraciones de implementación.

Python ofrece la posibilidad de usar este tipo de algoritmos para detectar las variables más influyentes en la variable de salida por medio de las clases *ExtraTreesRegressor* y *ExtraTreesClassifier* usadas para tareas de regresión y clasificación respectivamente.

```python
from sklearn.ensemble import ExtraTreesClassifier
import matplotlib.pyplot as plt

# Crear el modelo ExtraTreesClassifier
modelo = ExtraTreesClassifier (n_estimators= 100)

# Entrenar el modelo
modelo.fit(Xpandas_T_JOHNSON, REND_UNO)

# Determinar la importancia de las características
importancia_caracteristicas = modelo.feature_importances_

# Obtener nombres de las características
nombres_caracteristicas = Xpandas_T_JOHNSON.columns

# Mostrar resumen de la importancia de las características

for i, importancia in enumerate(importancia_caracteristicas):
        print('Característica "{}": Score: {:.5f}'.format(nombres_
caracteristicas[i], importancia))

# Graficar la importancia de las características
plt.figure(figsize=(10, 5))
plt.bar(range(len(importancia_caracteristicas)), importancia_
caracteristicas, tick_label=nombres_caracteristicas)
plt.title('Importancia de las Características vs RANDOM FOREST')
plt.ylabel('Puntaje')
plt.xlabel('Características')
plt.xticks(rotation=90) # Rotar etiquetas del eje x para mayor legibilidad
plt.show()
```

Característica "GENERO": Score: 0.02551
Característica "TIPO_COLEGIO": Score: 0.01557
....    .....    .....    .....
Característica "INSCRIPCION": Score: 0.01837
Característica "ESTRATO": Score: 0.04563
Característica "ANO_INGRESO": Score: 0.04782

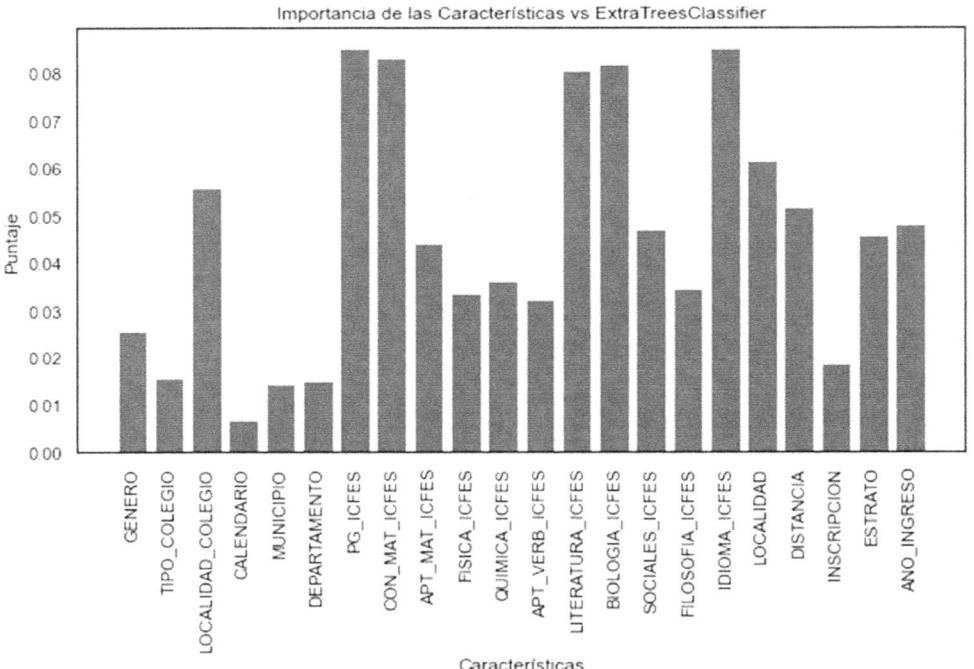

## 6.4.4 Eliminación de características recursivas RFECV con métodos de ensamble

RFECV, que significa Recursive Feature Elimination with Cross-Validation (Eliminación Recursiva de Características con Validación Cruzada), es una técnica utilizada en aprendizaje automático para seleccionar las características más importantes de un conjunto de datos. Este método combina las ventajas de la eliminación recursiva de características (RFE) y la validación cruzada para evaluar la calidad de las características seleccionadas [50]. En este apartado se tratará sobre la eliminación de características recursivas con validación cruzada (RFECV) porque se usa según la literatura con más frecuencia que la opción sin validación cruzada explicada anteriormente. El nombre de este método parte de la definición de tres palabras claves: recursivo, que implica hacer lo mismo varias veces para producir un resultado; característica, que son los atributos o propiedades medibles del conjunto de datos; y validación cruzada, que es la técnica para evaluar modelos mediante la capacitación de varios modelos a partir de varios subconjuntos de datos.

El proceso de RFECV implica lo siguiente [77]:

▸ Eliminación recursiva de características (RFE): comienza con todas las características y, en cada iteración, elimina las menos importantes según algún criterio definido (como la importancia de las características en un modelo de aprendizaje automático). Esto se hace iterativamente hasta que se alcanza el número deseado de características.

▸ Validación cruzada (CV): en cada iteración de eliminación de características, se utiliza validación cruzada para evaluar el rendimiento del modelo. Esto implica dividir el conjunto de datos en varios pliegues (folds), entrenar el modelo en algunos pliegues y evaluar su rendimiento en otros pliegues. Este proceso se repite varias veces para garantizar una evaluación robusta del modelo.

▸ Selección de características óptimas: RFECV utiliza la combinación de RFE y validación cruzada para seleccionar las características que maximizan el rendimiento del modelo en los datos de validación cruzada.

La principal diferencia entre Recursive Feature Elimination with Cross Validation (RFECV) y Recursive Feature Elimination (RFE) radica en cómo seleccionan las características y cómo evalúan su rendimiento [71].

RFECV (Recursive Feature Elimination with Cross Validation):

▸ RFECV realiza la selección de características utilizando un proceso de eliminación recursiva, donde elimina iterativamente las características menos importantes según algún criterio (por ejemplo, importancia de características en árboles de decisión) y evalúa el rendimiento del modelo en cada paso utilizando validación cruzada.

▸ Durante cada iteración de eliminación de características, RFECV entrena el modelo utilizando el subconjunto actual de características y luego evalúa su rendimiento utilizando validación cruzada.

▸ El proceso de validación cruzada garantiza una evaluación más robusta del rendimiento del modelo, ya que se realiza en múltiples divisiones del conjunto de datos.

RFE (Recursive Feature Elimination):

▼ RFE también realiza la selección de características utilizando un proceso de eliminación recursiva, pero no necesariamente utiliza validación cruzada en cada paso.

▼ En cada iteración, RFE entrena el modelo utilizando el subconjunto actual de características y evalúa su rendimiento utilizando algún criterio de evaluación específico, como precisión o puntuación F1.

▼ RFE puede ser más rápido que RFECV, ya que no implica la evaluación exhaustiva del rendimiento del modelo en cada paso a través de validación cruzada.

En resumen, RFECV es una extensión de RFE que utiliza validación cruzada para una evaluación más confiable del rendimiento del modelo durante el proceso de selección de características. Esto lo hace más adecuado para situaciones en las que se necesita una evaluación más robusta del rendimiento del modelo, pero puede ser más costoso computacionalmente que RFE. Por tanto, RFECV es útil cuando se trabaja con conjuntos de datos de alta dimensionalidad, donde la selección de características puede mejorar la generalización del modelo y reducir el riesgo de sobreajuste.

A continuación, se muestran tres ejemplos de cómo usar RFECV junto con los algoritmos árbol de decisión, bosque aleatorio y árboles extremadamente aleatorios que han sido explicados anteriormente. Para iniciar, se deben importar las librerías Numpy, Pandas, Matplotlib, DecisionTreeClassifier, RandomForestClassifier, ExtraTreesClassifier, StratifiedKFold y RFECV de Scikit -Learn.

Este código primero se entrena el modelo que en este caso es DecisionTreeClassifier con RFECV para seleccionar las características óptimas. Luego, grafica el puntaje de validación cruzada en función del número de características seleccionadas. Después, imprime el número óptimo de características seleccionadas. Posteriormente, obtiene los nombres de las características y sus puntajes de importancia, los imprime y, opcionalmente, los visualiza en un gráfico de barras para mostrar la importancia de cada característica. Esto proporcionará una comprensión más clara de qué características tienen mayor importancia en el modelo al haber seleccionado algún algoritmo de ensamble como complemento para el RFECV.

```
# RFECV con arbol CART
from sklearn.tree import DecisionTreeClassifier
from sklearn.model_selection import StratifiedKFold
from sklearn.feature_selection import RFECV
```

```python
import matplotlib.pyplot as plt
import numpy as np
import pandas as pd
# Crear el modelo Random Forest
modelo = DecisionTreeClassifier()

#Inicializar RFECV con el modelo y la estrategia de validación cruzada
rfecv = RFECV(estimator=modelo, step=1, cv=StratifiedKFold(10),
scoring='accuracy')
rfecv.fit(Xpandas_T_JOHNSON, REND_UNO)


# Graficar el puntaje de validación cruzada en función del número de
características seleccionadas
plt.figure()
plt.title('Puntaje de Validación Cruzada vs. Número de Características')
plt.xlabel("Número de características seleccionadas")
plt.ylabel("Puntaje de Validación Cruzada (número de clasificaciones
correctas)")
plt.plot(range(1, len(rfecv.grid_scores_) + 1), rfecv.grid_scores_)
plt.show()


# Imprimir el número óptimo de características seleccionadas
print('Número óptimo de características: {}'.format(rfecv.n_features_))


# Obtener los nombres de las características seleccionadas y sus puntajes
de importancia
nombres_caracteristicas = Xpandas_T_JOHNSON.columns        #Son todas
características
nombres_caracteristicas1 = rfecv.get_feature_names_out()  #Son las
características más importante
puntajes_importancia = rfecv.estimator_.feature_importances_ #Son los
puntajes más importantes
print(nombres_caracteristicas)
print( nombres_caracteristicas1 )
print(puntajes_importancia)


# Crear un DataFrame para visualizar nombres de las características y sus
puntajes de importancia
df_puntajes = pd.DataFrame({'Característica': nombres_caracteristicas1,
'Puntaje de Importancia': puntajes_importancia})
df_puntajes.sort_values(by='Puntaje de Importancia', ascending=False,
inplace=True)


# Imprimir los nombres de las características y sus puntajes de importancia
print(df_puntajes)
```

```
# Opcional: Graficar los puntajes de importancia de las características
plt.figure(figsize=(10, 5))
plt.bar(range(len(puntajes_importancia)), puntajes_importancia, tick_
label=nombres_caracteristicas1)
plt.title('Importancia de las Características RFEV con Arbol CART')
plt.xlabel('Características')
plt.ylabel('Puntaje de Importancia')
plt.xticks(rotation=90) # Rotar etiquetas del eje x para mayor legibilidad
plt.show()
```

Número óptimo de características: 1

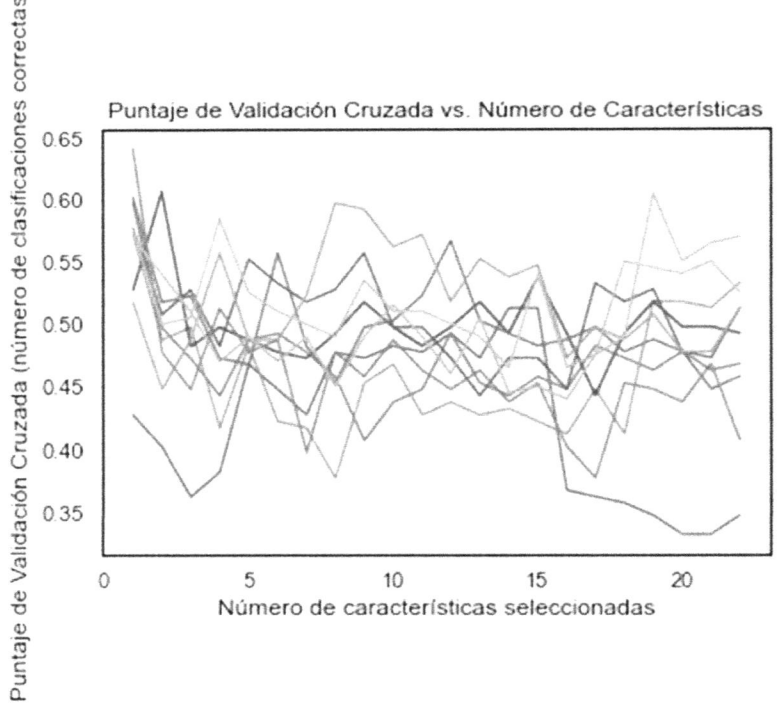

| Característica | Puntaje de Importancia |
|---|---|
| 0    PG_ICFES | 1.0 |

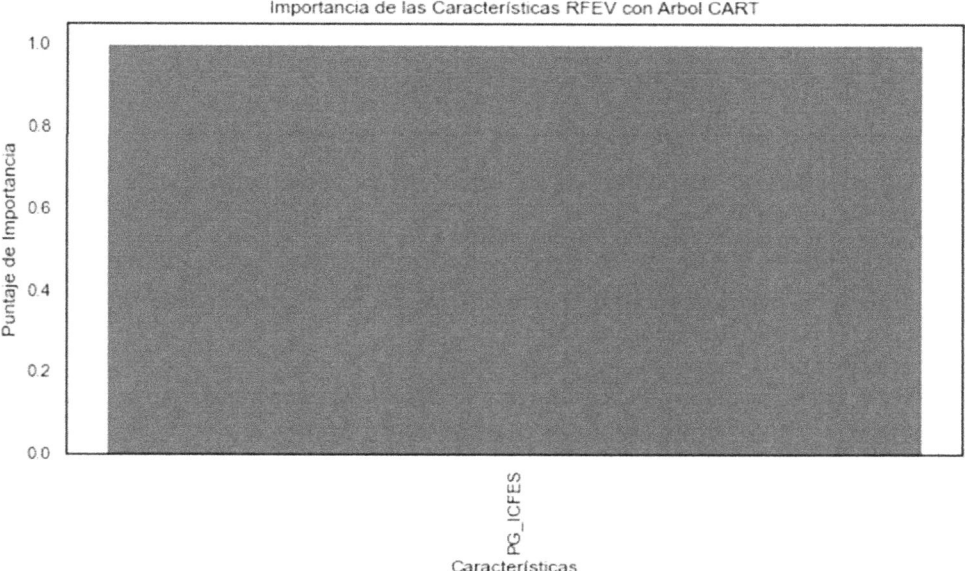

En este nuevo ejemplo de aplicación de la técnica RFECV junto con RandomForestClassifier, se observa una notable diferencia en los resultados con respecto al número de características influyentes en la variable multiclase de respuesta (rendimiento académico), que ahora incluye 22 variables. Este hecho confirma la premisa inicial de que no existe un método "mágico" de selección de características, sino que se sugiere implementar varios de estos métodos y comparar sus resultados. A partir de esta comparación, el analista de datos puede determinar cuáles son las variables más influyentes en un fenómeno particular, como el rendimiento académico.

El código primero entrena el modelo RandomForestClassifier con RFECV para seleccionar las características óptimas. Luego, grafica el puntaje de validación cruzada en función del número de características seleccionadas y muestra el número óptimo de características seleccionadas. Posteriormente, obtiene los nombres de las características y sus puntajes de importancia, los imprime y, opcionalmente, los visualiza en un gráfico de barras. Todo esto ofrece una comprensión más clara de qué características tienen mayor importancia en el modelo, especialmente al combinar RFECV con un algoritmo de ensamble como RandomForestClassifier.

```
# RFECV con Bosque aleatorio - Random forest
from sklearn.ensemble import RandomForestClassifier
from sklearn.model_selection import StratifiedKFold
from sklearn.feature_selection import RFECV
import matplotlib.pyplot as plt
```

```python
import numpy as np
import pandas as pd
# Crear el modelo Random Forest
modelo = RandomForestClassifier(random_state=100)

#Inicializar RFECV con el modelo y la estrategia de validación cruzada
rfecv = RFECV(estimator=modelo, step=1, cv=StratifiedKFold(10),
scoring='accuracy')
rfecv.fit(Xpandas_T_JOHNSON, REND_UNO)

# Graficar el puntaje de validación cruzada en función del número de
características seleccionadas
plt.figure()
plt.title('Puntaje de Validación Cruzada vs. Número de Características')
plt.xlabel("Número de características seleccionadas")
plt.ylabel("Puntaje de Validación Cruzada (número de clasificaciones
correctas)")
plt.plot(range(1, len(rfecv.grid_scores_) + 1), rfecv.grid_scores_)
plt.show()

# Imprimir el número óptimo de características seleccionadas
print('Número óptimo de características: {}'.format(rfecv.n_features_))

# Obtener los nombres de las características seleccionadas y sus puntajes
de importancia
nombres_caracteristicas = Xpandas_T_JOHNSON.columns        #Son todas
características
nombres_caracteristicas1 = rfecv.get_feature_names_out()  #Son las
características más importante
puntajes_importancia = rfecv.estimator_.feature_importances_ #Son los
puntajes más importantes
print(nombres_caracteristicas)
print( nombres_caracteristicas1 )
print(puntajes_importancia)

# Crear un DataFrame para visualizar nombres de las características y sus
puntajes de importancia
df_puntajes = pd.DataFrame({'Característica': nombres_caracteristicas1,
'Puntaje de Importancia': puntajes_importancia})
df_puntajes.sort_values(by='Puntaje de Importancia', ascending=False,
inplace=True)
# Imprimir los nombres de las características y sus puntajes de importancia
print(df_puntajes)

# Opcional: Graficar los puntajes de importancia de las características
```

```
plt.figure(figsize=(10, 5))
plt.bar(range(len(puntajes_importancia)), puntajes_importancia, tick_
label=nombres_caracteristicas1)
plt.title('Importancia de las Características RFEV con Arbol CART')
plt.xlabel('Características')
plt.ylabel('Puntaje de Importancia')
plt.xticks(rotation=90) # Rotar etiquetas del eje x para mayor legibilidad
plt.show()
```

Número óptimo de características: 22

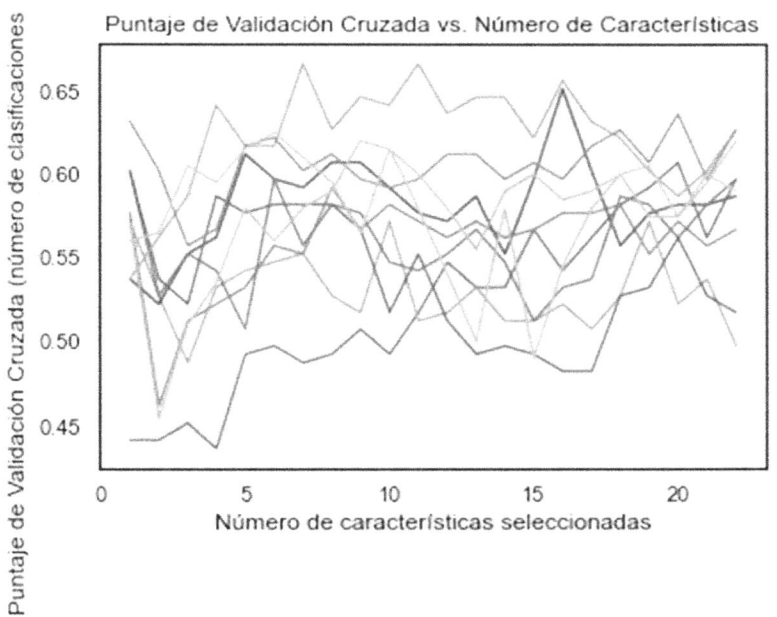

| | Característica | Puntaje de Importancia |
|---|---|---|
| 6 | PG_ICFES | 0.100573 |
| 16 | IDIOMA_ICFES | 0.092867 |
| 7 | CON_MAT_ICFES | 0.085946 |
| 13 | BIOLOGIA_ICFES | 0.084764 |
| 12 | LITERATURA_ICFES | 0.082100 |
| 17 | LOCALIDAD | 0.058536 |
| 2 | LOCALIDAD_COLEGIO | 0.051794 |
| 14 | SOCIALES_ICFES | 0.046930 |
| 8 | APT_MAT_ICFES | 0.044184 |
| 10 | QUIMICA_ICFES | 0.042427 |

| 15 | FILOSOFIA_ICFES | 0.041841 |
|----|----------------|----------|
| 21 | ANO_INGRESO | 0.041669 |
| 9 | FISICA_ICFES | 0.038708 |
| 18 | DISTANCIA | 0.036626 |
| 11 | APT_VERB_ICFES | 0.032455 |
| 20 | ESTRATO | 0.030603 |
| 0 | GENERO | 0.021775 |
| 5 | DEPARTAMENTO | 0.017403 |
| 4 | MUNICIPIO | 0.016255 |
| 1 | IPO_COLEGIO | 0.013437 |
| 19 | INSCRIPCION | 0.011680 |
| 3 | CALENDARIO | 0.007426 |

Número óptimo de características: 22

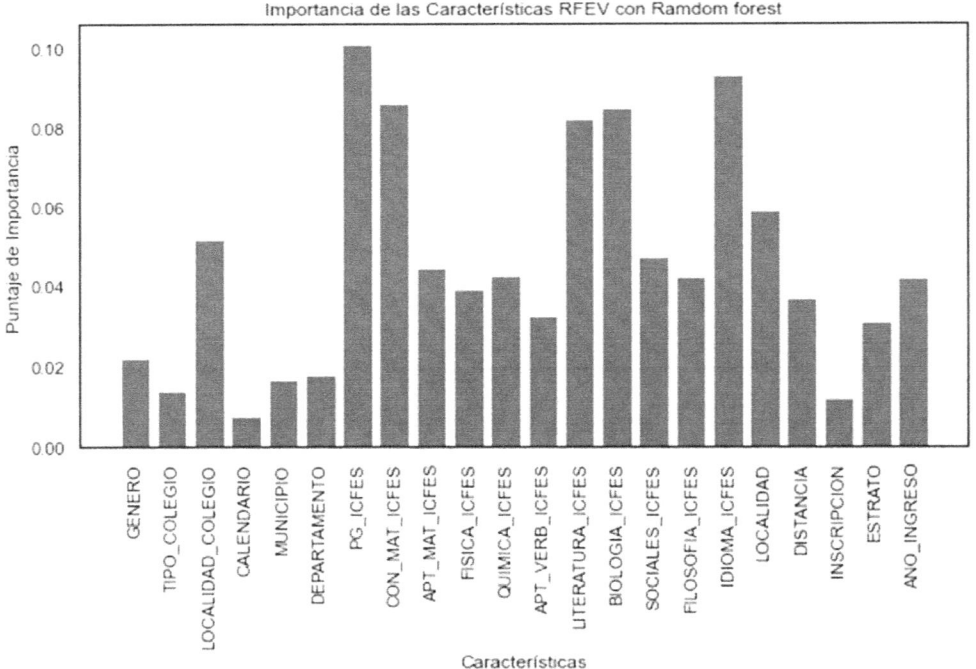

Al igual que con los métodos ensambladores y los de envoltura, haciendo uso de la técnica de validación cruzada es posible obtener una posible mejor selección de las características que más influyen en la variable de respuesta. En este apartado se tratara sobre la eliminación de características recursivas con validación cruzada (RFECV) porque se usa con más frecuencia que la opción sin validación cruzada. Para iniciar, se deben importar las librerías Numpy, Pandas, Matplotlib,

ExtraTreesClassifier , StratifiedKFold y RFECV de Scikit -Learn. El modelo será entrenado a través de ExtraTreesClassifier.

```python
# RFECV con árboles extremadamente aleatorio  - ExtraTreesClassifier

from sklearn.ensemble import ExtraTreesClassifier
from sklearn.model_selection import StratifiedKFold
from sklearn.feature_selection import RFECV
import matplotlib.pyplot as plt
import numpy as np
import pandas as pd


# Crear el modelo ExtraTreesClassifier
modelo = ExtraTreesClassifier (random_state=100)


#Inicializar RFECV con el modelo y la estrategia de validación cruzada
rfecv = RFECV(estimator=modelo, step=1, cv=StratifiedKFold(10),
scoring='accuracy')
rfecv.fit(Xpandas_T_JOHNSON, REND_UNO)
# Graficar el puntaje de validación cruzada en función del número de
características seleccionadas
plt.figure()
plt.title('Puntaje de Validación Cruzada vs. Número de Características')
plt.xlabel("Número de características seleccionadas")
plt.ylabel("Puntaje de Validación Cruzada (número de clasificaciones
correctas)")
plt.plot(range(1, len(rfecv.grid_scores_) + 1), rfecv.grid_scores_)
plt.show()


# Imprimir el número óptimo de características seleccionadas
print('Número óptimo de características: {}'.format(rfecv.n_features_))


# Obtener los nombres de las características seleccionadas y sus puntajes
de importancia
nombres_caracteristicas = Xpandas_T_JOHNSON.columns        #Son todas
características
nombres_caracteristicas1 = rfecv.get_feature_names_out()  #Son las
características más importante
puntajes_importancia = rfecv.estimator_.feature_importances_ #Son los
puntajes más importantes
print(nombres_caracteristicas)
print( nombres_caracteristicas1 )
print(puntajes_importancia)


# Crear un DataFrame para visualizar nombres de las características y sus
```

```
puntajes de importancia
df_puntajes = pd.DataFrame({'Característica': nombres_caracteristicas1,
'Puntaje de Importancia': puntajes_importancia})
df_puntajes.sort_values(by='Puntaje de Importancia', ascending=False,
inplace=True)

# Imprimir los nombres de las características y sus puntajes de importancia
print(df_puntajes)

# Opcional: Graficar los puntajes de importancia de las características
plt.figure(figsize=(10, 5))
plt.bar(range(len(puntajes_importancia)), puntajes_importancia, tick_
label=nombres_caracteristicas1)
plt.title('Importancia de las Características RFEV con Arbol CART')
plt.xlabel('Características')
plt.ylabel('Puntaje de Importancia')
plt.xticks(rotation=90) # Rotar etiquetas del eje x para mayor legibilidad
plt.show()
```

Número óptimo de características: 6

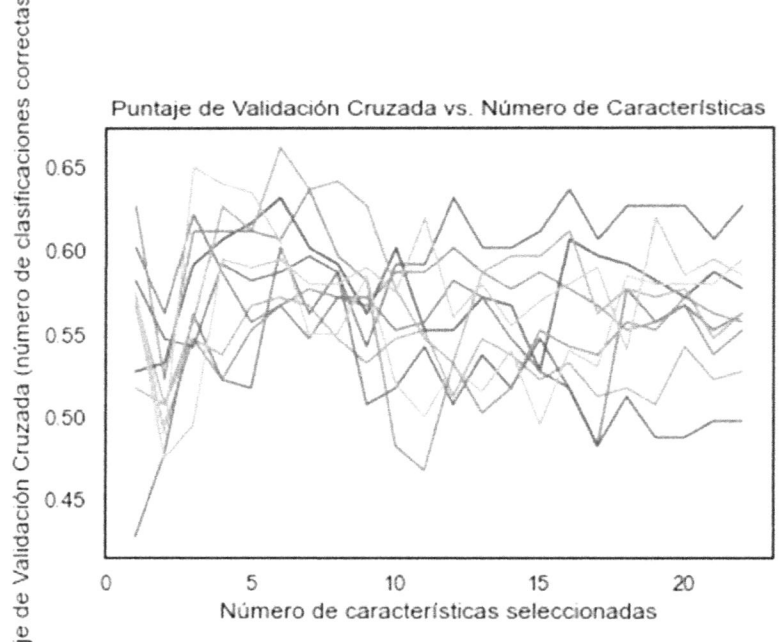

| | Característica | Puntaje de Importancia |
|---|---|---|
| 0 | PG_ICFES | 0.188407 |
| 4 | IDIOMA_ICFES | 0.172363 |
| 2 | LITERATURA_ICFES | 0.171723 |
| 1 | CON_MAT_ICFES | 0.170971 |
| 3 | BIOLOGIA_ICFES | 0.167659 |
| 5 | LOCALIDAD | 0.128876 |
| 12 | | |

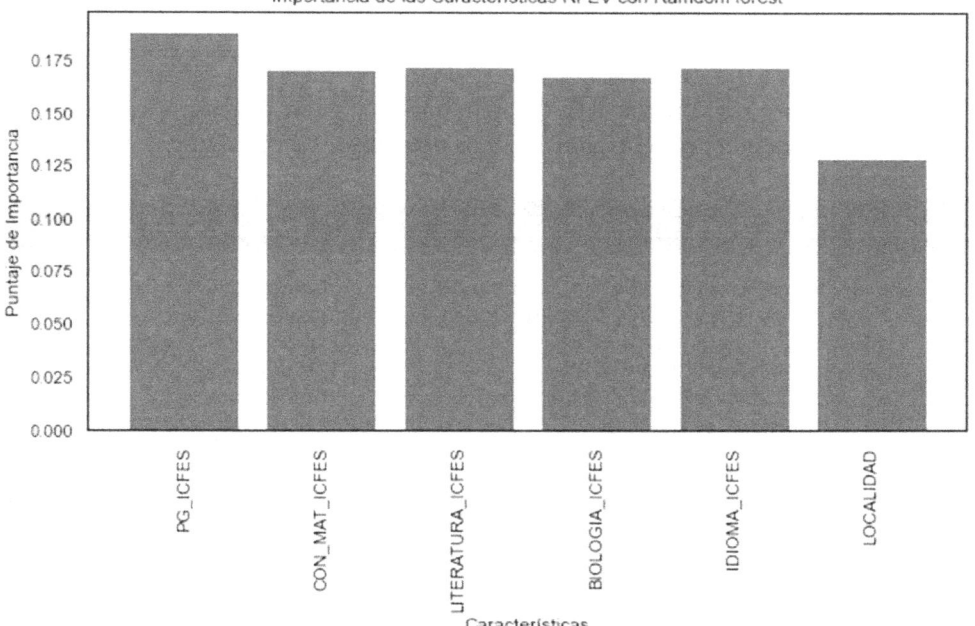

Importancia de las Características RFEV con Ramdom forest

Ahora bien, puede surgir la duda si estos métodos pueden ser utilizados para determinar las variables o características más influyentes en una variable de tipo numérico (tarea de regresión). Pues bien, como se mencionó en los métodos de filtro, estos pueden ser usados en tarea de regresión siempre y cuando se surtan algunos pequeños cambios a los códigos aquí escritos como son por ejemplo, el hecho de tener en cuenta que, dado que nuestra tarea implica regresión, se debe utilizar el módulo *DecisionTreeRegressor* de la biblioteca sklearn y si estuviéramos trabajando en una tarea de clasificación, necesitaríamos importar *DecisionTreeClassifier* para usar RFECV con árboles de decisión en ese contexto. Así mismo, cuando se tengan cargados los datos, hay que importar las librerías Numpy, Pandas, Matplotlib, ExtraTreesRegressor, y en especial KFold (from sklearn.model_selection import

KFold) que es para tareas de regresión en vez de StratifiedKFold (from sklearn. model_selection import StratifiedKFold). Esto implica cambiar el parámetro 'Cv', como se detalla en la documentación de la librería scikit-learn (se puede encontrar más información en: **https://scikit-learn.org/stable/modules/generated/sklearn. feature_selection.RFECV.html**

- ▶ Si la variable de salida 'Y' es binaria o multiclase, se debe utilizar 'sklearn.model_selection.StratifiedKFolds' para la validación cruzada.

- ▶ Si la variable de salida 'Y' no es binaria o multiclase, entonces se debe emplear 'sklearn.model_selection.KFold' como método de validación cruzada.

En resumen, al utilizar RFECV para tareas de clasificación y regresión, es fundamental tener en cuenta las indicaciones presentadas en la siguiente tabla:

| Algoritmo | Tarea de Clasificación | | Tarea de Regresión | |
|---|---|---|---|---|
| | Cambio del módulo del algoritmo | Cambio del parametric CV | Cambio del módulo del algoritmo | Cambio del parámetro CV |
| ARBOL DE DECISION | from sklearn.tree import DecisionTreeClassifier | from sklearn. model_selection import StratifiedKFolds | from sklearn. tree import DecisionTreeRegressor | from sklearn. model_ selection import KFold |
| REGRESIÓN LOGÍSTICA | from sklearn. linear_model import LogisticRegression | | No aplica | |
| SVM | from sklearn.svm import SVC | | from sklearn.svm import SVR | |
| REGRESIÓN LINEAL | from sklearn. linear_model import LinearRegression | | from sklearn. linear_model import LinearRegression | |

Otro aspecto es que debe cambiarse la métrica de rendimiento del algoritmo ya que para clasificación en los ejercicios de utilizado exactitud (accuracy) y si se usa para regresión se debe usar por ejemplo: 11.2.1 Error Cuadrático medio - RMSE, Error absoluto medio (neg_mean_absolute_error) - MAE o R cuadrado (R2) como se muestra en el fragmento de código siguiente.

```
from sklearn.ensemble import ExtraTreesRegressor
from sklearn.model_selection import KFold
from sklearn.feature_selection import RFECV
import numpy as np
```

```
import pandas as pd

# Crear el modelo ExtraTreesRegressor
modelo = ExtraTreesClassifier(random_state=100)

# Inicializar RFECV con el modelo y la estrategia de validación cruzada
    #estimator: instancia de modelo
    #step: número de características para eliminar en cada iteración
    #cv : validación cruzada. Use KFold y configure K en 10, puntuación
    #scoring: métrica para evaluar el algoritmo

rfecv = RFECV(estimator=modelo, step=1, cv=KFold(10), scoring='neg_mean_
absolute_error')
rfecv.fit(Xpandas_T_JOHNSON, REND_UNO)
```

## 6.4.5 XGBoost

XGBoost, abreviatura de "Extreme Gradient Boosting", es un algoritmo de aprendizaje automático supervisado ampliamente utilizado para problemas de regresión y clasificación. Es una implementación optimizada del algoritmo de aumento de gradiente que utiliza árboles de decisión como estimadores base.

Este algoritmo se destaca por su eficiencia y su capacidad para producir modelos altamente precisos. Utiliza técnicas de aumento de gradiente para mejorar gradualmente el rendimiento del modelo combinando múltiples modelos débiles, generalmente árboles de decisión, en un modelo fuerte.

XGBoost es un algoritmo de optimización clasificado como ensamble o de conjunto, que busca encontrar el subconjunto de atributos con el mejor rendimiento. Inicialmente, XGBoost surgió como una implementación del algoritmo de aumento de gradiente, concebido en el proyecto de investigación de Tianqi Chen como parte del grupo de investigación sobre aprendizaje automático profundo (Distributed *Machine Learning* Community - DMLC), y ha evolucionado para convertirse en una herramienta ampliamente utilizada en el ámbito del aprendizaje automático [49].

Este algoritmo opera construyendo numerosos árboles y recuperando los puntajes de importancia para cada atributo. La importancia se mide mediante una puntuación que indica qué tan útil o valiosa fue cada característica en la construcción de los árboles de decisión potenciados dentro del modelo. Cuanto más se utiliza un atributo para tomar decisiones clave con árboles de decisión, mayor es su importancia relativa.

Para ejecutar este método de selección de características, es necesario instalar el módulo *xgboost.* en Python. Esto se puede lograr fácilmente desde la consola de Anaconda. Basta con buscar en el sistema del PC: ' *Anaconda Prompt* '. Cuando se abra el entorno, escribir: c*onda install -c anaconda py-xgboost.* Otra opción es escribir: *pip install xgboost*

```
Anaconda Prompt (anaconda3) - conda  install -c anaconda py-xgboost

(base) C:\Users\Leonardo>conda install -c anaconda py-xgboost
Collecting package metadata (current_repodata.json): done
Solving environment: done
```

Para comenzar a utilizar el método XGBoost, es necesario importar las bibliotecas requeridas y luego proceder con el entrenamiento del modelo utilizando los datos de entrenamiento previamente divididos. XGBoost automáticamente calcula la importancia de cada característica a través del atributo feature_importances_, lo que proporciona una visión clara de la contribución de cada característica al modelo. Posteriormente, es posible visualizar esta importancia de manera gráfica utilizando herramientas como matplotlib.

Es crucial comprender la tarea que se desea realizar con los datos al utilizar el método XGBoost en Python. Si la tarea implica regresión, se debe importar XGBRegressor() de la biblioteca XGBoost, especificando los hiperparámetros relevantes como argumentos. Por otro lado, si la tarea es de clasificación, se debe utilizar XGBClassifier(). Esta distinción asegura la selección del modelo adecuado para la tarea específica, maximizando así el rendimiento del algoritmo.

El siguiente código permite la implementación XGBoost para entrenar un modelo y determinar la importancia de las características. Luego, se crea un DataFrame para visualizar los nombres y puntajes de importancia de las características. Además, se grafican las características seleccionadas en desorden y de forma ordenada por su importancia para una mejor comprensión visual.

```python
# Importar librerias
from xgboost import XGBClassifier
import matplotlib.pyplot as plt

# Entrenamiento del modelo
modelo = XGBClassifier()
modelo.fit(Xpandas_T_JOHNSON, REND_UNO)
```

```python
# Determinar coeficientes importantes
coef_importancia = modelo.feature_importances_
print(coef_importancia)


# Obtener los nombres de las características seleccionadas
nombres_caracteristicas = Xpandas_T_JOHNSON.columns    #Estas son todas
caracteristicas más importantes
puntajes_importancia = coef_importancia
#Estos son los puntajes más importantes


# Crear un DataFrame para visualizar los nombres de las características y
sus puntajes de importancia
df_puntajes = pd.DataFrame({'Característica': nombres_caracteristicas,
'Puntaje de Importancia': puntajes_importancia})
df_puntajes.sort_values(by='Puntaje de Importancia', ascending=False,
inplace=True)

# Imprimir los nombres de las características y sus puntajes de importancia
print(df_puntajes)

# Grafico de caracteristicas seleccionadas
plt.figure(figsize=(15, 5))
plt.bar(nombres_caracteristicas, coef_importancia)
plt.title('XGBoost - Características importantes', fontsize=20,
fontweight='bold')
plt.xlabel('Caracteristicas', fontsize=14, labelpad=20)
plt.ylabel('Importancia - rango 0 -1', fontsize=14, labelpad=20)
plt.xticks(rotation=85) # Rotar etiquetas en el eje x para mejor
legibilidad plt.show()

# Resumen de importancia de caracteriticas
for nombre, puntaje in zip(nombres_caracteristicas, coef_importancia):
        print('CARACTERISTICA: {}, Score: {:.5f}'.format(nombre, puntaje))

# Importancia relativa de cada característica
importancia = modelo.feature_importances_


# Extraer los nombres de las características
```

```python
feature_names = Xpandas_T_JOHNSON.columns

# Índices de las importancias dadas, ordenadas de mayor a menor
indices = importancia.argsort()

# Ordenar los nombres de las características y los valores obtenidos
sorted_importances = importancia[indices]
sorted_feature_names = feature_names[indices]

# Mostrar la gráfica
plt.figure(figsize=(10, 6))
plt.barh(sorted_feature_names, sorted_importances, color='skyblue')
plt.xlabel('Importancia Relativa')
plt.ylabel('Características')
plt.title('Importancia de Características - XGBoost')
plt.show()
```

|    | Característica | Puntaje de Importancia |
|----|---------------|------------------------|
| 0  | GENERO | 0.084319 |
| 5  | DEPARTAMENTO | 0.073213 |
| 10 | QUIMICA_ICFES | 0.049802 |
| 15 | FILOSOFIA_ICFES | 0.047993 |
| 19 | INSCRIPCION | 0.045662 |
| 8  | APT_MAT_ICFES | 0.044989 |
| 12 | LITERATURA_ICFES | 0.044783 |
| 14 | SOCIALES_ICFES | 0.044453 |
| 6  | PG_ICFES | 0.043883 |
| 20 | ESTRATO | 0.043589 |
| 18 | DISTANCIA | 0.042843 |
| 7  | CON_MAT_ICFES | 0.042738 |
| 1  | TIPO_COLEGIO | 0.041170 |
| 9  | FISICA_ICFES | 0.040981 |
| 16 | IDIOMA_ICFES | 0.040343 |
| 21 | ANO_INGRESO | 0.040110 |
| 11 | APT_VERB_ICFES | 0.039529 |
| 17 | LOCALIDAD | 0.038791 |
| 2  | LOCALIDAD_COLEGIO | 0.037906 |
| 13 | BIOLOGIA_ICFES | 0.037668 |
| 3  | CALENDARIO | 0.037628 |
| 4  | MUNICIPIO | 0.037605 |

Número óptimo de características: 6

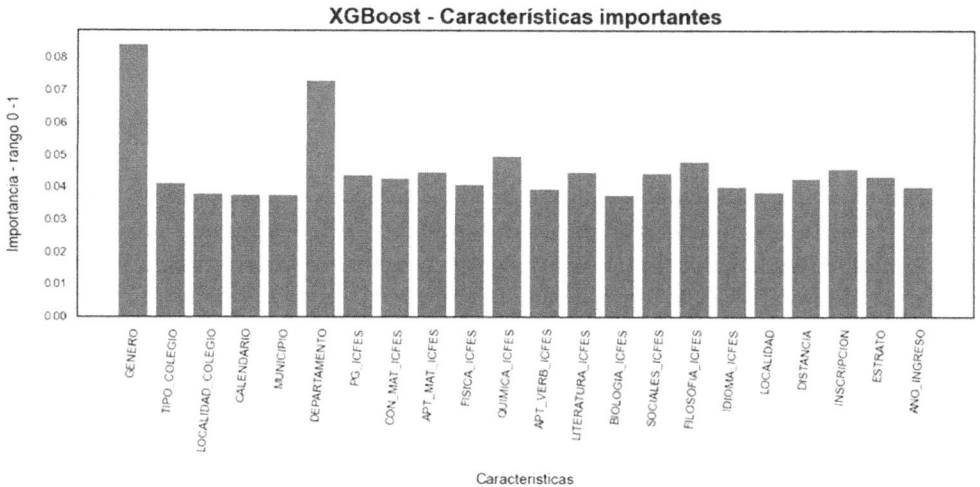

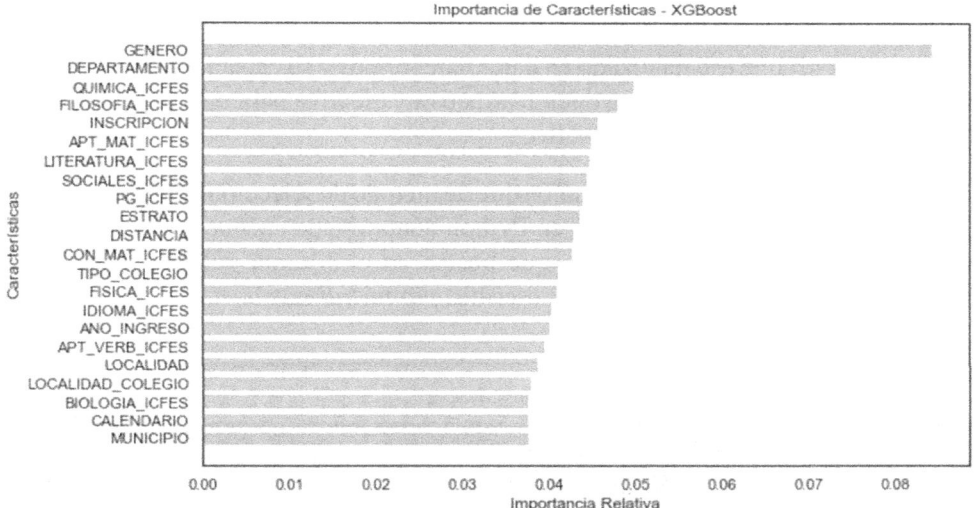

## 6.4.6 CatBoost

CatBoost es una biblioteca de aprendizaje automático de código abierto desarrollada por Yandex, diseñada para abordar problemas de clasificación y regresión. Su principal fortaleza radica en su capacidad para manejar datos categóricos de forma nativa, sin necesidad de preprocesamiento adicional. Esta característica lo convierte en una herramienta invaluable para conjuntos de datos complejos y heterogéneos, donde otras técnicas pueden requerir una preparación exhaustiva de los datos antes de su uso [78].

La distintiva característica de CatBoost reside en su capacidad para manejar automáticamente variables categóricas. Esto se logra mediante una técnica de codificación especial llamada "Codificación de Impacto", que asigna valores a las categorías según su influencia en la variable objetivo [76]. Al asignar estos valores de forma inteligente, CatBoost puede aprovechar al máximo la información contenida en las variables categóricas sin necesidad de convertirlas en variables numéricas.

Similar a XGBoost, CatBoost opera mediante la construcción de múltiples árboles y la evaluación de la importancia de cada atributo. La importancia se determina mediante una puntuación que refleja la contribución de cada característica en la elaboración de los árboles de decisión potenciados dentro del modelo. Cuanto más influyente sea una característica en la toma de decisiones clave, mayor será su importancia relativa en el modelo final [79].

En esencia, CatBoost utiliza el poder del algoritmo de máquinas de aumento de gradiente para mejorar el rendimiento en tareas de clasificación y regresión. Sin embargo, su enfoque especializado en datos categóricos y su capacidad para combatir el sobreajuste hacen que sea una opción atractiva y efectiva para una amplia gama de aplicaciones de aprendizaje automático.

Antes de proceder a la ejecución de este método de selección de características, es necesario instalar una biblioteca en Python denominado *catBoost*. Esto se realiza instalándolo por consola. Solo hay que buscar en el sistema del PC: ' *Anaconda Prompt* '. Cuando se abra el entorno, escribir: *pip install catboost*

Para comprobar que quedó instalada y la versión de CatBoost se utilizará la siguiente instrucción. La cual arroja que fue instalada la versión 0.25.1

```
import catboost
print (catboost.__version__)
```

Para comenzar a utilizar el método CatBoost, primero se importan las librerías necesarias y luego se procede a entrenarlo. Esto puede implicar dividir los datos de entrenamiento si el objetivo es predecir el valor de una variable de salida utilizando este algoritmo, o usar el conjunto completo de datos si se busca determinar las variables relevantes para una variable de salida específica, ya sea categórica o numérica. CatBoost automáticamente calcula la importancia de cada característica mediante la instrucción feature_importances_, como se muestra en el siguiente ejemplo. Además, se puede visualizar gráficamente la clasificación realizada mediante matplotlib.

Al utilizar CatBoost en Python, es fundamental comprender la tarea que se desea realizar con el conjunto de datos. Si se trata de una tarea de regresión, se debe importar CatBoostRegressor(), mientras que para una tarea de clasificación se utilizará CatBoostClassifier(). Los resultados obtenidos con CatBoost son comparables a los obtenidos con XGBoost, como se evidencia en este ejemplo de clasificación.

```
# Importar librerias
from catboost import CatBoostClassifier
import matplotlib.pyplot as plt

# Entrenamiento del modelo
modelo = CatBoostClassifier (verbose=0)
modelo.fit(Xpandas_T_JOHNSON, REND_UNO)

# Determinar coeficientes importantes
coef_importancia = modelo.feature_importances_
print(coef_importancia)

# Obtener los nombres de las características seleccionadas
nombres_caracteristicas = Xpandas_T_JOHNSON.columns    #Estas son todas
caracteristicas más importantes
puntajes_importancia = coef_importancia                      #Estos son
los puntajes más importantes


# Crear un DataFrame para visualizar los nombres de las características y
sus puntajes de importancia
```

```python
df_puntajes = pd.DataFrame({'Característica': nombres_caracteristicas,
'Puntaje de Importancia': puntajes_importancia})
df_puntajes.sort_values(by='Puntaje de Importancia', ascending=False,
inplace=True)

# Imprimir los nombres de las características y sus puntajes de importancia
print(df_puntajes)

# Grafico de caracteristicas seleccionadas
plt.figure(figsize=(15, 5))
plt.bar(nombres_caracteristicas, coef_importancia)
plt.title('XGBoost - Características importantes', fontsize=20,
fontweight='bold')
plt.xlabel('Caracteristicas', fontsize=14, labelpad=20)
plt.ylabel('Importancia - rango 0 -1', fontsize=14, labelpad=20)
plt.xticks(rotation=85) # Rotar etiquetas en el eje x para mejor
legibilidad plt.show()
# Resumen de importancia de caracteriticas
for nombre, puntaje in zip(nombres_caracteristicas, coef_importancia):
        print('CARACTERISTICA: {}, Score: {:.5f}'.format(nombre, puntaje))

# Importancia relativa de cada característica
importancia = modelo.feature_importances_


# Extraer los nombres de las características
feature_names = Xpandas_T_JOHNSON.columns

# Índices de las importancias dadas, ordenadas de mayor a menor
indices = importancia.argsort()

# Ordenar los nombres de las características y los valores obtenidos
sorted_importances = importancia[indices]
sorted_feature_names = feature_names[indices]

# Mostrar la gráfica
plt.figure(figsize=(10, 6))
plt.barh(sorted_feature_names, sorted_importances, color='skyblue')
plt.xlabel('Importancia Relativa')
plt.ylabel('Características')
plt.title('Importancia de Características - XGBoost')
plt.show()
```

| | Característica | Puntaje de Importancia |
|---|---|---|
| 16 | IDIOMA_ICFES | 9.979001 |
| 7 | CON_MAT_ICFES | 9.631467 |
| 12 | LITERATURA_ICFES | 8.348169 |
| 6 | PG_ICFES | 7.995376 |
| 13 | BIOLOGIA_ICFES | 7.689344 |
| 17 | LOCALIDAD | 7.069229 |
| 2 | LOCALIDAD_COLEGIO | 6.360864 |
| 14 | SOCIALES_ICFES | 4.574899 |
| 0 | GENERO | 4.318645 |
| 10 | QUIMICA_ICFES | 4.223611 |
| 18 | DISTANCIA | 4.202492 |
| 8 | APT_MAT_ICFES | 3.848340 |
| 20 | ESTRATO | 3.801371 |
| 21 | ANO_INGRESO | 3.649619 |
| 9 | FISICA_ICFES | 3.528716 |
| 15 | FILOSOFIA_ICFES | 3.459121 |
| 11 | APT_VERB_ICFES | 2.870522 |
| 1 | TIPO_COLEGIO | 1.443231 |
| 4 | MUNICIPIO | 1.368166 |
| 19 | INSCRIPCION | 0.553707 |
| 3 | CALENDARIO | 0.549792 |
| 5 | DEPARTAMENTO | 0.534319 |

Número óptimo de características: 6

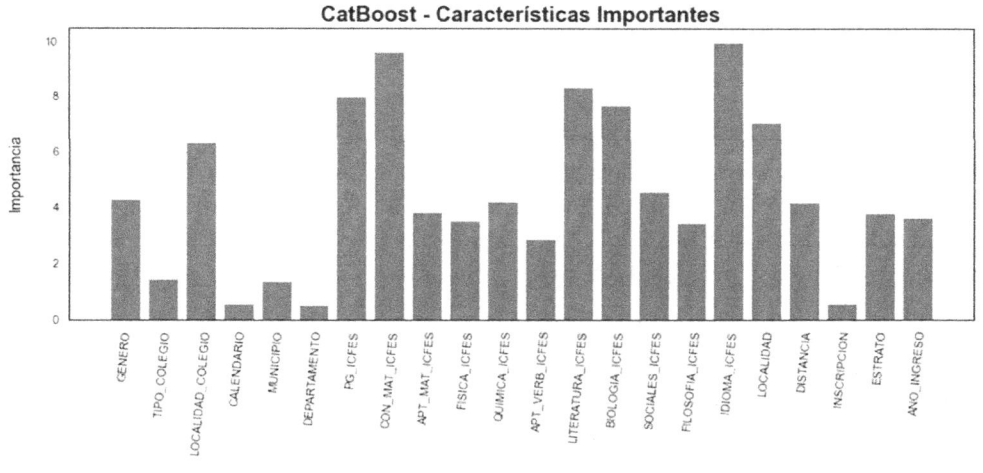

**CatBoost - Características Importantes**

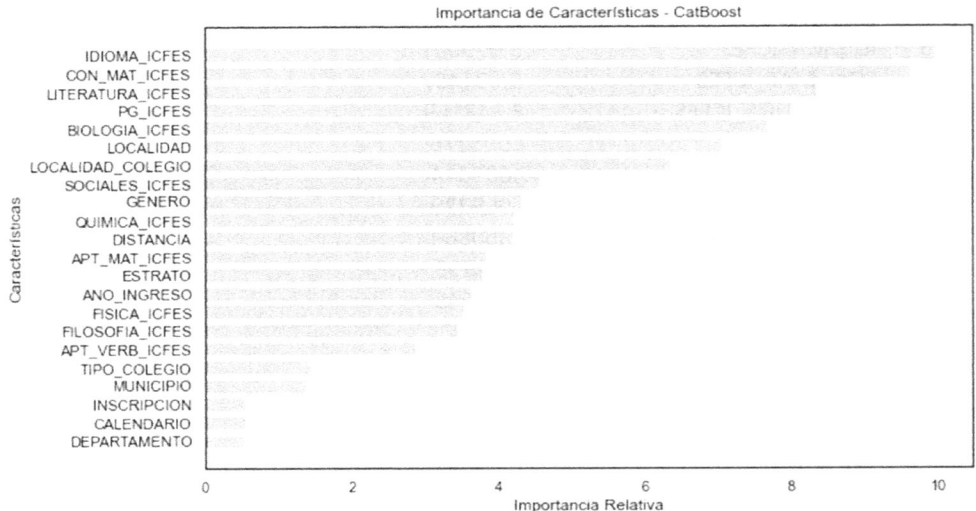

## 6.4.7 LightGBM

LightGBM (Light Gradient Boosting Machine) es una biblioteca de aprendizaje automático de código abierto desarrollada por Microsoft. Se basa en el algoritmo de aumento de gradiente y se utiliza principalmente para problemas de clasificación, regresión y selección de características. La principal característica distintiva de LightGBM es su eficiencia y velocidad de entrenamiento, lo que lo hace especialmente útil para conjuntos de datos grandes y de alta dimensionalidad.

Al igual que los métodos Boosting (XGBoost y CatBoost) consiste en construir numerosos árboles y recuperar los puntajes de importancia para cada atributo. La importancia se mide por medio de una puntuación que indica qué tan útil o valiosa fue cada característica en la construcción de los árboles de decisión potenciados dentro del modelo [72]. Cuanto más se usa un atributo para tomar decisiones clave con árboles de decisión, mayor es su importancia relativa.

Este metodo hace uso de la implementación de un algoritmo llamado máquinas de aumento de gradiente (Gradient Boosting Machine) y puede ser usado cuando se pretende buscar las características más relevantes de un conjunto de datos al que posteriormente se le aplicarán algoritmos de clasificación o de regresión. La principal diferencia entre LightGBM y otros algoritmos de aumento de gradiente, como XGBoost y CatBoost, radica en su enfoque en la subdivisión de nodos de forma vertical en lugar de horizontal. Esto significa que LightGBM hace crecer los árboles de decisión de manera más rápida y eficiente, reduciendo significativamente el tiempo de entrenamiento. Además, LightGBM también admite el manejo de datos categóricos de manera nativa, lo que simplifica el preprocesamiento de los datos.

Antes de proceder a la ejecución de este método de selección de características, es necesario instalar una biblioteca en Python denominado *lightgbm*. Esto se realiza instalándolo por consola. Solo hay que buscar en el sistema del PC: ' *Anaconda Prompt* '. Cuando se abra el entorno, escribir: *pip install lightgbm*

Para comprobar que quedó instalada y la versión de lightgbm se utilizará la siguiente instrucción. La cual arroja que fue instalada la versión 3.2.1

```
import lightgbm
print (lightgbmt.__version__)
```

Para iniciar con el uso del método LightGBM, se importan las librerías de scikit-learn, se procede a entrenarlo con la división de datos de entrenamiento realizado en pasos anteriores. Al igual que otros métodos, LightGBM t calcula automáticamente la importancia de cada característica mediante la instrucción feature_importances_, como se muestra en el siguiente ejemplo. De manera gráfica se puede observar la clasificación realizada por medio de matplotlib.

En scikit-learn la biblioteca proporciona dos clases para problemas de regresión y clasificación respectivamente: *LGBMRegressor* y *LGBMClassifier*.

Cuando se usa el método LightGBM en Python, se debe tener claro cuál es la tarea que se desea realizar con el conjunto de datos. Si la tarea es de regresión se deberá importar *LGBMRegressor* () y cuando la tarea es de clasificación, se deberá utilizar *LGBMClassifier*(). Los resultados de LGBM son similares a los conseguidos mediante XGboost y CatBoost para este ejemplo de clasificación.

```
# Importar librerias
```

302 CIENCIA DE DATOS CON PYTHON

```
from lightgbm import LGBMClassifier
import matplotlib.pyplot as plt

# Entrenamiento del modelo
modelo = LGBMClassifier ()
modelo.fit(Xpandas_T_JOHNSON, REND_UNO)

# Determinar coeficientes importantes
coef_importancia = modelo.feature_importances_
print(coef_importancia)

# Obtener los nombres de las características seleccionadas
nombres_caracteristicas = Xpandas_T_JOHNSON.columns    #Estas son todas
caracteristicas más importantes
puntajes_importancia = coef_importancia                      #Estos son
los puntajes más importantes


# Crear un DataFrame para visualizar los nombres de las características y
sus puntajes de importancia
df_puntajes = pd.DataFrame({'Característica': nombres_caracteristicas,
'Puntaje de Importancia': puntajes_importancia})
df_puntajes.sort_values(by='Puntaje de Importancia', ascending=False,
inplace=True)

# Imprimir los nombres de las características y sus puntajes de importancia
print(df_puntajes)

# Grafico de caracteristicas seleccionadas
plt.figure(figsize=(15, 5))
plt.bar(nombres_caracteristicas, coef_importancia)
plt.title('XGBoost - Características importantes', fontsize=20,
fontweight='bold')
plt.xlabel('Caracteristicas', fontsize=14, labelpad=20)
plt.ylabel('Importancia - rango 0 -1', fontsize=14, labelpad=20)
plt.xticks(rotation=85) # Rotar etiquetas en el eje x para mejor
legibilidad plt.show()
# Resumen de importancia de caracteriticas
for nombre, puntaje in zip(nombres_caracteristicas, coef_importancia):
        print('CARACTERISTICA: {}, Score: {:.5f}'.format(nombre, puntaje))

# Importancia relativa de cada característica
importancia = modelo.feature_importances_
```

```
# Extraer los nombres de las características
feature_names = Xpandas_T_JOHNSON.columns

# Índices de las importancias dadas, ordenadas de mayor a menor
indices = importancia.argsort()

# Ordenar los nombres de las características y los valores obtenidos
sorted_importances = importancia[indices]
sorted_feature_names = feature_names[indices]

# Mostrar la gráfica
plt.figure(figsize=(10, 6))
plt.barh(sorted_feature_names, sorted_importances, color='skyblue')
plt.xlabel('Importancia Relativa')
plt.ylabel('Características')
plt.title('Importancia de Características - XGBoost')
plt.show()
```

| | Característica | Puntaje de Importancia |
|---|---|---|
| 6 | PG_ICFES | 1461 |
| 16 | IDIOMA_ICFES | 1150 |
| 7 | CON_MAT_ICFES | 981 |
| 13 | BIOLOGIA_ICFES | 921 |
| 17 | LOCALIDAD | 760 |
| 12 | LITERATURA_ICFES | 705 |
| 10 | QUIMICA_ICFES | 606 |
| 2 | LOCALIDAD_COLEGIO | 548 |
| 11 | APT_VERB_ICFES | 486 |
| 14 | SOCIALES_ICFES | 467 |
| 15 | FILOSOFIA_ICFES | 413 |
| 9 | FISICA_ICFES | 410 |
| 8 | APT_MAT_ICFES | 405 |
| 21 | ANO_INGRESO | 381 |
| 20 | ESTRATO | 300 |
| 18 | DISTANCIA | 250 |
| 0 | GENERO | 219 |
| 1 | TIPO_COLEGIO | 136 |
| 19 | INSCRIPCION | 135 |
| 4 | MUNICIPIO | 119 |
| 5 | DEPARTAMENTO | 99 |
| 3 | CALENDARIO | 2 |

Número óptimo de características: 6

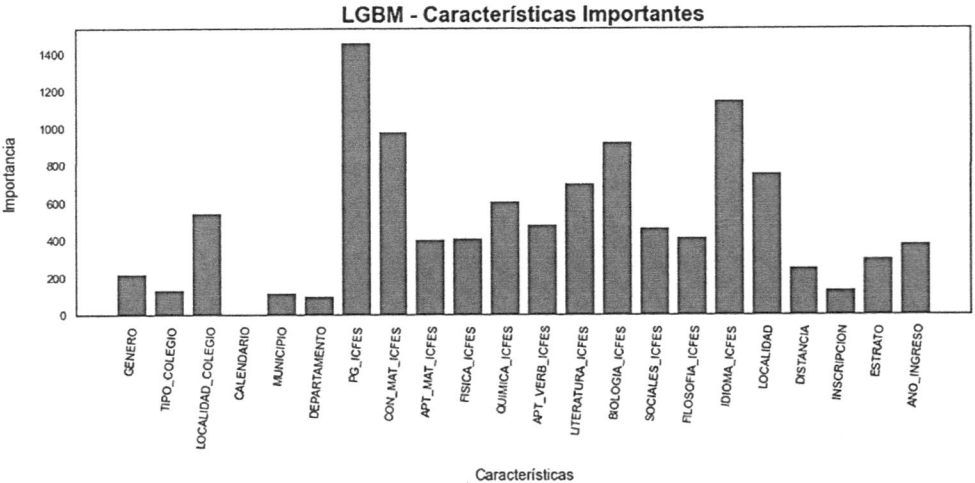

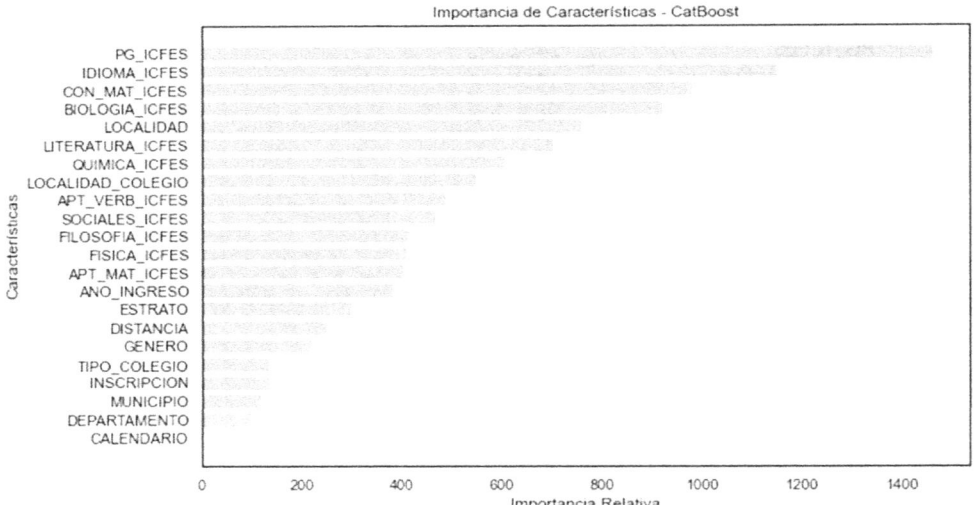

Con el fin de tener las características más influyentes en orden de importancia, se puede aplicar get_feature_importance() como se realizó para el caso de Catboost, o se puede realizar un nuevo dataframe que contenga como filas la "importancia" y como columnas el nombre de las variables.

```python
import seaborn as sns
nuevo_dataframe = pd.DataFrame()
nuevo_dataframe['Caracteristicas'] = X.columns.values.tolist()
```

```
nuevo_dataframe['Importancia']        = coef_importancia

sns.barplot(x='Importancia', y='Caracteristicas', data=nuevo_dataframe.
sort_values(by='Importancia', ascending=True))
```

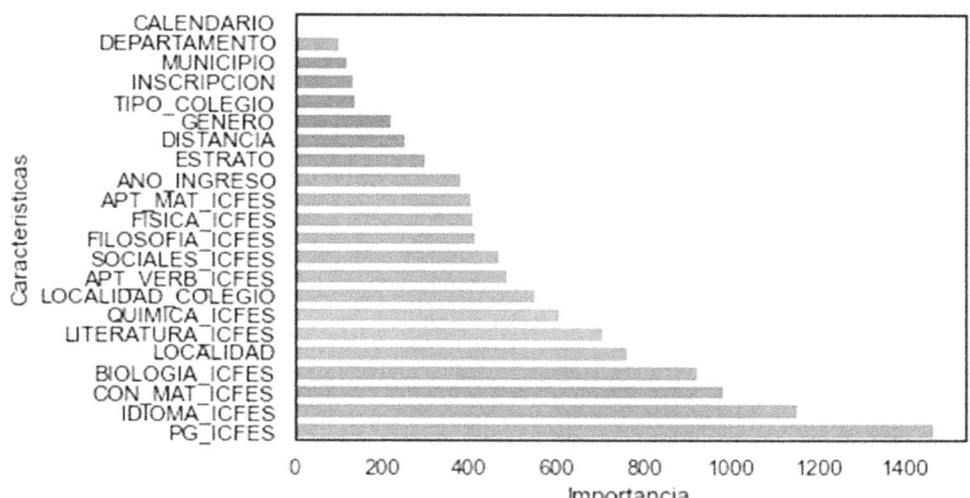

Para utilizar este método de selección de características LightGBM en tareas de regresión, se procede a utilizar LGBMRegressor en vez de LGBMClassifier. Todos los demás pasos descritos en el ejemplo anterior de clasificación pueden usarse en estricto orden para obtener las características más influyentes.

# REFERENCIAS BIBLIOGRÁFICAS

[1] J. Bagnato, "Aprende *Machine Learning*," *2019.* https://www.aprendemachinelearning.com (accessed Feb. 28, 2020).

[2] L. Galeano, S. Aguirre, and O. Castrillón, "Análisis de calidad del vino por medio de técnicas de inteligencia artificial," *Inf. Tecnológica*, vol. 32, no. 1, pp. 17–26, 2021, doi: 10.4067/S0718-07642021000100017.

[3] O. D. Castrillón, W. Sarache, and S. Ruiz-Herrera, "Prediction of academic performance using artificial intelligence techniques," *Form. Univ.*, vol. 13, no. 1, pp. 93–102, Feb. 2020, doi: 10.4067/S0718-50062020000100093.

[4] R. Cioffi, M. Travaglioni, G. Piscitelli, A. Petrillo, and F. De Felice, "Artificial Intelligence and *Machine Learning* Applications in Smart Production: Progress, Trends, and Directions," *Sustainability*, vol. 12, no. 2, p. 502, Jan. 2020, doi: 10.3390/su12020492.

[5] G. Hackeling, *Mastering Machine Learning with scikit-learn : learn to implement and evaluate Machine Learning solutions with scikit-learn*, Second edi., vol. 1. Packt Publishing Ltd, 2014.

[6] IBM, "¿Qué es *Machine Learning*?," *2020*, 2020.

[7] I. El Naqa and M. J. Murphy, "What is *Machine Learning*?," *Mach. Learn. Radiat. Oncol.*, pp. 3–11, 2015, doi: 10.1007/978-3-319-18305-3.

[8] T. Hastie, R. Tibshirani, and J. Friedman, *The Elements of Statistical Learning. Data Mining, Inference, and Prediction*, Second edi. Springer, 2009.

[9] L. M. Crivei, G. Czibula, G. Ciubotariu, and M. Dindelegan, "Unsupervised learning based mining of academic data sets for students' performance analysis,"

*SACI 2020 - IEEE 14th Int. Symp. Appl. Comput. Intell. Informatics, Proc.*, pp. 11–16, 2020, doi: 10.1109/SACI49304.2020.9118835.

[10] L. Yan and Y. Liu, "An ensemble prediction model for potential student recommendation using *Machine Learning*," *Symmetry (Basel).*, vol. 12, no. 5, p. 728, 2020.

[11] A. C. Lagman, L. P. Alfonso, M. L. I. Goh, J. A. P. Lalata, J. P. H. Magcuyao, and H. N. Vicente, "Classification algorithm accuracy improvement for student graduation prediction using ensemble model," *Int. J. Inf. Educ. Technol.*, vol. 10, no. 10, pp. 723–727, 2020, doi: 10.18178/ijiet.2020.10.10.1449.

[12] A. Salini, U. Jeyapriya, S. M. College, and S. M. College, "A Majority Vote Based Ensemble Classifier for Predicting Students Academic Performance," *Int. J. Pure Appl. Math.*, vol. 118, no. 24, pp. 1–11, 2018.

[13] B. Prenkaj, P. Velardi, G. Stilo, D. Distante, and S. Faralli, "A Survey of *Machine Learning* Approaches for Student Dropout Prediction in Online Courses," *ACM Comput. Surv.*, vol. 53, no. 3, pp. 1–34, Jul. 2020, doi: 10.1145/3388792.

[14] T. Doleck, D. J. Lemay, R. B. Basnet, and P. Bazelais, "Predictive analytics in education: a comparison of deep learning frameworks," *Educ. Inf. Technol.*, vol. 25, no. 3, pp. 1951–1963, May 2020, doi: 10.1007/s10639-019-10068-4.

[15] A. Hernández-Blanco, B. Herrera-Flores, D. Tomás, and B. Navarro-Colorado, "A Systematic Review of Deep Learning Approaches to Educational Data Mining," *Complexity*, vol. 2019, pp. 1–22, May 2019, doi: 10.1155/2019/1306039.

[16] N. N. Will, A. Kemczinski, and R. Parpinelli, "Deep Learning para Previsão do Desempenho do Estudante: Um Mapeamento Sistemático da Literatura," in *Anais do XXX Simpósio Brasileiro de Informática na Educação (SBIE 2019)*, Nov. 2019, p. 1798, doi: 10.5753/cbie.sbie.2019.1798.

[17] O. B. Coelho and I. Silveira, "Deep Learning applied to Learning Analytics and Educational Data Mining: a Systematic Literature Review," Oct. 2017, p. 143, doi: 10.5753/cbie.sbie.2017.143.

[18] J. C. Cuevas-Tello, "Apuntes de Redes Neuronales Artificiales," Jun. 2018.

[19] C. Zambrano Matamala, D. Rojas Diaz, M. Carvajal Cuello, and G. Acuña Leiva, "Análisis de rendimiento académico estudiantil usando data warehouse y redes neuronales," 2011.

[20] J. L. Rastrollo-Guerrero, J. A. Gómez-Pulido, and A. Durán-Domínguez, "Analyzing and Predicting Students' Performance by Means of *Machine Learning*: a Review," *Appl. Sci.*, vol. 10, no. 3, p. 1042, Feb. 2020, doi: 10.3390/app10031042.

[21] J. M. Heras, "Las 7 Fases del Proceso de *Machine Learning*," *2020*, 2020. .

[22] S. B. Kotsiantis, C. J. Pierrakeas, and P. E. Pintelas, "Preventing Student Dropout in Distance Learning Using *Machine Learning* Techniques BT - Knowledge-Based Intelligent Information and Engineering Systems," 2003, pp. 267–274.

[23] G. Kostopoulos, S. Kotsiantis, C. Pierrakeas, G. Koutsonikos, and G. A. Gravvanis, "Forecasting students' success in an open university," *Int. J. Learn. Technol.*, vol. 13, no. 1, pp. 26–43, 2018, doi: 10.1504/IJLT.2018.091630.

[24] B. I. G. Data and E. N. La, "*Big Data*," vol. 17, pp. 1–16, 2016.

[25] M. I. Ayesha, Shaeela; Mustafa, Tasleem; Sattar, Ahsan Raza; Khan, "Data Mining Model for Higher Education System," *Eur. J. Sci. Res.*, vol. 43, pp. 24–32, 2010, Accessed: oct. 14, 2017. [Online]. Available: http://connection. ebscohost.com/c/articles/52621007/data-mining-model-higher-education-system.

[26] D. Campbell, J. P., & Oblinger, "Learning analytics | Higher Education Academy," 2007. https://www.heacademy.ac.uk/enhancement/starter-tools/learning-analytics#snapshot-logo (accessed Jul. 05, 2017).

[27] A. L. Dyckhoff, D. Zielke, M. Bültmann, M. A. Chatti, and U. Schroeder, "Design and implementation of a learning analytics toolkit for teachers," *Educ. Technol. Soc.*, vol. 15, no. 3, pp. 58–76, 2012.

[28] C. Stewart, "Learning Analytics: Shifting from theory to practice.," *J. Empower. Teach. Excell.*, vol. 1, no. 1, p. 10, 2017, doi: 10.15142/T3G63W.

[29] J. Argonza, "*Big Data* en la educación," *Rev. Digit. Univ.*, vol. 17, no. 1, pp. 1–16, 2016, [Online]. Available: http://www.revista.unam.mx/vol.17/num1/art06/.

[30] S. K. Banihashem, K. Aliabadi, S. Pourroostaei Ardakani, A. Delaver, and M. Nili Ahmadabadi, "Learning Analytics: a Systematic Literature Review," *Interdiscip. J. Virtual Learn. Med. Sci.*, vol. 9, no. 2, p. 63024, Jun. 2018, doi: 10.5812/ijvlms.63024.

[31] L. Contreras, H. Fuentes, and G. Tarazona, *Analítica de datos y rendimiento académico*, Primera. Universidad Distrital Francisco Jose de Caldas, 2023.

[32] H. ; Fournier, R. ; Kop, and H. Sitlia, "The Value of Learning Analytics to Networked Learning on a Personal Learning Environment," in *LAK '11 Proceedings of the 1st International Conference on Learning Analytics and Knowledge*, 2011, pp. 104–109, doi: 10.1145/2090116.2090131.

[33] M. Khalil, M. Khalil, and M. Ebner, "Learning Analytics: Principles and Constraints," *EdMedia World Conf. Educ. Media Technol.*, vol. 2015, no. 1, pp.

1789–1799, Jun. 2015, Accessed: oct. 14, 2017. [Online]. Available: https://www.learntechlib.org/p/151455/.

[34] L. Contreras, H. Fuentes, and J. Molano, "Analítica académica: nuevas herramientas aplicadas a la educación," *Rev. Bol. Redipe*, vol. 10, no. 3, pp. 137–158, 2021.

[35] P. Murnion and M. Helfert, "Academic Analytics in quality assurance using organisational analytical capabilities A User-level Usage Analytics in Cloud Based Applications View project Insight View project," in *Annual Conference of the UK Academy of Information Systems (UKAIS)*, 2013, doi: 10.13140/2.1.3368.1600.

[36] J. Brownlee, "*Machine Learning* Mastery," 2020. https://machinelearningmastery.com/ (accessed Dec. 21, 2020).

[37] L. Contreras, *Machine Learning aplicado al rendimiento académico en educación superior : factores, variables y herramientas*, Primera. Universidad Distrital Francisco Jose de Caldas, 2023.

[38] H. Mahroeian, B. Daniel, and R. Butson, "The perceptions of the meaning and value of analytics in New Zealand higher education institutions," *Int. J. Educ. Technol. High. Educ.*, vol. 14, no. 1, pp. 1–17, Dec. 2017, doi: 10.1186/s41239-017-0073-y.

[39] D. Ovallos and D. Maldonado, "Creativity, innovation and entrepreneurship in the training of engineers in Colombia. A prospective study," *Rev. Educ. en Ing.*, vol. 10, pp. 90–104, 2015, Accessed: Nov. 02, 2018. [Online]. Available: http://www.educacioneningenieria.org.

[40] W. Greller and H. Drachsler, "Translating Learning into Numbers: A Generic Framework for Learning Analytics," *J. Educ. Technol. Soc.*, vol. 19, no. 3, pp. 42–57, 2012, Accessed: Sep. 17, 2020. [Online]. Available: https://www.researchgate.net/publication/234057371_Translating_Learning_into_Numbers_A_Generic_Framework_for_Learning_Analytics.

[41] A.-B. Mashael and A.-R. Muna, "Predicting Students Final GPA Using Decision Trees: A Case Study," *Int. J. Inf. Educ. Technol.*, vol. 6–7, pp. 528–533, 2016, doi: 10.7763/IJIET.2016.V6.745.

[42] T. C. Hakyemez and S. Mardikyan, "The interplay between institutional integration and self-efficacy in the academic performance of first-year university students: A multigroup approach," *Int. J. Manag. Educ.*, vol. 19, no. 1, 2021, doi: 10.1016/j.ijme.2020.100430.

[43] B. Daniel, "*Big Data* and analytics in higher education: Opportunities and challenges.," *Br. J. Educ. Technol.*, vol. 46–5, no. 0007–1013, pp. 904–920, Sep.

2015, Accessed: oct. 14, 2017. [Online]. Available: https://www.learntechlib. org/p/151804/.

[44] A. Kharwal, "Thecleverprogrammer | Data Science | *Machine Learning* | Python | C++ | Coding | Programming | JavaScript," 2020. https://thecleverprogrammer. com/ (accessed Apr. 26, 2021).

[45] R. M. Aguilar, J. M. Torres, and C. A. Martín, "Automatic learning for the system identification. A case study in the prediction of power generation in a wind farm," *RIAI - Rev. Iberoam. Autom. e Inform. Ind.*, vol. 16, no. 1, pp. 114–127, 2019, doi: 10.4995/riai.2018.9421.

[46] S. Chazallet, *Python 3: los fundamentos del lenguaje*. Ediciones ENI, 2016.

[47] "towards data science," 2024. https://towardsdatascience.com/.

[48] Diego calvo, "Analisis de datos." https://www.diegocalvo.es/.

[49] J. I. Bagnato, "Aprende *Machine Learning*," 2024. https://www. aprendemachinelearning.com/.

[50] Google Summer of Code project, "scikit-learn," 2024. https://scikit-learn.org/ stable/modules/preprocessing.html.

[51] "Real Python." https://realpython.com/linear-regression-in-python/.

[52] GeeksforGeeks, "GeeksforGeeks," 2024. https://www.geeksforgeeks.org/.

[53] Pandas.org, "pandas.DataFrame.transform," *Pandas*, 2021. .

[54] Bendangnuksung and D. Prabu, "Students' Performance Prediction Using Deep Neural Network," *Int. J. Appl. Eng. Res.*, vol. 13, no. 2, pp. 1171–1176, 2018, [Online]. Available: http://www.ripublication.com.

[55] S. B. Kotsiantis, I. D. Zaharakis, and · P E Pintelas, "*Machine Learning*: a review of classification and combining techniques," *Artif Intell Rev*, vol. 26, pp. 159–190, 2006, doi: 10.1007/s10462-007-9052-3.

[56] J. Gareth, *An introduction to statistical learning : with applications in R*, 1st ed., vol. 1. Springer, 2013.

[57] Y. Cui, F. Chen, and A. Shiri, "Scale up predictive models for early detection of at-risk students: a feasibility study," *Inf. Learn. Sci.*, vol. 121, no. 3/4, pp. 97–116, Feb. 2020, doi: 10.1108/ILS-05-2019-0041.

[58] E. Alyahyan and D. Düştegör, "Predicting academic success in higher education: literature review and best practices," *Int. J. Educ. Technol. High. Educ.*, vol. 17, no. 1, p. 3, Dec. 2020, doi: 10.1186/s41239-020-0177-7.

[59] H. Hassan, S. Anuar, and N. B. Ahmad, "Students' performance prediction model using meta-classifier approach," in *Communications in Computer and Information Science*, May 2019, vol. 1000, pp. 221–231, doi: 10.1007/978-3-030-20257-6_19.

[60] I. Independent Media Associates, "Statistics How To," 2024. https://www.statisticshowto.com.

[61] B. L. Thomas and M. Viljoen, "Heart Rate Variability and Academic Performance of First-Year University Students," *Neuropsychobiology*, vol. 78, no. 4, pp. 175–181, 2019, doi: 10.1159/000500613.

[62] "Datacamp," 2024. https://www.datacamp.com/tutorial/feature-selection-python.

[63] P. Sánchez, J. García, M. Orozco, and S. Obredor, "Knowledge Capture for the Prediction and Analysis of Results of the Quality Test of Higher Education in Colombia," *Rev. Form. Univ.*, vol. 12, no. 4, pp. 55–62, 2019, doi: 10.4067/S0718-50062019000400055.

[64] "Statistical Odds & Ends," 2024. https://statisticaloddsandends.wordpress.com/.

[65] J. B. Tenenbaum, V. De Silva, and J. C. Langford, "A global geometric framework for nonlinear dimensionality reduction," *Science (80-. ).*, vol. 290, no. 5500, pp. 2319–2323, Dec. 2000, doi: 10.1126/science.290.5500.2319.

[66] L. Contreras, H. Fuentes, and J. Rodriguez, "Academic performance prediction by *Machine Learning* as a success/failure indicator for engineering students," *Form. Univ.*, vol. 13, no. 5, pp. 233–246, 2020, doi: 10.4067/S0718-50062020000500233.

[67] M. Zaffar, M. A. Hashmani, K. S. Savita, and S. S. H. Rizvi, "A Study of Feature Selection Algorithms for Predicting Students Academic Performance," *Int. J. Adv. Comput. Sci. Appl.*, vol. 9, no. 5, pp. 541–549, 2018, doi: 10.14569/IJACSA.2018.090569.

[68] Medium, "Model Performance boosting with Voting-Classifier | by Sanjay.M | Analytics Vidhya | Medium," 2020. https://medium.com/analytics-vidhya/performance-boosting-with-voting-classifier-ea69313a367c (accessed Jul. 08, 2020).

[69] S. Almutairi, H. Shaiba, and M. Bezbradica, "Predicting Students' Academic Performance and Main Behavioral Features Using Data Mining Techniques," *1st International Conference on Intelligent Cloud Computing, ICC 2019*, vol. 1097 CCIS. Springer, Princess Nourah Bint Abdulrahman University, Riyadh, Saudi Arabia, pp. 245–259, 2019, doi: 10.1007/978-3-030-36365-9_21.

[70] T.Velmurugan and C. Anuradha, "Performance Evaluation of Feature Selection Algorithms in Educational Data Mining," *Int. J. Data Min. Tech. Appl.*, vol. 5, pp. 131–140, Dec. 2016, Accessed: Sep. 13, 2021. [Online]. Available: http://www.hindex.org/2016/article.php?page=1176.

[71] G. Piatetsky-Shapiro, "KDnuggets," 2024. https://www.kdnuggets.com/.

[72] A. Kharwal, "Thecleverprogrammer," [Online]. Available: https://thecleverprogrammer.com/2020/11/27/machine-learning-algorithms-with-python/.

[73] A. Akhbardeh and M. A. Jacobs, "Comparative analysis of nonlinear dimensionality reduction techniques for breast MRI segmentation," *Med. Phys.*, vol. 39, no. 4, pp. 2275–2289, 2012, doi: 10.1118/1.3682173.

[74] R. Asif, A. Merceron, S. A. Ali, and N. G. Haider, "Analyzing undergraduate students' performance using educational data mining," *Comput. Educ.*, vol. 113, pp. 177–194, 2017, doi: 10.1016/j.compedu.2017.05.007.

[75] J. Jacob, K. Jha, P. Kotak, and S. Puthran, "Educational Data Mining techniques and their applications," *Proc. 2015 Int. Conf. Green Comput. Internet Things, ICGCIoT 2015*, pp. 1344–1348, 2016, doi: 10.1109/ICGCIoT.2015.7380675.

[76] "EffectiveML," 2024. https://effectiveml.com/.

[77] R. Sunil, "analyticsvidhya," 2024. https://www.analyticsvidhya.com/.

[78] Jacob Ávila Camacho, "JacobSoft." https://www.jacobsoft.com.mx/es_mx/.

[79] "CatBoost," *2024*. https://catboost.ai/.

# SÍGUENOS EN INSTAGRAM Y ACCEDE GRATIS A NUESTRA BIBLIOTECA DIGITAL DURANTE 30 DÍAS.

# @grupoeditorialrama

## ¡ENVIANOS TU MAIL POR PRIVADO!

Grupo Editorial
ra-ma

40 ANIVERSARIO